DOLLARD DES ORMEAUX
Le guet-apens

LE VRAI OU LE FAUX DANS TOUT CE QU'ON RÉPÈTE

à Claire Laralle Lacroix
Janvier 1996

lue Claire mai 1996

Données de catalogage avant publication (Canada)

Gagné, Jean-Jacques, 1946-

    Dollard des Ormeaux : le guet-apens

    ISBN 2-89089-977-2

    1. Dollard des Ormeaux, Adam, 1635-1660 — Romans. 2.
Canada — Histoire — Jusqu'à 1663 (Nouvelle-France) — Romans. 3. Nouvelle-France — Romans. I. Titre.

PS8563.A253D64 1994   C843'.54   C94-941559-6
PS9563.A253D64 1994
PQ3919.2.R56D64 1994

LES ÉDITIONS QUEBECOR
7, chemin Bates
Bureau 100
Outremont (Québec)
H2V 1A6
Tél. : (514) 270-1746

© 1995, Les Éditions Quebecor
Dépôt légal, 1er trimestre 1995

Bibliothèque nationale du Québec
Bibliothèque nationale du Canada
ISBN : 2-89089-977-2

Éditeur: Jacques Simard
Coordonnatrice à la production : Dianne Rioux
Conception de la page couverture : Bernard Langlois
Illustration de la page couverture : Stéphane J. Bourrelle
Correction d'épreuves : Hélène Léveillé
Infographie : Atelier de composition MHR inc., Candiac
Impression : Imprimerie l'Éclaireur

DOLLARD DES ORMEAUX
Le guet-apens

LE VRAI OU LE FAUX DANS TOUT CE QU'ON RÉPÈTE

Jean-Jacques Gagné

Les Éditions Quebecor

DOLLARD ET SES COMPAGNONS

Ceux du Long-Sault
Adam Dollard des Ormeaux, 25 ans
Jacques Brassier, 25 ans
Jean Tavernier, dit La Lochetière, sieur de La Forest, 28 ans
Nicolas Tiblemont, 25 ans
Roland Hébert, dit Larivière, 27 ans
Alonié Delestre, 31 ans
Nicolas Josselin, 25 ans
Robert Jurie, 24 ans
Jacques Boisseau, dit Cognac, 23 ans
Louis Martin, 21 ans
Christophe Augier, dit Desjardins, 26 ans
Étienne Robin, dit Des Forges, 27 ans
Jean Valets, 27 ans
René Doussin, 30 ans
Jean Lecompte, 26 ans
Simon Grenet, 25 ans
François Crusson, dit Pilote, 24 ans

Les autres
Nicolas Duval, tué le premier jour
Blaise Juillet, dit Avignon, noyé le premier jour
Mathurin Soulard, noyé le premier jour

LES AUTORITÉS

Paul Chomedey de Maisonneuve (1612-1676), fondateur et gouverneur de Ville-Marie

Pierre de Voyer, vicomte D'Argenson (1625-1709), gouverneur général de la Nouvelle-France de 1657 à 1661

Jacques Leneuf de La Poterie (1606-1685), gouverneur des Trois-Rivières de 1645 à 1648, en 1651, de 1652 à 1653 et de 1658 à 1662

Mgr François de Montmorency Laval (1623-1708), vicaire apostolique à Québec, en 1660

LES SAUVAGES

Tous ces personnages sont fictifs, sauf Anontaha, Métiouègue et Garagontier:

Anontaha, chef de guerre des Hurons
Métiouègue, chef de guerre des Algonquins
Kopachonta, chef de guerre des Agniers
Koparonto, chef agnier, frère de Kopachonta
Bobokapista, chef de guerre des Onnontagués
Bopomata, chef de guerre des Onneyouts
Kataronapi, chef de guerre des Tsonnontouans
Pochinapa, chef des Agniers en temps de paix
Garagontier, chef des Tsonnontouans en temps de paix
Oboromako, chef des Algonquins
Garontchika, mouchard agnier
Gaparaka, dit «Le Chef», guerrier agnier
«Le Jeune», guerrier agnier
«Le Chieur», guerrier agnier
«La Lune», guerrier agnier
Siouioui, chef huron de bas niveau
Obonapa, «L'Ancien», chef agnier de bas niveau
Ouïssibi, guerrier agnier
Mekele, 14 ans, fille d'Oboromako
Nibata, 18 ans, nièce d'Oboromako
Bakarama, fils du sorcier algonquin

AUTRES PERSONNAGES

Réels

Pierre-Esprit Radisson (v. 1636-1710)
Médard Chouart Des Groseilliers (v. 1618-1696)
Lambert Closse, bras droit de Maisonneuve
Jeanne Mance (1606-1673), fondatrice de l'Hôtel-Dieu de Montréal
Marguerite Bourgeoys (1620-1700), fondatrice de la Congrégation de Notre-Dame
Gabriel Souart, sulpicien, premier curé de Ville-Marie
Charles LeMoyne (1626-1685), ancêtre de la célèbre famille des LeMoyne

Fictifs

Manon Dubois, 16 ans, servante de Maisonneuve
Marie-Jeanne Savard, 24 ans, épouse de paysan
Jérôme Savard, 28 ans, paysan
Louis Trépanier, 38 ans, aubergiste
Louise Lamothe, ribaude
L'abbé Rémy Doiron, émissaire de Mgr de Laval
Le père Durivage, jésuite missionnaire
Le capitaine Pasquinel, du navire le «Courageux»
Sylvain Normand, dit «L'Auvergnat», maréchal-ferrant

AVANT-PROPOS

$\mathcal{C}$e livre n'a pas la prétention d'être un livre d'Histoire. C'est un roman qui a tout juste l'ambition de se tenir le plus près possible des réalités du milieu du XVIIᵉ siècle et de raconter un fait d'armes, l'un des plus glorieux de toute notre Histoire. Quant aux circonstances précises de la bataille du Long-Sault, comme les historiens ne nous en disent presque rien, la part de l'invention a été belle.

Pendant très longtemps, le personnage de Dollard des Ormeaux a sommeillé dans l'oubli total. Au siècle dernier, des Québécois en quête de héros l'ont fait surgir de cette léthargie et l'ont hissé au rang de personnage prépondérant de notre Histoire. Son exploit a été à ce point exalté que l'homme est devenu surhomme, qu'on s'est mis à célébrer son culte dans les écoles, au mépris des dimensions humaines du personnage et que les nationalistes ont trouvé opportun de substituer sa fête à celle de la reine de l'Empire britannique, Victoria.

Au milieu du XXᵉ siècle, d'autres Québécois l'ont fait tomber de son piédestal. Dollard n'était plus qu'un aventurier sans scrupule, un trafiquant d'alcool et de fourrures qui n'hésitait pas à massacrer les Iroquois pour arriver à ses fins et qui a connu une fin romanesque, certes, mais digne de sa peu recommandable personne.

Il est peut-être temps de rendre — sous forme romanesque — à Dollard ce qui lui appartient, sans toutefois lui imposer ce statut de demi-dieu qui l'a si longtemps grevé. On a affaire à un homme, un simple mortel, qui a connu une fin héroïque, les historiens l'ont abondamment démontré, qui a sauvé, probablement sans se douter de ce qui l'attendait, la Nouvelle-France et qui, pourquoi pas? aurait pu tirer de son expédition, s'il avait réussi, quelque profit.

Ce livre se veut une version d'un Dollard plausible, doué de qualités comme la générosité et la grandeur d'âme, la bravoure et le leadership, et affligé de défauts comme la naïveté et l'inconscience. Pour les besoins de ce livre, le héros est détaché des biens de ce monde, ce qui n'était probablement pas le cas de celui qui a sauvé la colonie.

Notre Dollard aime une jeune fille qu'il vient de rencontrer et il a un passé dont il préfère ne pas parler. Il est croyant et même pieux, ce qui ne l'empêche pas d'être entreprenant avec les femmes.

Il aurait été possible de concevoir un autre Dollard plausible, toujours plus ou moins conforme aux faits historiques, mais bien différent de celui-ci. À d'autres le soin de le faire vivre. Celui-ci a peut-être existé...

Certains lecteurs auront l'impression, après avoir lu les premiers chapitres, que j'ai exagéré le climat de peur de l'Iroquois qui régnait à Ville-Marie en 1660. Il n'en est rien.

Les historiens, à commencer par Dollier de Casson, qui a raconté les faits à peine quelques années après qu'ils se sont produits, jusqu'à ceux de notre époque, Lanctôt, Rumilly, Trudel, en passant par François-Xavier Garneau et le chanoine Groulx, sont unanimes: cette psychose empoisonnait la vie de Ville-Marie, de Trois-Rivières et même de Québec. Toute la colonie était menacée de mort. Si ses habitants n'avaient pas physiquement succombé sous les coups, sa population aurait péri par asphyxie économique.

Deux passages de l'opuscule de Lionel Groulx, «Dollard est-il un mythe?» jettent un peu d'éclairage sur cette question.

En pages 42 et 43, il écrit: «L'Iroquois n'a pas semé que la dévastation et la mort. Il a paralysé la traite des fourrures, et par là, il a entraîné, pour une grande part, le désistement des Cent-Associés, puis la faillite de la Cie des Habitants. Sans fourrures, les magasins se sont vidés. Manquant de cargaison de retour, les vaisseaux de France menacent ou refusent de revenir. À force de gêner ou d'empêcher semence et moisson, l'Iroquois a encore affamé la colonie. (...) Au printemps de 1660, la misère et la menace de la famine sont telles que (le gouverneur) D'Argenson qui n'a plus de quoi faire face aux dépenses administratives, ni même de payer la solde de sa garnison, force un vaisseau de France, arrivé à Québec le 13 juin, de repartir aussitôt et de faire, en hâte, — et pour la première fois dans l'histoire de la colonie — un autre voyage en l'année afin d'apporter des farines. Le Conseil de Québec supplie, lui aussi, la Cour, d'expédier des cargaisons de blé. Et il y a encore pire. Famine et terreur iroquoise conjuguées ont suscité un tel pessimisme qu'on parle ouvertement de «vuyder le pays» (vider). «Si les vaisseaux de France nous quittent, il nous faudra quitter avec eux», écrit la Mère (Marie) de l'Incarnation.»

On peut toujours taxer Lionel Groulx de racisme. Certains l'ont fait et ils n'avaient pas tout à fait tort. Groulx a vécu à une époque où les idées de droite étaient assez bien reçues par la population. Mais il est douteux que le chanoine ait déformé les faits, dans le cas qui nous occupe, pour le plaisir de noircir la réputation des nations iroquoises.

Il n'y a donc aucune exagération dans *Dollard des Ormeaux —
Le guet-apens*. Les souffrances endurées dans ce roman par Marie-
Jeanne et les atrocités commises par les Iroquois dans ce livre se com-
parent à ce que nous savions déjà depuis qu'étant jeunes, à l'école
primaire, l'«Histoire du Canada» nous apprenait le sort réservé, dans les
années 1640, aux martyrs jésuites, les pères Lalemant, Jogues, Brébeuf,
Garnier et Chabanel et les frères Goupil et de La Lande[1].

Certains lecteurs, pourtant, ceux qui ont de la considération pour
les Amérindiens d'aujourd'hui, s'imagineront peut-être que ce roman est
une œuvre de dénigrement des peuples autochtones. Il n'en est rien. Ces
peuples, à l'époque de Dollard, étaient objectivement primitifs, comme
l'étaient nos ancêtres il y a trois mille ans. Ils étaient sanguinaires, mais
les Européens de la même époque l'étaient également, lorsqu'ils étaient
en guerre, lorsqu'ils pratiquaient l'Inquisition ou pour des motifs de
répression politique. En fait, depuis quatre siècles, les Amérindiens ont
évolué beaucoup plus rapidement que les «Visages pâles».

On nous dira également que les Iroquois étaient chez eux et qu'il
faut considérer les Européens comme des envahisseurs. C'est exact. Que
les jésuites ont bien cherché ce qui leur est arrivé, avec leur impérialisme
religieux. Évidemment. Que Ville-Marie n'aurait pas eu besoin d'être
défendue, si Maisonneuve était resté chez lui, en Champagne. Toujours
vrai.

Mais on ne refait pas l'Histoire. Les Amérindiens ont perdu des
territoires à la faveur des guerres et des invasions comme l'Allemagne a
abandonné aux Soviétiques la Prusse orientale, à l'issue de la Seconde
Guerre mondiale, comme les Palestiniens ont dû laisser aux Juifs, jusqu'à
tout récemment, le territoire que les Nations-Unies leur avaient attribué
et comme la France a perdu le Canada aux mains des Anglais, bref, les
exemples ne manquent pas. Ce qui est fait est fait.

Dollard des Ormeaux — Le guet-apens ne cherche pas à justifier
la présence des Français en Nouvelle-France et à blâmer les Iroquois de
leur avoir fait la guerre. Ce livre veut simplement raconter une histoire,
en se plaçant du côté des Français. Un jour, quelqu'un d'autre écrira
peut-être la même histoire, du point de vue des Iroquois...

Finalement, par souci d'honnêteté et pour éviter d'induire en erreur
les lecteurs qui connaissent mal notre Histoire, il convenait de départager
le vrai du faux. Aussi trouve-t-on à la fin de cet ouvrage une liste, chapitre
par chapitre, des faits réels et des faits fictifs.

Jean-Jacques Gagné

I

L'ALERTE

10 avril 1660

$\mathcal{L}$e soir du 10 avril 1660, alors que Montréal n'était encore qu'un embryon de ville nommé Ville-Marie, Louis Trépanier, tenancier de l'Auberge des Chasseurs[1], se demandait par quelle nouvelle prouesse il allait pouvoir se débarrasser une fois de plus de quatre encombrants clients.

Alonié Delestre, René Doussin, Simon Grenet et Jacques Boisseau, dit Cognac, n'étaient pas de mauvais bougres, mais ils avaient de fâcheuses manies qui leur avaient valu maints ennuis.

Ivrognes, batailleurs, joueurs, amateurs de Huronnes, un peu voleurs, c'étaient pourtant de bons colons qui respectaient le roi, le gouverneur général D'Argenson et le vicaire apostolique, monseigneur François de Laval de Montmorency[2], personnages qu'ils n'avaient évidemment jamais rencontrés.

De plus, leur amitié était indéfectible, une qualité qui surpassait toutes les autres aux yeux de Trépanier, et ils avaient un cœur d'or, ce qui voulait dire qu'ils payaient volontiers une tournée à crédit lorsque l'alcool leur embrumait le cerveau.

Deux ou trois fois par semaine, il fallait pourtant mettre fin d'une manière ou d'une autre à leurs libations, avant que les archers du guet interviennent.

Ce soir-là, ils avaient vidé plus de gobelets d'«eau de feu» qu'un bon aubergiste était autorisé à en servir. Si Mgr de Laval, qui finissait par tout savoir, avait appris que les quatre lascars avaient réussi à suborner encore une fois l'aubergiste, il aurait exercé de nouvelles pressions auprès du gouverneur de Maisonneuve pour faire fermer son établissement, qui avait déjà bien assez mauvaise renommée.

Trépanier avait depuis longtemps verrouillé sa porte et occulté ses fenêtres, pour ne pas attirer l'attention. Il ne lui restait plus, avant d'aller se coucher, qu'à balayer le parquet de planches disjointes pour que sa femme, la plantureuse Marie-Hélène, enceinte de son deuxième enfant, n'ait pas à le faire le lendemain matin. Mais comment se débarrasser des quatre gaillards?

Louis, qui venait d'avoir trente-huit ans, avait la chance d'abriter sous son toit deux des rares femmes blanches de Ville-Marie.

C'était un homme dans la force de l'âge. Ancien malfaiteur dans sa jeunesse à La Rochelle, il était venu en Nouvelle-France pour «se refaire une virginité», selon sa propre expression, c'est-à-dire se faire oublier, enterrer un passé navrant et trouver l'aventure.

Dès la fin des années quarante, il avait répondu à l'appel de Paul Chomedey de Maisonneuve et s'était établi à Ville-Marie, aux termes d'un contrat de deux ans, en qualité d'agriculteur. Une escarmouche avec des Iroquois avait mis fin à cette première carrière, lorsqu'un coup de hache à l'épaule gauche l'avait partiellement privé de l'usage de son bras. Il était encore très fort, mais son bras ne pouvait supporter un effort prolongé.

Comme il s'était attaché à sa nouvelle patrie et que son infirmité et sa personnalité avenante lui attiraient la sympathie des colons, il avait renoncé, à l'issue de son contrat, à rentrer en France. Il était donc devenu aubergiste. Le métier avait mauvaise réputation, mais il fallait bien que quelqu'un offre le gîte et le couvert aux voyageurs.

Avec l'accord de Marie-Hélène, il hébergeait la seconde femme de la maison, qui se nommait Louise et que tout le monde, excepté le gouverneur de Maisonneuve, appelait «La Fouine». C'était une demoiselle plutôt délurée, «une ribaude», aurait dit Mᵍʳ de Laval. Son incorrigible curiosité lui avait valu son surnom. Il l'avait connue à La Rochelle, à l'époque où, dans une auberge, elle offrait aux voyageurs à la bourse bien garnie un peu de compagnie pour la nuit.

Depuis ce temps, Louise s'était amendée. De toute façon, le gouverneur n'aurait jamais toléré qu'une femme soit une source de scandale à Ville-Marie. Elle travaillait donc pour Trépanier en qualité de servante, ce qui attirait les hommes dans un rayon de vingt lieues.

Les rumeurs à son sujet ne manquaient pas à Ville-Marie. On chuchotait qu'avec un peu de persuasion et de vin, il n'était pas impossible que La Fouine se laisse convaincre de retomber dans son vice.

C'était absolument faux, du moins depuis sept ans, mais Trépanier, qui lui-même violait la loi en vendant de l'alcool aux sauvages, savait entourer ses activités et celles de sa servante d'assez de discrétion pour éviter les enquêtes et d'assez de mystère pour stimuler l'imagination des coureurs des bois qui, sur les sentiers ou dans leurs cabanes, l'hiver, manquaient de... chaleur humaine.

Il était maintenant minuit et dix. Que faire? Les quatre buveurs n'avaient pas l'air d'en avoir terminé de leurs libations et la conversation devenait de plus en plus bruyante. À l'autre bout de la salle, faiblement

éclairée par quelques bougies fumeuses, Trépanier les entendait clairement discuter du retour de Dollard Des Ormeaux, parti depuis deux
jours, selon ses dires, « de l'autre côté du fleuve ».

«– Je suis certain, moi, que Dollard est parti épier les Iroquois,
soutenait Doussin, d'une voix avinée. C'est une de ses activités favorites.
C'est pourquoi il les connaît si bien.

– Qu'est-ce que ça lui donne?

– Je le connais bien. Il sait que ces maudits sauvages ont l'intention
— d'ailleurs, ils le proclament —, d'anéantir nos établissements, de Ville-
Marie à Québec. Il est prêt à se battre pour les en empêcher.

– Que pourrait-il faire? demandait Delestre, que ce genre de
conversation excitait. Ils sont si nombreux...

– S'il est seul, rien. Avec de l'aide, tout!

– Moi, intervint Grenet, après avoir vidé son gobelet, je crois que
c'est plus simple: Dollard est allé négocier des fourrures un peu plus loin,
sur le bord de la rivière des Outaouais, avec des coureurs des bois.

– Je ne crois pas, rétorqua Doussin. Je le connais beaucoup mieux
que toi et je peux te dire que ce n'est pas la richesse qui l'intéresse. Ce
serait plutôt le goût des combats. Il m'a dit, un soir, cet hiver, que si
quelques colons hardis voulaient l'accompagner, il se faisait fort d'aller
donner une leçon aux Agniers[3].

– J'irais bien avec lui, moi, dit Boisseau. Dollard m'inspire
confiance. Il sait toujours ce qu'il faut faire. Et il manie l'épée comme
peu de mousquetaires savent le faire...»

Interrompant son intervention, il cria à l'aubergiste, qui s'essuyait
les mains sur son tablier:

«– Louis! Tu nous laisses mourir de soif! Sers-nous encore, s'il te
plaît.

– Trop tard, mes drôles! Vous avez vu l'heure qu'il est?

– Et après? Qui le saura?»

Ils en étaient là de leurs palabres lorsqu'une clameur se fit entendre
dans la rue.

Trépanier, qui avait l'esprit vif, sut tout de suite quoi faire. Il sortit
pour voir de quoi il retournait et revint au bout de quelques instants en
prétendant que les chiens de Lambert Closse avaient aboyé et qu'un
archer du guet avait vu des Iroquois embusqués non loin des fortifications.

Il n'en fallait pas plus pour que le quatuor, un peu éméché, mais
toujours prêt pour une escarmouche, parte en «expédition».

À peine avaient-ils franchi la porte, qui se referma bruyamment,
que l'aubergiste la verrouillait à double tour derrière eux.

*   *
 * *

Pendant ce temps, à l'étage, François Crusson, dit Pilote, ne s'ennuyait pas. Arrivé des Trois-Rivières depuis la fin de la soirée, couvert de poussière et de crasse, il prenait «un bon bain chaud» en compagnie de la peu farouche Louise Lamothe, la servante, dont il s'était un jour amouraché et dont il était devenu le soupirant attitré.

La baignoire n'était rien d'autre qu'un très grand chaudron, qui servait habituellement à laver le linge, et l'eau était tout, sauf chaude, mais la belle Louise réchauffait suffisamment l'atmosphère pour faire oublier ces inconvénients.

Blonde, grande, vingt-deux ans, dotée par la nature d'une chute de reins étourdissante et d'une poitrine spectaculaire, Louise avait depuis longtemps abandonné ce qu'elle appelait «une sorte de vocation»: à son arrivée à Ville-Marie, elle se donnait aux hommes solitaires, coureurs des bois et autres aventuriers de retour d'expédition, en échange de menus présents et, à l'occasion, d'une pelleterie. «La Fouine» ne fréquentait aucun homme marié, ce en quoi son mérite était mince, puisque Ville-Marie n'en comptait guère.

Lorsque M. de Maisonneuve, un homme austère et pieux, qui connaissait bien la nature humaine, mais qui croyait fermement que l'homme doit dominer ses bas instincts, avait surpris sa coupable activité, Louise avait été contrainte de renoncer sur le champ à sa «vocation», sous peine d'être marquée au fer rouge et expédiée en France par le prochain navire.

Comme elle venait de rencontrer Crusson et que Trépanier, de son côté, lui proposait de la prendre à son service, elle avait décidé de mener une «bonne vie», ce qui n'excluait pas qu'elle satisfasse au moins son soupirant, à défaut de l'épouser.

Quant à Crusson, c'était le messager habituel du fondateur de Ville-Marie[4]. Il tirait son surnom de Pilote de son passé de navigateur. M. de Maisonneuve, qui tenait à rester en contact avec Jacques Leneuf de La Poterie, gouverneur des Trois-Rivières, et avec le gouverneur général d'Argenson, à Québec, lui faisait faire plusieurs voyages par année, à pied et en canot d'écorce.

«– Tu ne devineras jamais ce que M. de La Poterie m'a confié pour M. de Maisonneuve, dit Crusson en flattant la croupe de la belle Louise.

– Je sens que tu brûles d'envie de me l'apprendre.

– Je ne partirai pas d'ici avant de te l'avoir dit, mais auparavant, tu devras payer, ma jolie.

– Payer? fit La Fouine en lui jetant un regard entendu de biche affolée. Je n'ai pas la moindre piécette. Qu'est-ce que tu pourrais bien vouloir de moi?

– Tout! hurla presque Crusson, dont la paillardise était connue de tous et appréciée de Louise. Tes tétons dont je ne ferais qu'une bouchée!

Ton joli petit cul qui n'est pas si petit, mais dont je ferais volontiers mon port d'attache! Tes jambes! Tes bras! Tout!»

Le Français avala une gorgée d'eau-de-vie. Il commençait à se sentir un peu éméché. Une douce chaleur l'envahissait.

«– Mais tu les as déjà. Depuis que tu es entré dans cette baignoire que tu me tripotes, mon salaud adoré. Une main sous le jupon par-ci, une autre dans le corsage par-là. On dirait que tu n'as pas eu de femme depuis la Saint-Sylvestre! Pourtant, tu n'es parti que depuis un mois. Dis-moi plutôt ce que M. de La Poterie t'a confié.

– Pas avant que tu aies payé, morbleu!

– Mais comment? fit La Fouine en lui frottant énergiquement le dos.

– Cesse de m'étriller et étends-toi sur ce lit. Je vais te l'apprendre à l'instant.»

Crusson sortit de son chaudron en faisant ruisseler l'eau sur le plancher. Son corps sec comme un sarment donnait une impression d'agilité et de force. C'était un homme habitué à produire un effort soutenu, à ramer sur de longues distances ou à marcher des jours entiers dans des conditions pénibles, sols spongieux, terrains accidentés et ennemis omniprésents.

Avant même qu'elle ait pu réagir, il l'avait soulevée du plancher comme une plume et déposée sur la paillasse. Il hurlait de rire et se sentait comme un loup qui va pénétrer dans un poulailler. Il avait d'ailleurs des dents carnassières qui auraient fait envie à un fauve.

«– Pas si fort, Pilote! Tu vas réveiller madame Marie-Hélène, qui dort dans la chambre d'à côté. Tu sais comme elle...»

La Fouine ne put terminer sa phrase. Crusson venait de lui enfourner sa langue dans la bouche jusqu'à la luette. Appuyé sur le bras gauche, sa main droite remontait, le long de la cuisse, qu'elle avait blanche comme du lait et ferme comme un saucisson normand. Elle sentait si bon au naturel qu'elle n'avait nul besoin de parfum, ce produit presque introuvable en Nouvelle-France.

C'est alors que la porte du rez-de-chaussée se referma avec fracas. Pilote tressaillit, tous ses sens en éveil. Il entendit plusieurs voix tonitruer dans la rue. Il se leva, le corps encore humide, et ouvrit la fenêtre. L'air froid s'engouffra dans la chambre. Louise s'écria:

«Tu nous fais geler, Pilote!»

Mais celui-ci ne l'écoutait pas. S'adressant aux quatre hommes qui s'éloignaient déjà, il leur demanda d'un voix forte:

«– Que se passe-t-il?

– Les Iroquois! Ils sont embusqués, tout près!

– Attendez-moi! J'arrive.»

En moins d'une minute, il était au bas des marches, le mousquet à la main. Louis Trépanier, l'aubergiste, qui éteignait les dernières chandelles après avoir fini de balayer le plancher, l'avertit:

«– Si tu sors, Pilote, tu passes la nuit dehors. Je ne vais pas t'attendre jusqu'au matin.»

Comme il avait un drôle d'air, Crusson demanda:

«– Depuis quand est-ce qu'on ne se défend plus contre les Agniers, morbleu? Ils sont là, juste derrière les fortifications!

– Si j'étais toi, je remonterais me coucher. Il n'y a pas plus de sauvages ici cette nuit que de vertu dans la culotte de La Fouine. J'ai dit ça à mes ivrognes pour m'en débarrasser.

– Tu ne devrais pas plaisanter avec ça, Louis. Un jour, ils seront là pour vrai, pour te faire la peau.

– Que Dieu nous protège!»

*
* *

Une heure plus tard, La Fouine avait «payé». Sur le dos, baignant dans sa transpiration, le souffle court, elle essayait de survivre aux assauts qu'elle venait d'essuyer. Elle ne cessait de se répéter, mentalement: «Quelle nature, ce Pilote!»

Sur le dos lui aussi, l'air béat, Crusson rêvait à l'avenir. Il avait La Fouine dans la peau. Si seulement elle voulait l'épouser, ils pourraient s'établir, avoir des enfants, cultiver la terre… Mais elle ne voulait pas de lui. Pas pour toujours, en tout cas. C'est pourquoi il n'avait pas d'ambition. C'est pourquoi il vivait d'expédients, lorsqu'il ne faisait pas le messager pour M. de Maisonneuve. Peut-être devrait-il retourner en France? Pas question! Il tenait trop à sa Fouine. Elle le tira de son rêve:

«– Alors, mon beau Pilote, il t'a confié quoi, le gouverneur de La Poterie?»

Elle se tenait sur un coude et son opulente chevelure blonde cascadait jusqu'au drap. Des taches de rousseur parsemaient sa gorge et sa poitrine. Par l'échancrure de sa chemise de nuit, un sein le narguait.

«– Une lettre , dit-il en lui flattant le téton du revers des doigts.

– Elle dit quoi, cette lettre?

– Ah! Ça, si tu veux le savoir, il faut payer…

– Payer? Mais c'est pas vrai! Tu es un obsédé, Pilote. Tu finiras en enfer!

– L'enfer? Mais c'est toi, l'enfer, et j'aime ça…

– Tais-toi. Il ne faut jamais dire ça. Dis-moi plutôt ce qu'il y a dans cette lettre.

– Si je te le dis, tu le sauras avant M. de Maisonneuve.

– Et alors? Je sais tenir ma langue.»

Louise finit par apprendre que M. de La Poterie, pour la quatrième fois gouverneur des Trois-Rivières, arriverait à Ville-Marie le matin du 15 avril, pour se concerter avec M. de Maisonneuve. Il devenait urgent de prendre des mesures pour régler la question iroquoise. C'était un voyage secret, afin que la sécurité du gouverneur des Trois-Rivières ne soit pas mise en péril. M. de La Poterie serait lui-même porteur d'un message du gouverneur de Québec, le vicomte d'Argenson, et un émissaire du vicaire apostolique, Mgr de Laval de Montmorency, l'accompagnerait.

«– Comment se fait-il que tu connaisses le contenu de cette lettre si importante, Pilote?

– M. de La Poterie m'a ordonné de l'apprendre par cœur, au cas où la lettre serait détruite ou perdue pendant le voyage. Tu sais comme ces voyages sont hasardeux...

– C'est merveilleux! Il va enfin se passer quelque chose d'intéressant à Ville-Marie. Je sais bien qu'une fille comme moi n'aura même pas l'occasion de l'approcher, mais je pourrai peut-être l'apercevoir. Il parait que M. de La Poterie est encore bel homme, pour son âge.

– Pas un mot, surtout! M. de Maisonneuve ferait une de ces colères, s'il savait que j'ai confié un pareil secret à une créature comme toi... Il me retirerait sa confiance, c'est certain.

– Qu'est-ce que ça veut dire, mon Pilote, une «créature comme moi»? Que je suis une ribaude?

– Certainement pas. Chacun sait que tu es un parangon de vertu. J'en parlais justement à M. de Maisonneuve, l'autre jour, et il était d'avis que Jeanne Mance, à côté de toi, n'est qu'une infâme catin.»

II

MAISONNEUVE

15 avril 1660

$\mathcal{L}$a demeure de Paul Chomedey de Maisonneuve ne ressemblait en rien aux châteaux qu'il avait vus, dans sa jeunesse, en Champagne.

C'était une solide maison recouverte de pierre, à deux étages et deux tourelles, bâtie depuis huit ans, la plus vaste de Ville-Marie, ainsi qu'il convenait à son rang de gentilhomme français.

Elle était située hors du fort principal de Ville-Marie, lequel se trouvait au confluent du fleuve et de la rivière Saint-Pierre. Une solide palissade avait été érigée autour de cette maison qui, de toute façon, n'était qu'à trois minutes de marche du fort[1].

On avait apporté un soin particulier aux boiseries qui, avec les tentures et le mobilier importés de France, étaient les seuls luxes de la maison.

M. de Maisonneuve tirait aussi orgueil de sa domesticité: sa cuisinière, sa servante et l'homme à tout faire[2]. Ses vêtements, sa vaisselle et son linge de maison finissaient de répondre de son prestige.

À 48 ans, cet homme exceptionnel avait déjà derrière lui une vie bien remplie. Ses mérites ne se comptaient plus. Il n'avait que trente ans, lorsqu'il était débarqué sur cette île où Jacques Cartier avait trouvé une bourgade autochtone appelée Hochelaga, cent huit ans plus tôt, au sommet de la montagne. Hochelaga avait mystérieusement disparu[3].

*
* *

En ce matin du 15 avril 1660, il recevait dans son bureau Jacques Leneuf de La Poterie, gouverneur des Trois-Rivières, ainsi que l'abbé Rémy Doiron, l'émissaire de Mgr François de Laval de Montmorency. Lambert Closse, commandant de la garnison de Ville-Marie, était présent[4].

23

C'était une vaste pièce qui, avec la salle à manger, la cuisine et le salon, composait le rez-de-chaussée du secteur privé de la résidence. À l'étage se trouvaient les chambres, celle du maître de maison, vaste et bien éclairée, celles des quatre sulpiciens qui, depuis un an, logeaient chez le gouverneur et celle des visiteurs. Sous les combles, les logements des domestiques.

Les membres de la garnison fréquentaient une autre partie de l'immeuble, à vocation publique, qui servait aussi à l'administration de Ville-Marie.

Le 11 avril, M. de Maisonneuve avait reçu François Crusson, son messager personnel, un homme de 24 ans qui avait sa confiance. Lorsqu'il avait lu la lettre de M. de La Poterie, il avait tout de suite compris qu'il avait enfin un allié de taille pour faire la lutte aux Iroquois.

Ce neuvième successeur de Laviolette[5], un homme aussi déterminé que lui, quoique à la tête d'un établissement bien moins important que Ville-Marie, n'entendait pas à rire, lorsqu'il s'agissait de l'avenir de la colonie. Et, là dessus, ses opinions concordaient parfaitement avec celles de Mgr de Laval, un homme qui prenait autant de place à Québec que le gouverneur général d'Argenson.

C'est M. de Maisonneuve qui, après s'être enquis de la santé de chacun, prit l'initiative:

«– Messieurs, il y a trop longtemps que les Iroquois nous empêchent d'atteindre les buts que nous ont fixés la Société Notre-Dame[6], l'Église et, officieusement, le roi. Sans eux, sans leurs incessantes attaques, nos colons auraient déjà défriché et cultivé la moitié de cette île. Si je vous ai prié de venir à Ville-Marie, le mois dernier, c'est que notre établissement semble le plus menacé. C'est le plus isolé et les Iroquois le savent. Il faut agir sans plus tarder.

– Vous voulez dire qu'il faut les anéantir, monsieur le gouverneur, renchérit La Poterie, un homme de cinquante-quatre ans qui souffrait mal les obstacles. S'il n'en tenait qu'à moi…

– Et à moi, donc, laissa tomber Closse.

– Soyons nuancés, messieurs. Ce qu'il faut, c'est que la menace iroquoise cesse. Mais les Iroquois doivent rester. N'oublions jamais que nous avons mission de sauver leurs âmes.»

L'interruption venait de l'abbé Doiron, un personnage au physique insignifiant, perdu dans sa soutane, l'œil terne, le cheveu rare, mais qui avait d'autant plus de poids qu'il représentait un homme qu'on ne saurait ignorer: Mgr de Laval. C'est Maisonneuve qui reprit la parole:

«– Je crois que vous avez tous les deux raison. La Société Notre-Dame, qui commandite à grands frais notre entreprise, nous a donné des buts clairs et précis: sauver l'âme de ces sauvages et instaurer une société harmonieuse où les Français et les sauvages cohabiteront dans la paix et l'amour de la terre. Pour y arriver, nous devons affermir notre emprise sur le territoire, établir notre autorité, soumettre les Iroquois et, puisqu'il le faut, leur faire la guerre.»

Maisonneuve, malgré ses cheveux gris, restait un homme imposant. Mince, de haute taille, cet homme habituellement calme, presque ascétique, qui exerçait un ascendant indéniable sur son entourage, avait toujours l'air, paradoxalement, prêt à bondir. Le feu qui habitait ses yeux pendant qu'il parlait en disait long sur sa détermination. Il scandait les mots d'un air martial qui ne déplut pas à La Poterie:

«– Bien parlé! Soumettons-les de telle sorte qu'ils cessent de harceler nos agriculteurs, de torturer ceux qu'ils capturent, de menacer de chasser les Français de Nouvelle-France. Soumettons-les avant qu'il soit trop tard!»

L'homme de Mgr de Laval savait lui aussi qu'il fallait en arriver là. C'était dans l'ordre des choses. Les Espagnols, pensait-il, avaient fait la même chose avec les sauvages du Mexique.

«– Mais comment? dit-il. Vous n'avez pas d'armée, M. le gouverneur. Seulement une garnison de quelques hommes. Or, ces Iroquois sont des gens fort martiaux et surtout fort nombreux.

– Si nous n'avons aucun régiment à opposer aux sauvages, fulmina le gouverneur de Ville-Marie, ce n'est pas faute d'avoir souvent demandé aux gouverneurs généraux d'intervenir auprès de Sa Majesté, notre bon roi Louis, pour qu'il nous en procure un.

– Votre établissement, M. le gouverneur, relève de la Société Notre-Dame et non du pouvoir royal. Vous savez aussi bien que moi qu'il y a peu de chances pour que le roi intervienne. Sa Majesté est si jeune et la Nouvelle-France si éloignée! Mais si M. d'Argenson voulait bien consacrer moins de temps aux querelles de préséance qui l'opposent à notre vénéré prélat, il aurait peut-être le temps d'exercer tout de même des pressions[7]. Quelle idée, que de vouloir passer avant l'homme de Dieu!»

Maisonneuve avait eu vent de cette affaire. Les deux hommes se querellaient presque publiquement pour savoir qui aurait la place d'honneur à chaque occasion.

Le jeune prélat arrogant jetait continuellement de l'huile sur le feu pour blesser la dignité du représentant du roi. C'est ainsi qu'il avait ordonné d'enlever du chœur de l'église paroissiale le banc du gouverneur, qui fut mis hors des balustres. Trois mois plus tard, Mgr de Laval avait décidé qu'à l'avenir, le gouverneur serait encensé par le thuriféraire, et non plus par le sous-diacre.

D'Argenson, de son côté, avait prononcé publiquement des paroles injurieuses à l'endroit du prélat et s'était disputé avec lui devant témoins.

Les jésuites étaient si embarrassés par ce conflit qu'ils n'osaient plus inviter à leur réfectoire de Québec les deux hommes, ne sachant à qui donner le premier rang.

L'expérience de Maisonneuve lui disait que le bouillant prélat aurait le dernier mot. Aussi convenait-il de ménager la susceptibilité d'un homme qui aurait son mot à dire pour longtemps.

«– Loin de moi l'idée de m'immiscer dans ces querelles de pré-séance et de pouvoir, dit-il en caressant la reliure d'une édition originale des *Essais* de Montaigne. J'ai déjà bien assez de problèmes sur cette île. Mais peut-être allons-nous connaître un certain répit. Peut-être y a-t-il un moyen d'éloigner, pour un temps, du moins, cette menace que font planer sur nos têtes ces damnés Iroquois.

– Ils ne peuvent être damnés, fit discrètement l'abbé Doiron, puis-qu'ils sont païens.

– Vous m'intriguez, M. de Maisonneuve, dit La Poterie, sans s'occuper des considérations religieuses de l'abbé. Auriez-vous réussi à convaincre les Hurons et les Algonquins de se liguer avec vous pour faire la guerre aux Iroquois?

– Impossible! Les Algonquins sont trop paresseux et vivent trop loin. Quant aux Hurons, les missionnaires leur ont si bien enseigné la religion qu'ils tendent l'autre joue. Les massacres dont ils ont été victimes le prouvent. Les Iroquois veulent chasser de Nouvelle-France et même du continent, si c'était possible, tous les sauvages qui n'appartiennent pas à leurs tribus. Ils ont des chefs qui les poussent aux pires extrémités.

– Et Garagontier, le chef des Tsonnontouans?

– Garagontier, le seul chef iroquois sur cette terre qui mérite quelque estime, n'a guère d'influence sur les autres tribus de la grande famille iroquoise. Il fait son possible, mais c'est insuffisant. C'est son chef de guerre, Kataronapi, qui prend les décisions. Bref, il faut venir à bout de ces sauvages avant que Ville-Marie et les autres établissements français subissent le sort de la Huronie.

– Bien parlé! Mais vous ne nous avez toujours pas dit quel est votre plan. Que comptez-vous faire?

– C'est déjà fait: j'ai envoyé en reconnaissance chez les Iroquois un homme précieux qui me rapportera d'ici quarante-huit heures, j'y compte bien, des renseignements susceptibles de nous permettre de mener contre eux une action dont ils se souviendront.»

Pendant qu'il parlait, la servante, une jolie petite rousse qui ne devait pas avoir plus de seize ans, était entrée dans la pièce pour servir des rafraîchissements. Elle était si discrète que la conversation ne fut nullement interrompue:

«– Quelle est cette perle rare, M. le gouverneur, demanda le re-présentant de Mgr de Laval. Est-il parfaitement fiable? Est-ce un bon chrétien?

– Il se nomme Adam Dollard des Ormeaux. Il a vingt-cinq ans. J'en réponds comme de moi-même.»

À l'énoncé de ce nom, la servante, qui se nommait Manon Dubois, rougit violemment. Personne ne s'en aperçut, fort heureusement pour elle, car elle n'aurait jamais osé avouer qu'elle éprouvait de tendres sentiments pour Dollard.

«– C'est l'homme le plus brave que je connaisse, poursuivit Maisonneuve. Il ne craint pas les Iroquois et s'est même mesuré à eux à plusieurs reprises depuis qu'il est à son poste. Il les a toujours repoussés victorieusement et on dit qu'ils le considèrent comme le Diable.

– Comment peuvent-ils le comparer au Diable s'ils n'ont pas appris à connaître le Prince des Ténèbres?» demanda l'abbé Doiron, toujours chatouilleux sur ces questions regardant la religion. Son cou maigre entouré du collet romain immaculé évoquait celui d'un vautour.

La Poterie, qui n'avait que faire de ces détails, était captivé par la conversation. Il s'enquit:

«– Depuis quand est-il ici et quelle est sa mission?

– Il est arrivé de France depuis deux ans. Il ne veut pas dire ce qu'il y faisait, mais on dit qu'il aurait servi Mazarin, ce qui n'est pas, en soi, un déshonneur[8]. Comme il a très tôt montré d'indéniables qualités de chef, je l'ai nommé à la tête d'un des fortins qui protègent Ville-Marie. En réalité, c'est lui qui dirige officieusement notre défense, depuis que la santé de M. Closse est défaillante. Il mériterait mieux, mais c'est tout ce que j'ai à offrir. Un jour, ma garnison prendra de l'importance et alors...

– Et où est-il allé? Que fait-il?

– Il est parti à la recherche des Iroquois. Ne me demandez pas si c'est au nord ou au sud. Il faut que nous sachions où ils sont et ce qu'ils préparent. Nous en avons longuement discuté et son avis, que nous endossons, Closse et moi, et que vous partagerez, je l'espère, serait quelque chose comme une expédition punitive...»

Les yeux de La Poterie brillaient d'excitation.

«– Une expédition punitive? Vous me mettez l'eau à la bouche, M. le gouverneur. Donnez-moi des détails.

– Vous en aurez, mais dans deux jours, si tout va bien. Au retour de Dollard. Car tout dépend des informations qu'il va rapporter.»

III

MANON

$\mathcal{C}$e soir-là, dans l'intimité de sa chambrette, sous les combles, Manon Dubois s'examinait d'un œil critique, devant son miroir. Elle avait de jolis traits, encadrés par des cheveux blonds-roux qui en accentuaient la douceur, des yeux verts expressifs et une bouche bien dessinée. Son corps bien proportionné aurait fait le bonheur de n'importe quelle fille, avec des rondeurs là où les hommes aiment en trouver. Mais elle se trouvait terriblement banale. Peut-être cette fâcheuse impression venait-elle de sa modeste tenue vestimentaire?

Sixième fille d'un charpentier picard malchanceux arrivé en Nouvelle-France en 1652 à l'issue d'une odieuse traversée pendant laquelle tout avait manqué, Manon n'avait jamais connu l'abondance. Sa seule chance, dans la vie, était d'avoir été remarquée par Mme Jeanne Mance et recommandée à M. de Maisonneuve, qui cherchait une fille honnête pour remplacer Louise, sa précédente servante, qui travaillait maintenant à l'Auberge des Chasseurs et dont les mœurs faisaient jaser.

En fait, La Fouine n'avait travaillé que quelques jours à la résidence du gouverneur. Trépanier et elle s'étaient querellés et Maisonneuve cherchait quelqu'un pour remplacer une autre servante qui avait décidé de rentrer en France. Il s'était vite rendu compte que cette fille ne convenait pas.

Le fondateur de Ville-Marie avait pris Manon à son service à condition qu'elle se contente d'être logée, nourrie et habillée. Tout seigneur qu'il soit, M. de Maisonneuve n'avait pas d'argent. Elle avait aussi obligation d'assister à la messe tous les matins. Aussi exigeant que raffiné, le gouverneur n'oubliait pas, dix-huit ans plus tard, que la fondation de Ville-Marie, sous le patronage de la Société Notre-Dame, était une entreprise essentiellement religieuse.

Manon, tout compte fait, trouvait qu'elle avait de la chance. Elle s'était affranchie d'un père ivrogne et violent, incapable de lui procurer l'essentiel, pour entrer au service d'un homme estimable, bien qu'exigeant, dont le service lui permettait d'approcher occasionnellement les personnages importants de la colonie.

Son plus grand espoir, maintenant, était de se faire remarquer par celui qu'elle chérissait secrètement, ce Dollard des Ormeaux à qui elle rêvait d'offrir sa vie.

Fille de basse extraction, Manon avait toujours rêvé, quelle chimère! d'épouser un homme de belle éducation, un garçon à la fois délicat et viril qui, contrairement à ceux de sa condition, ne sauterait pas sur elle à la première occasion pour la prendre de force.

Et voilà qu'elle avait jeté son dévolu sur le protégé du gouverneur! Elle se faisait peut-être des illusions, mais elle sentait que Dollard était différent, que son éducation le plaçait au dessus des autres et qu'il saurait dire des mots d'amour avant de vouloir la posséder.

Elle avait eu beau tendre l'oreille, Manon n'avait jamais réussi à apprendre quoi que ce soit sur le passé de Dollard. De quel milieu était-il issu? D'où lui venait cette belle éducation qui avait fait de lui un soldat accompli aux manières de gentilhomme?

Loin d'être innés, sa façon de se vêtir et son langage pouvaient avoir été appris. Peu importe! Il n'en avait que plus de mérite.

Un jour, elle aurait le courage de lui adresser la parole. Il la trouverait avenante et demanderait à M. de Maisonneuve la permission de la courtiser. Il lui ferait de menus présents. Elle frôlerait discrètement sa main, pour étudier sa réaction. Éventuellement, elle l'embrasserait, lui confierait ses petits secrets, lui offrirait sa vie et l'épouserait.

Manon se regarda de nouveau dans le miroir. Elle avait des seins un peu trop petits à son goût, mais bien fermes et une taille fine qui soulignait la largeur des hanches. Elle fit à son reflet deux ou trois grimaces, suivies par un radieux sourire, puis une moue et enfin se regarda bien droit dans les yeux:

«– Si tu n'as pas trouvé l'occasion de parler à monsieur Adam Dollard des Ormeaux d'ici à une semaine, tu es une lâche, Manon Dubois, et tu ne mérites pas mieux que les propositions sans intérêt qui t'ont été faites jusqu'à maintenant.»

IV

DOLLARD

16 avril 1660

$\mathcal{L}$e lendemain matin, à plusieurs heures de marche de Ville-Marie, sur la rive sud, juste en face des rapides qui rendaient impossible la navigation sur le grand fleuve, se tenait un grand rassemblement d'Iroquois de toutes les nations: Onnontagués, Agniers, Goyogouins, Onneyouts et Tsonnontouans.

Caché derrière un rocher entouré d'arbrisseaux, sur une hauteur, Dollard des Ormeaux les voyait distinctement, à faible distance. Ils étaient bien trois cents. Ils remplissaient un espace compris entre plusieurs longues maisons du toit desquelles sortait de la fumée. Il y avait aussi des femmes et des enfants qui habitaient là en permanence.

Dollard changea de position. Il n'avait pas bougé depuis au moins dix minutes. Il s'appuya sur l'autre genou en prenant soin de ne pas agiter les branches qui dissimulaient son visage.

Âgé de vingt-cinq ans, le Français avait une figure que Maisonneuve, sans l'avoir dit à personne, qualifiait d'aristocratique. C'est-à-dire qu'il avait des cheveux bruns et une moustache à la Louis XIII. Ses yeux, pourtant, ne ressemblaient pas à ceux du défunt roi: s'ils dénotaient autant d'intelligence, ils reflétaient en plus certains traits du caractère de Dollard. On y lisait un indomptable courage et la volonté inébranlable d'atteindre les buts qu'il s'était fixés. Son menton volontaire et ses mâchoires carrées confirmaient ces dispositions d'esprit.

Grand, souple et fort, il savait exiger de son corps les efforts nécessaires pour arriver à ses fins. Pour le moment, il s'agissait simplement de rester immobile et d'observer.

Un intense tapage parvenait à ses oreilles: au milieu des aboiements des chiens excités et des cris d'enfants, les Agniers s'interpellaient et criaient pour se faire entendre.

Les longues maisons étaient l'une des caractéristiques du peuple iroquois. Faites d'une armature de branches flexibles recourbées en forme de voûte, des feuilles d'écorce de bouleau cousues avec des racines les recouvraient. Leurs généreuses dimensions permettaient à plusieurs familles d'y loger. On y allumait deux ou trois feux sans le moindre risque que les parois si inflammables prennent feu.

Aux yeux des Français, la vie dans ces habitations devait être infernale. Il n'y avait aucune intimité, les chiens et la vermine faisaient la loi et la fumée, qui devait normalement sortir par des orifices pratiqués dans la toiture, envahissait souvent les lieux au point de rendre l'atmosphère irrespirable.

Dollard avait pris de grands risques pour se rendre jusqu'au village iroquois. Il avait d'abord été étonné d'apercevoir deux ou trois groupes de sauvages qui, tous, se dirigeaient dans la même direction.

À en juger par les broderies qu'ils arboraient sur leurs vêtements de cuir, ils venaient de différents groupes: castors, martres, ours. Ils semblaient excités. Inspiré par son flair, il avait décidé de les suivre.

Le Français restait à distance respectueuse, mais c'étaient des aborigènes: ils connaissaient bien les lieux, les bruits de la forêt. Leurs réactions étaient vives et inattendues.

À quelques reprises, il n'avait eu qu'une fraction de seconde pour se cacher. Ils s'étaient retournés si vite que l'intrépide Dollard avait dû faire appel à toute son expérience d'homme habitué à parcourir les bois tout en se cachant des sauvages.

Lorsque était venu le temps de traverser le grand fleuve, il avait fallu faire un détour pour s'éloigner d'eux. Comme Dollard se doutait bien de leur destination, il avait pris le temps de rafistoler un vieux canot abandonné sur la berge et d'agrémenter sa silhouette de quelques plumes, afin de passer pour un Peau-Rouge. De loin, l'illusion serait parfaite.

Il savait bien que s'il était pris, les Agniers se feraient une fête de le scalper avant de l'écorcher vif. Parfaitement sûr de lui, Dollard connaissait le danger, mais ignorait la peur.

Il avait bien raison de croire que les Iroquois auraient grandement apprécié mettre la main sur lui. Il était devenu un personnage important de Ville-Marie, bien qu'il ne soit arrivé en Nouvelle-France que depuis deux ans, et sa réputation de soldat valeureux était connue des sauvages de toutes les tribus. Quoi de plus excitant pour un Iroquois que de torturer un brave pendant des jours et des jours, jusqu'à ce qu'il supplie enfin ses bourreaux de l'achever?

Adam Dollard des Ormeaux, qui se faisait appeler simplement Dollard, jouissait de l'estime de tous. Lambert Closse, le bras droit de Maisonneuve, l'appréciait suffisamment pour en avoir fait le parrain de sa fille aînée, Élisabeth. Il apportait son aide à quiconque la lui demandait.

Récemment, encore, il avait secondé un colon, Picoté de Belestre, dans ses travaux de défrichement[1].

Il savait bien qu'éventuellement, si ses projets se concrétisaient, il aurait besoin d'aide à son tour. Dollard rêvait du jour où la colonie, pas seulement Ville-Marie, mais toute la Nouvelle-France, serait si bien implantée qu'il pourrait former une troupe et aller déloger les Anglais de la grande mer glacée, au nord, où ils étaient en train de s'implanter.

Cependant, son projet immédiat était de débarrasser Ville-Marie de la menace iroquoise, afin de permettre à la population de mener une vie normale. Les femmes seraient plus nombreuses et se marieraient. Les enfants, qu'il adorait, pourraient s'aventurer pour jouer hors des fortifications sans crainte d'être capturés. Maisonneuve, d'emblée, s'était dit d'accord[2].

V

LA PROPOSITION

*L*a rencontre avait eu lieu un soir de tempête, en mars. Il neigeait si fort et le vent soufflait avec une telle violence qu'on ne voyait plus ni ciel, ni terre. Un froid intense sévissait et le feu, dans le foyer, n'arrivait pas à compenser les courants d'air.

Dollard, après son quart de guet, s'était frayé un chemin dans la neige épaisse jusqu'à la résidence de Maisonneuve, chez qui il comptait trouver un peu de chaleur et d'amitié.

«– Ne craignez-vous pas, Dollard, que les Iroquois ne profitent d'une occasion comme cette tempête de neige pour nous attaquer? Tenez, voici un verre de vin. Faites attention: il est chaud!

– Monsieur le gouverneur...»

Dollard, après avoir secoué ses vêtements, but une gorgée qui laissa un sillage aussi brûlant que bienfaisant dans sa gorge. Maisonneuve l'interrompit:

«– Je vous aime bien, Dollard. Vous pouvez m'appeler Paul, lorsque nous sommes seuls. Ça me rappellera l'époque où j'étais aux armées.

– C'est trop d'honneur, monsieur le gouverneur! Où sont vos domestiques?

– Je les ai tous renvoyés chez eux, sous les combles, où ils soignent leurs grippes sous les couvertures. Mais répondez à ma question. Les sauvages?

– Oui, monsieur le... Oui, Paul. Je crains une attaque. On dit qu'elle est imminente. Une soirée comme celle-ci leur permettrait d'arriver jusqu'aux palissades sans être vus. Pour peu qu'ils arrivent en force, ce serait le massacre!

– C'est aussi l'opinion de Closse. Implorons le ciel que cela ne se produise jamais! Presque vingt ans d'efforts seraient anéantis...»

Maisonneuve, songeur, resta plusieurs minutes sans parler. Le vent faisait entendre sa plainte et le feu crépitait dans l'âtre. Il regardait Dollard, assis bien droit dans son fauteuil, vêtu d'un épais pantalon sur lequel perlaient encore des gouttes de neige fondue et d'une chemise à l'étoffe si rude qu'ainsi attifé on l'aurait pris en France pour un paysan.

Coquet, le soldat avait apporté d'Europe de beaux habits à la mode, des pourpoints de drap de Hollande, des tabliers de galants, des hauts-de-chausses de couleurs assorties, mais avait vite adopté la tenue qui permettait de survivre en Nouvelle-France. Il gardait ses vêtements luxueux pour les occasions spéciales, lorsqu'il n'était pas de service, évidemment.

Dollard but une autre gorgée et rompit le silence:

«– Vous savez à quoi je pense, Paul? Si je pouvais recruter quelques jeunes gens décidés, nous pourrions guerroyer... Donner une leçon à ces sauvages avant qu'ils détruisent votre œuvre.

– Vous y pensez vraiment? Vous risqueriez gros...

– L'enjeu en vaut la peine!

– Vous savez, Dollard, mon ami, j'ai su dès que je vous ai vu que je pourrais compter sur vous. Je crois bien que je vous ressemblais, lorsque j'avais votre âge. Je fonde sur vous de grands, de très grands espoirs.

– Vous ne serez pas déçu. Si j'obtenais votre assentiment, je pourrais élaborer mon plan, commencer à recruter.

– Recrutement, c'est un bien grand mot. Commencez donc par sonder le terrain. Qui vous dit que vous pourrez trouver quinze ou vingt hommes prêts à risquer leur vie? Parlez-en à vos amis...

– Dès demain, si cette tempête prend fin.

– Restez donc à coucher. J'ai une chambre d'invité. Nous pourrons continuer cette discussion.

– Je veux bien, mais je n'ai pas soupé...

– Qu'à cela ne tienne! J'appelle la cuisinière. Attendez-moi un instant.»

Quelques minutes plus tard, Maisonneuve, l'œil brillant, séduit par la proposition de Dollard, revenait sur le sujet:

«– Vous savez, Dollard, il y a plus d'une manière pour les Iroquois de faire mourir cet établissement. Ils tuent nos colons, c'est vrai. Ils torturent nos missionnaires, c'est également vrai. Ils s'y prennent aussi d'une autre manière: en étranglant la colonie. Ils incendient les granges, coulent les embarcations, empêchent les colons de cultiver en paix leurs champs. Nous n'aurons bientôt plus rien à manger. Si vous saviez à quel point je compte sur la récolte de cette année!

– Je le sais, Paul. Nous ne pouvons plus nous permettre de les laisser faire. Ils vont tout détruire.»

Un coup de vent particulièrement violent ébranla les vitres. Dollard but une gorgée de vin chaud.

«– Ils ont une autre façon de nous nuire, poursuivit le gouverneur. Ils savent que les coureurs des bois reviennent vers Ville-Marie par la rivière des Outaouais, au printemps et pendant l'été. En fait, ils suivent le même chemin que les chasseurs iroquois qui vendent leurs pelleteries aux Anglais. Les Agniers interceptent les nôtres et s'emparent de leurs fourrures qui sont, vous le savez, notre monnaie d'échange avec les négociants français qui nous procurent les denrées essentielles.

– La première chose à faire serait donc d'aller dans cette région pour les combattre? Qu'en pensez-vous?

– Ce serait une bonne façon d'aborder le problème. Le terrain, m'a-t-on dit, est propice aux embuscades et vous pourriez leur tendre des pièges. Vous ne seriez pas nombreux, mais eux non plus. Vous pourriez les attaquer par petits groupes...

– Aussitôt que la neige aura fondu, nous passerons à l'action.

– Vous y trouveriez aussi votre avantage. Je vous autoriserais à vous emparer à votre profit de toute fourrure en possession des Agniers. J'estime que ce butin pourrait vous enrichir rapidement, vous et vos hommes. Ce serait votre récompense pour avoir débarrassé Ville-Marie de ces barbares. Saviez-vous que depuis quelques mois, les peaux de castor ont atteint, en France, le prix record de quatorze et, parfois même, de quinze livres?

– Je ne demande rien pour moi. Vous le savez, Paul, je ne suis guère attaché aux biens matériels. Mes amis, par contre...

– Oui, je sais. Plusieurs de vos compagnons vivaient dans la plus grande pauvreté, en France. Ils ont traversé l'océan dans l'espoir de mener une vie meilleure en Nouvelle-France. En premier lieu, parlez-en, mon ami. Ceux qui viennent vivre ici ont tous le goût de l'aventure. Ils savent que le négoce des pelleteries est payant. Vous trouverez sûrement des volontaires...»

*
* *

Dollard se souvenait très bien de cette soirée. Il ne lui restait plus qu'à trouver un moyen de connaître la stratégie de l'ennemi et à recruter autant de jeunes hommes intrépides qu'il pourrait en trouver. L'appât du gain et le goût de l'aventure seraient de puissants incitatifs. Ses amis les plus chers étaient déjà au courant de son projet et tenaient à y prendre part. Les sauvages se souviendraient longtemps qu'il ne faut pas s'en prendre aux Français.

Heureusement, Dollard disposait d'un mouchard. C'était un jeune Iroquois que les Français avaient fait prisonnier au début de l'hiver et qu'ils avaient fini par relâcher, après que Dollard l'ait convaincu de collaborer avec les colonisateurs et lui ait fait miroiter maints avantages matériels.

Il s'appelait Garontchika[1]. Il devait avoir vingt ans. Il aurait bien voulu être aussi brave que ses congénères les plus farouches, mais il n'avait, ni le tempérament, ni la stature d'un guerrier. Il était petit et malingre, mais intelligent et fier de sa race et c'est sur ces qualités qu'avait misé Dollard.

Celui-ci avait convaincu Garontchika qu'un jour, les Iroquois seraient une grande nation, la plus importante de toutes, capable de s'adapter au progrès, c'est-à-dire de fabriquer des armes à feu, des bijoux et de la vaisselle de faïence et d'accéder aux connaissances des blancs.

Le fait est que le jeune homme admirait les Français. Pendant sa captivité, quelques jésuites lui avaient rendu visite dans son cachot et il s'était spontanément intéressé à leur vaste savoir.

Un jésuite avait rapporté la chose par hasard à Dollard qui en avait parlé avec Maisonneuve. Ils avaient convenu que le jeune sauvage pourrait être libéré, s'il pouvait servir d'informateur. Auparavant, il fallait le convaincre.

C'est alors que Dollard était entré en scène. Il s'était «lié d'amitié» avec le naïf Garontchika en lui offrant de menus présents, avait gagné sa confiance, avait eu de longues conversations avec lui, en utilisant quelques mots d'iroquois qu'il connaissait, en apprenant patiemment un peu de français à l'indigène et surtout, par l'intermédiaire d'un interprète.

Après six semaines de ce traitement, la conviction du crédule sauvage était que ses chefs menaient le peuple iroquois à sa perte. Que l'avenir de son peuple passait par une alliance avec les blancs, porteurs de la vraie foi et du savoir. Qu'un Iroquois digne de ce nom devrait savoir lire, bâtir une maison de bois et de pierre et cultiver la terre à la manière des Français. Il était prêt pour la liberté. Prêt à devenir le mouchard de Dollard...

VI

LE COMPLOT

*A*près une heure d'attente, les suppositions de Dollard reçurent confirmation: il s'agissait bien d'une assemblée pour préparer la guerre. Les femmes et les enfants se dispersèrent, laissant la place à une vingtaine d'hommes qui s'assirent par terre, en cercle, sur des peaux. Les autres hommes, qui avaient fait le silence, se tenaient debout derrière eux.

Jusqu'à maintenant, les attaques iroquoises avaient été sporadiques et, semble-t-il, exécutées au hasard. La présence à cette réunion des chefs de guerre[1], reconnaissables à leur tenue vestimentaire et à la place qu'ils occupaient dans les assemblées, indiquait que, cette fois, les sauvages allaient harceler systématiquement les Français et chercher à leur faire subir le même sort que celui infligé aux Hurons, quelques années auparavant: l'anéantissement. Il s'agissait bien d'une conférence destinée à établir une stratégie, Dollard en avait la certitude.

Le Français scrutait la scène pour graver dans sa mémoire les visages des chefs. Il est toujours intéressant de connaître ceux qui veulent nous tuer, pensait-il.

Son regard accrocha au passage le visage de Garontchika qui, debout parmi les siens, écoutait attentivement les chefs. Un sourire de contentement apparut à ses lèvres.

*
* *

C'est Kopachonta qui présidait l'assemblée. Pour éviter de prononcer ce nom qui ne voulait rien dire pour eux et aussi par dérision, les Français l'appelaient «Aigle noir». D'une taille supérieure à la moyenne, un visage dur, comme taillé à coups de serpe dans du bois d'érable, il en imposait à tous par sa prestance, son agilité, sa férocité, son astuce et sa bravoure. Sa réputation le précédait et les chefs des autres familles de la confédération iroquoise cédaient le pas à l'orgueilleux chef de guerre agnier.

Même le vénérable Pochinapa, véritable chef de la tribu en temps de paix, s'inclinait diplomatiquement devant lui.

«– L'homme blanc, disait Kopachonta d'une voix forte, a trop longtemps imposé sa volonté sur ces terres qui sont les nôtres depuis toujours. Avec leurs fusils, les Français nous ont repoussés, chassés comme du gibier. Ils ont pactisé avec nos ennemis, les Hurons et les Algonquins. Ils font le commerce avec eux. Ils complotent contre nous et nos amis, les Anglais. Ils veulent s'emparer de toutes les terres, de toutes les richesses. Pire, ils veulent imposer l'Esprit blanc, leur Manitou. Nous faire abandonner nos coutumes, notre langue.»

Kopachonta fit une pause pour reprendre son souffle et pour jeter un regard circulaire sur son auditoire. Ce qu'il vit lui donna satisfaction: tous l'écoutaient attentivement. C'est l'instant qu'il choisit pour hurler, l'œil brillant:

«– C'est fini! Ils n'iront pas plus loin! Nous allons les anéantir, eux et leurs complices, les derniers Hurons, ceux que nous n'avons pas encore écrasés. Eux et leurs amis Algonquins, avec qui ils font commerce, dans la région des grands lacs d'eau douce. Il faut en finir avec les Français!»

Des cris d'enthousiasme retentirent. Tous étaient d'accord, même Kataronapi, chef de guerre des Tsonnontouans, reconnu comme un modéré.

Celui-ci, qui avait fait un long trajet en canot d'écorce sur le grand fleuve pour participer à la réunion, avec ses aides, son conseiller, son sorcier et ses serviteurs, avait déjà eu des contacts avec des Français, des coureurs des bois. Il n'avait pas eu à s'en plaindre. Mais il faisait affaire bien plus fréquemment avec les Anglais qui le payaient grassement et qui lui fournissaient l'eau de feu, les couteaux, les hachettes. Les Français étaient les ennemis de ses amis. En l'absence de Garagontier, chef de sa tribu en temps de paix, Kataronapi se rallia facilement à la position de Kopachonta.

«– Dis-nous, grand chef de guerre des Agniers, comment nous allons en finir avec ces Français. Dis-nous ta pensée. Ces Visages pâles sont terriblement habiles, ils ont des armes à feu pour chacun d'entre eux et certains sont presque aussi courageux que nos plus braves guerriers. Comment arriverons nous à les vaincre?»

La question était flatteuse. Elle faisait appel à l'intelligence et à l'esprit d'initiative de Kopachonta. Celui-ci enregistra la chose dans sa mémoire et se redressa fièrement, faisant saillir ses muscles, avant de répondre:

«– Nous allons nous diviser en trois ou quatre bandes qui agiront de concert. Nous allons lancer des attaques éclair contre leurs villes, en commençant par Ville-Marie. Nous allons semer la terreur, les empêcher de dormir, les affamer, entraver le commerce des fourrures... À la fin, ils seront complètement démoralisés, ils ne seront plus en état de combattre.»

Un murmure d'approbation accueillit ces paroles belliqueuses. Les guerriers tatoués, parés de plumes et de peintures agressives, n'osaient pas interrompre des propos aussi propres à enflammer leur imagination.

«– Par quoi allons-nous commencer?» demanda Bopomata (les Français l'appelaient «Tonnerre»), chef des Onneyouts, un homme au visage horrible qui avait perdu ses lèvres et ses oreilles aux mains des Algonquins, sous la torture, et qui avait été sauvé in extremis d'une mort affreuse. Kopachonta le regardait directement dans les yeux, comme personne n'osait le faire. «Est-ce que nous n'avons pas toujours fait ce que tu viens de dire? En quoi ta stratégie est-elle différente?

– Nous avons dix fois plus de guerriers qu'eux et les nôtres sont plus braves. Ils n'ont pas autant d'armes à feu, mais ils connaissent le terrain. Ce sont des avantages dont nous n'avons jamais assez profité», répondit Kopachonta.

«Nous allons réunir plus de guerriers que les Français ne pourraient en compter. Les meilleurs de chaque tribu. Les plus farouches. Nous jouirons de l'effet de surprise. La nuit, en silence, nous saccagerons leurs champs, jusqu'au pied des palissades. Le jour, nous attaquerons tous les Français qui auront l'imprudence de sortir de leurs forts. Nous allons isoler Ville-Marie et, le moment venu, nous allons lancer une attaque décisive, avec toutes nos forces réunies.»

Bopomata écoutait attentivement, même s'il n'avait pas d'oreilles, et souriait avec sa bouche sans lèvres, en un rictus si affreux qu'il donnait la chair de poule aux plus braves. C'était lui-même un homme qui se flattait d'une grande cruauté.

«– Lorsque nous repartirons, reprit Kopachonta, il ne restera plus que ruines fumantes et cadavres scalpés. Il faudra alors, sans plus tarder, faire subir le même sort aux Trois-Rivières. Là-bas, ils sont moins nombreux, moins bien défendus et leur palissade ne vaut rien. Nous les aurons très facilement.

«Si nous devons avoir des problèmes, ce sera avec Québec. Les Français y sont établis depuis l'époque des pères de nos pères. Ils sont nombreux et les murs de pierre épais les protègent bien. Nous devrons lutter longtemps, les assiéger pendant plusieurs mois avec toutes les forces que nous pourrons réunir. Mais nos guerriers finiront bien par en venir à bout.»

L'enthousiasme augmentait rapidement parmi les guerriers. Certains se mirent à pousser des cris de guerre et d'autres à esquisser des pas de danses martiales. Leur imagination fertile leur suggérait des scènes de carnage au cours desquelles ils trancheraient des gorges, arracheraient des ongles, scalperaient des prisonniers, s'empareraient de leurs femmes et de leurs biens et mettraient le feu aux maisons des Français.

Kataronapi, toujours pratique, demanda:

«– De combien de guerriers as-tu besoin?

– De tous!

– Tu sais bien que beaucoup sont partis à la chasse pour longtemps et que nous ne pourrons pas les rejoindre.

– Il faut en rassembler le plus possible. Si chaque nation iroquoise pouvait m'en fournir deux cents, plus rien ni personne ne pourrait nous résister. Nous serions plus de mille et nous serions invincibles.

– Et quand comptes-tu attaquer?

– Le jour le plus long.»

*
* *

«– Il a dit: le jour le plus long.

– Ce qui veut dire?

– Le jour où le soleil reste le plus longtemps dans le firmament, le jour où la nuit est la plus courte, expliqua laborieusement Garontchika.»

Dollard était perplexe. Il savait qu'en juin, les jours seraient beaucoup plus longs, comme ils étaient beaucoup plus courts en décembre. Mais ses connaissances s'arrêtaient là. Il aurait préféré que le sauvage lui dise clairement: ce sera telle date, à telle heure.

«– Comment pouvez-vous savoir avec précision, vous autres Iroquois, quel jour sera le plus long?

– C'est toujours le même jour, chaque année. Les Agniers savent cela.

– Et quelle est cette date?

– Je ne peux pas la nommer dans ta langue, s'excusa Garontchika, dont le français approximatif ne permettait pas une telle précision, mais je vais t'expliquer...»

La nuit était tombée. Les silhouettes des arbres se profilaient, bien noires, sur les dernières lueurs crépusculaires. Les oiseaux avaient cessé leurs chants.

Dollard, impatient de savoir ce que diraient les chefs, avait donné rendez-vous à Garontchika dans une clairière. Maintenant qu'il avait pris connaissance d'un aussi grave complot, d'une aussi importante menace contre la Nouvelle-France, il ne voulait pas s'attarder dans ces bois infestés de sauvages. Il importait que Maisonneuve soit mis au courant dans les plus brefs délais.

VII

L'ENLÈVEMENT

17 avril 1660

$\mathcal{M}$arie-Jeanne Savard n'aurait jamais cru qu'au cours de sa vie, elle pourrait être aussi fatiguée. Elle marchait depuis déjà deux jours, après avoir subi une raclée aux mains des Iroquois. Elle n'avait presque pas dormi. Ils étaient cinq qui la harcelaient sans cesse, pour le plaisir.

On était le 17 avril. Son mari, Jérôme Savard, aurait fêté son anniversaire dans deux jours. Mais pour lui, la vie s'arrêtait à vingt-huit ans, quatre de plus qu'elle-même. Et les mêmes pensées tournoyaient sans cesse dans son esprit: allaient-ils lui laisser la vie? Qu'allait devenir son enfant, sans père et, au train où ça allait, sans mère? Qu'allaient-ils lui faire? Pourrait-elle endurer les souffrances qu'ils lui prépareraient? Combien de temps allait-elle tenir le coup?

«Femme avancer! Femme marcher plus vite!»

Ils répétaient toujours la même chose. Si au moins ils n'avaient pas accompagné chacune de ces phrases de coups de pied ou de coups de bâton! Ils ne pensaient qu'à faire mal, à faire le mal, le mal, toujours le mal. Maudits sauvages!

Tout avait commencé la veille, le lundi. Comme d'habitude, après l'avoir embrassée, Jérôme était allé aux champs, au nord des fortifications, pour continuer son défrichage. Un travail ardu, surtout par cette journée de printemps exceptionnellement chaude. La terre à peine dégelée était encore pleine de ces damnées souches entourées de racines. Il faut dire que c'était encore la forêt, il n'y a pas si longtemps...

Savard était un homme fort, déterminé et courageux comme la majorité des colons. Arrivé de Normandie depuis cinq ans, il n'avait jamais compté sa peine. Il espérait bien devenir un homme prospère avant la fin de ses jours, en autant qu'on puisse devenir prospère en cultivant des champs entourés de sauvages.

Il ne prenait jamais de chance: chaque jour, il apportait avec lui sa hache, son long couteau et son mousquet et assez de munitions pour tenir tête aux Iroquois qui seraient assez effrontés pour l'approcher. De toute façon, les ordres de M. de Maisonneuve étaient stricts: ne jamais quitter l'enceinte de Ville-Marie sans arme.

Il avait plu pendant une partie de l'avant-midi. Une série d'averses de pluie fine et tiède. Pas assez fortes pour empêcher Jérôme de continuer à essoucher. Et puis le soleil était revenu, asséchant la terre. Le Français était alors retourné à son occupation première, débroussailler un coin de terrain qu'il espérait pouvoir ensemencer prochainement.

Ils n'étaient jamais bien loin les uns des autres, les paysans. Il leur suffisait de crier pour s'entendre, lorsqu'ils ne se voyaient pas. C'est que sur cette île vierge, la végétation était dense. La forêt! La vraie forêt de feuillus. Pas comme en France, non… Ici, c'était la colonie, la Nouvelle-France, un pays à conquérir!

Lorsque M. de Maisonneuve lui avait octroyé cette terre, à cinq minutes de cheval au nord de la rivière, Savard n'y avait trouvé que des arbres: peupliers, trembles, érables, bouleaux.

Il avait fallu abattre des centaines d'arbres et défricher, jour après jour, avec l'aide de sa fidèle «Bourrique», qui était en réalité un cheval mais qui avait ses petits caprices. Au moins dix heures par jour, six jours par semaine. Un travail de forçat! Sans jamais oublier que l'Iroquois était à l'affût, prêt à fondre sur le Français.

Et puis les résultats étaient venus. La terre, bien riche en elle-même, avait commencé à produire les légumes et les céréales si essentiels à la survie de la colonie. Depuis longtemps que Savard produisait assez pour sa femme, son fils et lui-même. Mais M. de Maisonneuve était un homme exigeant: il fallait agrandir sa surface cultivable pour répondre aux besoins des nouveaux colons qui n'étaient pas encore installés, du clergé, des commerçants.

Un travail pénible qui usait son homme en quelques années. Dur pour le dos. Pour les jambes. Toujours debout ou penché, à forcer! Avec cette crainte perpétuelle de voir arriver une meute de sauvages, armés d'arcs et de flèches, de haches, de couteaux et parfois de fusils fournis par ces maudits Anglais, quand ce n'était pas par les coureurs des bois avides de fourrures et de profits.

Tant que toutes les terres n'auraient pas été entièrement nettoyées, l'attaque resterait possible. Habitué à se fondre dans la nature, l'Iroquois pouvait s'approcher sans être vu, prenant tout son temps, se cachant derrière les arbres, les buissons, rampant dans les espaces découverts, au fond des fossés et des sillons.

L'Iroquois était rarement seul. Trois, quatre, parfois jusqu'à sept ou huit. Des jeunes, bien enseignés par les plus âgés. Ils n'avaient qu'une idée en tête: attaquer, sans cesse, le Français qui avait pris la terre, ainsi que le Huron et l'Algonquin, ses alliés.

Soudain, c'était l'attaque éclair: en hurlant comme des possédés, ils fondaient sur le colon isolé pour le tuer et lui voler sa chevelure. Le paysan se défendait comme il pouvait, en attendant les secours. Il n'avait pas toujours le temps de s'emparer de son mousquet et il en était parfois réduit à se battre au corps à corps ou à se défendre avec sa faucille, avec un couteau, une pierre, n'importe quoi.

Les autres Français arrivaient bientôt, en tirant des coups de mousquet et les sauvages prenaient aussitôt la fuite dans les bois où il était impossible de les poursuivre. Depuis 1642, plusieurs Français avaient été tués. Les pertes des Iroquois étaient bien supérieures, mais ceux-ci ne semblaient pas en tenir compte, comme si la vie n'avait pas d'importance.

Ils avaient détruit la Huronie, se couvrant à leurs propres yeux de gloire, et avaient juré d'en faire autant des établissements français, Ville-Marie, Trois-Rivières, Québec. Ils ne comptaient ni leurs efforts, ni le sang versé, ni leurs morts. Il fallait détruire l'intrus arrivé sur son grand bateau.

Marie-Jeanne Savard y pensait tout le temps, elle aussi. Elle savait qu'un jour, ce serait le tour de son cher époux d'être attaqué, blessé, peut-être tué. C'était une question de temps. À moins que le gouverneur général, même si Ville-Marie ne relevait pas de son autorité, décide d'écrire au jeune roi pour lui demander de prendre les choses en mains et d'envoyer une armée. Une belle et grande armée de rudes gaillards capables de réduire ces sauvages en bouillie à tout jamais. Rien que d'y penser, Marie-Jeanne éprouvait du contentement, tant elle avait appris à craindre et haïr l'Iroquois. Mais ce n'était pas pour demain...

La vaillante Française s'était dit que pour une fois, même si Jérôme n'aimait guère qu'elle quitte seule le village, elle pourrait bien aller le retrouver avec de l'eau fraîche, un peu de pain chaud qu'elle venait de retirer du four et lui tenir compagnie quelques instants. Elle avait confié son fils Charles à Louise Lamothe, la servante de l'aubergiste, qui n'avait pas grand chose à faire à cette heure et, s'étant munie d'un chapeau de paille, de bons souliers et d'un couteau, elle était partie retrouver son homme.

Elle avait à peine franchi la rivière qu'elle avait remarqué un buisson qui bougeait. S'étant retournée brusquement, elle avait scruté longtemps le buisson. Plus rien ne bougeait. C'était sans doute le vent, ou encore un lièvre, un raton-laveur, un putois ou Dieu sait quelle bête. À moins que ce ne soit son imagination. On devenait tellement méfiant, à vivre entouré de féroces sauvages capables de vous faire la peau en moins de deux!

Pendant un instant, elle était retournée vers le ponceau jeté sur l'étroite rivière, vers le village, vers la sécurité. Et puis elle s'était dit qu'il ne fallait pas voir tant de danger partout, qu'il fallait avoir de la confiance en soi. Elle avait fait demi-tour une seconde fois, se dirigeant résolument vers la terre de son mari. Elle savait qu'elle pouvait y parvenir en moins de vingt minutes, en marchant vite, et qu'elle rencontrerait sûrement quelques paysans, chemin faisant.

Il faisait beau, plutôt chaud pour la saison. Dieu merci, les moustiques ne feraient pas leur apparition avant au moins un mois. Au loin, la montagne, légèrement voilée de brouillard, dressait sa silhouette familière. Elle serait bientôt verte. Tout semblait si calme. Pourtant, elle avait la sensation d'une présence. «Est-ce que je deviens folle?» se dit-elle en riant pour se donner une contenance.

Un cri d'oiseau. D'oiseau inconnu. Marie-Jeanne n'avait jamais entendu ce cri. Longuement modulé, aigu. Elle se mit à transpirer et accéléra le pas. Parfois, elle trébuchait sur une souche, mais rien n'aurait pu l'arrêter. Maintenant, elle regrettait. Elle avait vu bouger des branches à deux ou trois endroits. Elle se sentait épiée. Et puis ce cri d'oiseau? Était-ce bien un oiseau? Prise de panique, elle se mit à courir.

Cinq minutes plus tard, elle vit au loin la silhouette, à la fois lourde et agile, de son Jérôme. «Bourrique» tirait avec effort une grosse racine à laquelle l'habitant avait fixé une chaîne. Elle ralentit, sentant revenir la confiance, un sentiment de sécurité. Que pouvait-il lui arriver, avec Jérôme?

Il n'était plus qu'à une centaine de pas, au bout de son champ. Derrière lui, la forêt. Déjà, elle lui souriait et lui faisait signe. Il l'entendit venir et se retourna vers elle. Et soudain, il vit que le sourire dans le visage de sa femme se figeait. Se transformait en grimace. Elle criait: «Non! Les sauvages!» Il se retourna. Trop tard.

Nul gaillard n'est assez costaud pour encaisser sur la tête un coup violemment asséné de tomahawk et rester en vie[1].

Marie-Jeanne vit son Jérôme s'écrouler, impuissante, éperdue et, dans l'instant qui suivit, elle sut qu'elle était elle aussi en leur pouvoir, incapable seulement d'aller se jeter sur le corps de son homme qui n'était qu'à quelques pas.

Figée par l'horreur, elle était incapable de crier. Son cri aurait pu alerter les autres laboureurs, qui n'étaient sûrement pas très loin, mais sa gorge était bien incapable d'émettre un son.

Elle vit six grands sauvages se diriger vers elle, sans se presser. Leurs yeux étaient cruels. Ils savaient qu'elle ne pouvait pas leur échapper. Ils avaient un air de triomphe, comme s'ils venaient d'accomplir un exploit. Elle se sentait défaillir, elle, une femme robuste et mûre.

En un instant, ils furent sur elle. Elle tenta bien de résister, mais elle n'arrivait pas à produire la force dont elle était généralement capable. Ils la maîtrisèrent sans difficulté, lui lièrent les mains derrière le dos et lui mirent un chiffon dans la bouche. L'important pour eux était de décamper.

Auparavant, il leur restait une tâche essentielle à accomplir. Celui qui semblait le chef du groupe s'approcha du cadavre de Jérôme, qui était face contre terre, le retourna avec ses pieds et, armé d'un couteau pointu, se mit à lui couper la peau, au sommet du front. Glacée d'horreur, Marie-Jeanne le vit faire le tour des oreilles, le couteau dans la main droite, pendant qu'il saisissait le scalp de la gauche. Enfin, le grand sauvage, un rictus de contentement à la bouche, tira un grand coup et put enfin exhiber l'objet qu'il montrerait à tous, fièrement, au campement. En attendant, le scalp sanguinolent, que Marie-Jeanne s'efforçait de ne pas regarder, fut soigneusement rangé dans un grand sac de cuir.

Les ravisseurs n'avaient pas d'arme à feu. Ils auraient eu le dessous très rapidement contre des Français armés de mousquets. Aussi s'empressèrent-ils de pousser rudement leur proie vers la lisière du bois.

Avant qu'il soit trop tard, Marie-Jeanne fit l'effort de cracher le chiffon qu'elle avait dans la bouche, un morceau de tissu répugnant qui avait servi à Dieu sait quoi, et cria du mieux qu'elle put. Cette fois, son cri porta:

«À l'aide! Au secours!»

Derrière un bosquet, à peu de distance, deux Français s'efforçaient d'arracher au sol une souche de peuplier. Ils entendirent l'appel à l'aide, s'arrêtèrent, se regardèrent et prirent instantanément la décision de courir dans la direction d'où venait le cri. Ils avaient l'habitude des alertes. En moins d'une minute, ils avaient atteint le cadavre de Jérôme Savard, leur ami. À l'orée du bois, un groupe disparaissait. Au milieu de ce groupe, une femme.

«– Les maudits bâtards! Ils l'ont scalpé! s'écria Nicolas Josselin. Tu as vu qui ils ont emmené?

– Non. Je n'ai pas bien vu. Une femme, mais je ne sais pas qui. Probablement sa Marie-Jeanne, répondit Jean Lecompte. On les poursuit?

– On peut toujours essayer, mais les chances sont minces.

– On y va! J'ignore si c'était elle, mais les femmes sont assez rares, à Ville-Marie, pour ne pas les leur laisser.»

Dix minutes plus tard, il était évident que la poursuite ne mènerait nulle part. La forêt n'était pas vraiment impénétrable, mais on s'y perdait rapidement. Seul un sauvage ou un coureur des bois habitué pouvait y progresser à son aise. Quelle direction avaient pris ces Iroquois? Allez donc savoir!

Aussi Josselin et Lecompte prirent-ils la décision d'aller raconter à M. de Maisonneuve ce qui venait de se passer. Chemin faisant, ils rencontrèrent le sergent-major Closse, son bras droit, qui commandait la garnison, et lui firent un résumé de la situation.

«– Morbleu! On avait bien besoin de ça! s'écria Lambert Closse. Vous dites qu'ils n'ont laissé aucune trace?

– Aucune, Lambert. Sinon, qu'est-ce que tu penses? Nous les aurions poursuivis...»

Closse leur jeta un regard noir. C'étaient ses amis. Tout le monde se connaissait, à Ville-Marie. Ils avaient vidé bien des bouteilles, ensemble. Mais la consigne était stricte: ne poser aucun geste susceptible d'entraîner des conséquences fâcheuses, tant pour soi-même que pour les Français.

«– Pas de bêtises! Allons plutôt trouver Paul, qui va encore faire une de ces colères... Ensuite on essaiera de savoir qui ils ont enlevé.»

*

* *

Pendant ce temps, Marie-Jeanne et ses ravisseurs avaient fait du chemin, en direction de la montagne. Il n'y avait aucun sentier et pourtant, les Iroquois savaient exactement où ils allaient. Par endroits, on voyait des traces de pas, là où la pluie avait fait de la boue.

Son cœur battait très fort et son esprit se jetait dans toutes les directions. Elle était ivre de douleur d'avoir perdu à tout jamais son homme. Elle était folle de rage d'être tombée en leur pouvoir. Elle était prête à tenter de leur échapper, même si ses chances étaient ridiculement faibles.

Ils l'avaient libérée de ses liens, qui l'empêchaient de progresser rapidement, et de son bâillon. Maintenant, elle pouvait toujours crier, personne ne viendrait à son secours. Pour ce qui est de s'enfuir...

Pendant la première heure, elle avait trébuché à quelques reprises et avait eu de la difficulté à se relever. Lui donner des coups de pied dans les flancs leur procurait de la satisfaction, mais ne faisait pas avancer les choses. Ils avaient hâte de présenter leur captive à la tribu pour en retirer toute la gloire qu'ils méritaient. C'est pourquoi ils l'avaient détachée.

Ils marchaient à la file indienne. Ils ne la surveillaient même pas vraiment. Elle était au milieu de la file. Parfois, un ou deux Agniers quittaient le groupe pour une raison inconnue et revenaient un quart d'heure plus tard.

Lorsque le soleil fut à son zénith, les Iroquois décidèrent de s'arrêter et de manger. Un peu de viande séchée et une galette de farine de maïs constituaient tout leur ordinaire. Ils mâchaient lentement, tout en discutant. Il était question d'elle, puisqu'ils la désignaient sans cesse du geste. Ils partaient parfois d'un grand éclat de rire qui lui donnait la chair de poule.

Lorsqu'ils eurent fini, celui qui semblait le plus jeune lui jeta un morceau de viande séchée qu'elle mangea sans appétit. Elle avait dans la bouche comme un goût de cendre. Mais si elle voulait garder ses forces, il fallait bien qu'elle se nourrisse. Elle observa brièvement celui qui lui avait donné la viande. Seize, dix-sept ans, émacié, visage harmonieux, la cuisse barrée d'une longue cicatrice. Il lui sembla un peu moins antipathique que les autres. Mais elle le savait: elle ne pourrait jamais compter sur son aide. Elle décida de l'appeler «Le Jeune».

Après avoir avalé sa dernière bouchée, l'un d'eux décida de faire ses besoins. Il s'accroupit à deux pas d'elle, après avoir dénoué son pagne. D'instinct, elle détourna le regard et changea de place. Lorsqu'il eut terminé, le sauvage prit en ricanant des excréments dans sa main et vint l'en enduire. Elle n'osait bouger. Il lui en mit sur la main et sur le front. C'était chaud. Elle eut un haut-le-cœur et il rit bruyamment. Lorsqu'elle s'essuya du mieux qu'elle put, il ne fit rien pour l'en empêcher.

Elle le surnomma «Le Chieur». Ses cheveux étaient longs et gras. Il avait toujours une espèce de sourire qui lui donnait un air sournois.

Ils reprirent leur marche. Elle avançait comme une somnambule. Toujours les mêmes pensées qui l'empêchaient de regarder où elle allait. Étaient-ils aussi terribles qu'on le disait? Sans doute, puisqu'ils avaient tué son Jérôme. On prétendait qu'ils torturaient leurs prisonniers et que rares étaient ceux qui étaient sortis vivants de leurs griffes. Pourtant, l'un d'eux lui avait donné à manger et un autre lui avait fait une plaisanterie. Il ne fallait pas s'y fier, se dit-elle. Ils voulaient seulement qu'elle puisse marcher.

Depuis un moment, Marie-Jeanne se demandait comment elle pourrait utiliser au mieux le couteau dont elle s'était munie et qu'elle avait toujours, dissimulé dans ses vêtements. Elle ne trouvait aucune occasion de s'en servir. C'était une lame un peu plus longue qu'un doigt, très effilée, au bout d'un manche de bois plutôt mince. Elle s'en servait pour éplucher les légumes. Aujourd'hui, elle ne demandait qu'à éplucher de l'Iroquois.

La journée avançait lentement, comme si elle ne devait jamais finir. Ils marchaient, interminablement. Maintenant, ils allaient vers l'ouest. Pourquoi ce détour vers le nord-ouest? Impossible de le savoir. Elle était très fatiguée. Elle aurait eu envie de s'asseoir, de se rafraîchir, de se coucher, de jouer avec son fils. N'importe quoi, plutôt que d'être ici.

Lorsque arriva enfin le soir, elle avait pris une décision: elle devait agir à tout prix, puisqu'elle avait un couteau, même si elle devait y laisser la vie. De toute façon, sa vie ne valait plus bien cher. Elle devait absolument venger son Jérôme, prendre possession du scalp, s'enfuir et, pourquoi pas, rentrer à Ville-Marie.

VIII

LE VIOL

*L*es ravisseurs eurent tôt fait de trouver un emplacement pour passer la nuit. C'était une petite clairière qui avait déjà été utilisée. Elle était jonchée de débris alimentaires, poils, plumes, os, viscères en décomposition et un abri avait été aménagé en son centre. Il y avait aussi la trace de plusieurs feux.

Après un repas en tout point semblable à celui du midi, pemmican et galettes de maïs, il lui fut jeté encore une fois un bout de viande séchée. Elle but goulûment l'eau qu'on lui offrit et qui provenait d'une source dont on entendait le bruit, pas très loin.

Les sauvages avaient une discussion de plus en plus animée, près du feu. Sans doute buvaient-ils de l'eau-de-vie. Celui qu'elle nommait «Le Chef», dans sa tête, se leva soudainement et se mit à parler plus fort, comme pour affirmer son autorité. Le plus jeune semblait en désaccord, mais il dût céder.

Marie-Jeanne comprit bientôt qu'il s'agissait d'elle et un frisson d'inquiétude la parcourut. Maintenant, il faisait presque noir et les étoiles luisaient dans le ciel, à l'est. Le temps avait considérablement fraîchi, depuis une heure, et une brise printannière la faisait frissonner. «Le Chef» se dirigea vers elle, accroupie au pied d'un grand peuplier, et lui fit signe de le suivre.

Il n'allait pas bien loin, juste assez loin pour profiter en paix de sa proie. C'était à une minute de marche, une seconde clairière beaucoup plus petite que la première. L'endroit était souvent utilisé, selon toute apparence, même si l'abri était plutôt rudimentaire: quelques branches de sapin sur quatre poteaux du même bois. En cas de pluie, la protection était à peu près nulle. Au sol, encore des branches, toutes sèches. À quelques pas, des pierres disposées en rond, pour faire du feu.

«Le Chef» n'avait plus de temps à perdre. Il ordonna aussitôt, de sa voix gutturale:

«– Coucher, femme!»

Marie-Jeanne savait depuis le début qu'elle devrait passer par là. L'inévitable droit de violer la prisonnière que s'arroge le ravisseur ou le guerrier depuis la nuit des temps. Elle en était plus ou moins effrayée, mais pas assez pour paniquer. Elle savait qu'elle aurait à endurer des choses autrement plus pénibles, si elle restait en leur pouvoir.

Étant plus jeune, elle avait connu plusieurs hommes, comme bien des filles de sa condition, en France. Des rustres, pour la plupart, qui ne songeaient qu'à se satisfaire. Elle savait comment les traiter. Comment montrer son désir ou, au contraire, les repousser. Ceux qui insistaient au point de la prendre contre son gré recevaient le traitement froideur. C'était ce qu'elle allait faire. Faire la morte. Pourrait-elle y arriver?

La perspective de subir les attouchements, les caresses, peut-être, du grand sauvage et d'être pénétrée par celui qui venait de tuer son Jérôme lui répugnait particulièrement. Elle avait envie de vomir. Seule la perspective de se venger de lui pendant la nuit la soutenait. Mais elle allait devoir se soumettre à ses caprices pendant un moment.

Marie-Jeanne s'étendit sur les branches, prenant bien soin de placer son couteau de façon à ce que l'Iroquois ne s'aperçoive de rien. Pendant ce temps, «Le Chef» plantait un piquet dans la terre, en frappant dessus avec une pierre. Intriguée, elle se redressa et put voir qu'il sortait d'un sac de cuir... L'horreur! C'était la chevelure de Jérôme qu'il plaçait en évidence sur le piquet. Quelle cruauté! Elle lutta de toutes ses forces pour contrer la nausée qui l'envahissait, mais ne put s'empêcher de vomir.

La lune éclairait le spectacle. Elle avait l'impression de sortir de son corps glacé, de le survoler, comme un oiseau. Mille pensées l'assaillaient. Elle revoyait des moments heureux avec Jérôme, ainsi que des périodes difficiles. Ils étaient ensemble. Elle pensait à ce fameux conseil venu de sa maigre éducation: «Offrez vos souffrances à Dieu», et à cet autre, un peu plus pratique, prodigué par une amie, naguère: «Si tu es violée, ne résiste pas trop longtemps, tu souffriras moins, il se lassera plus vite»...

Elle n'eut guère le choix. Le grand Agnier s'abattit sur elle comme le sauvage qu'il était. Ses yeux luisaient comme ceux du Diable, songea-t-elle. D'un geste, il lui remonta sa robe jusqu'à la ceinture. Comme elle n'ouvrait pas les cuisses, il la frappa à la figure. Feindre de résister. La mâchoire en feu, elle encaissa trois ou quatre coups de poing, avant d'obtempérer.

Il fut en elle instantanément. La douleur! Il s'activait comme un démon! Il n'y avait qu'à attendre qu'il ait son contentement. Elle gémissait de douleur, pendant qu'il l'injuriait avec ses dix mots de vocabulaire français:

«Femme, chienne!»

Ses muscles saillants bougeaient frénétiquement à la clarté lunaire. Elle ferma les yeux. Il était massif et puissant. Un homme très fort. Elle n'était qu'un jouet entre ses mains. Marie-Jeanne ne pouvait que souffrir, attendre, gémir.

Pourvu qu'elle n'ait pas d'enfant de lui! Sa période de fécondité était presque arrivée. Elle eut un haut-le-cœur.

Lorsqu'elle sentit le flot de son sperme se répandre en elle, elle sut qu'elle aurait bientôt la paix. Qu'elle pourrait desserrer les dents. Ouvrir les yeux. Contempler le ciel et s'endormir. Elle était si lasse! Dormir? Non! Se venger, plutôt...

Le grand sauvage ralentit son rythme. Il était essoufflé. Il transpirait et sa peau cuivrée luisait. Ses yeux avaient perdu de leur éclat, lorsqu'il lui jeta un regard. Il s'arrêta enfin et roula sur le côté en grognant. Il dit quelque chose en iroquois qu'elle ne comprit pas. Elle n'osait pas bouger. Maintenant, nue de la taille aux pieds, elle avait froid. Elle décida d'attendre. Au bout de cinq minutes, elle l'entendit ronfler. C'était une bête. Une bête qu'il lui fallait absolument détruire, sans quoi elle ne serait plus jamais en paix avec elle-même.

Elle jeta un regard au scalp de son mari, maculé de sang séché. La lune, qui en était à son premier quartier, l'éclairait faiblement. Elle devait le récupérer. Maintenant, elle était pleine de détermination et sa fatigue s'estompait avec la perspective d'agir.

Elle se leva avec précaution, rabattant sa robe sur ses jambes. «Le Chef» grogna et reprit ses ronflements. Il était toujours couché sur le côté et elle était derrière lui. Elle saisit le couteau et le contact du manche la réconforta. Il allait payer pour Jérôme. Il allait payer pour l'avoir prise.

Elle entreprit de le contourner. Le plus difficile était de ne pas faire de bruit. C'était un jeu, pour elle et son fils, quand elle avait le temps de s'amuser avec lui: apprendre à se déplacer sans faire de bruit, «comme les sauvages». Charles n'y parvenait pas. Il était trop jeune, trop enjoué. Elle, par contre, était assez douée. Mais là, dans le noir, avec toutes ces branches sèches et son cœur qui battait comme un fou, elle avait bien du mal à réussir.

Déjà, mentalement, elle se voyait en train de trancher la gorge de l'Iroquois. Elle sentait déjà sur sa main son sang chaud et poisseux. Et s'il allait bondir au dernier instant? Elle devait prendre le risque.

Il ne lui restait que deux pas à parcourir lorsque «Le Chef» bougea. Il se mit sur le dos en grognant et plaça son bras au dessus de sa tête, effleurant la cheville de Marie-Jeanne.

Son cœur bondit et, malgré la fraîcheur de la nuit, elle se mit à transpirer. Elle n'osait plus respirer, encore moins bouger. Sa main se crispa sur le manche. Elle avait une peur terrible, mais elle restait déterminée. Elle ne pouvait pas se permettre la moindre erreur.

Au dernier instant, son instinct lui dit qu'elle avait plus de chances de réussir à enfoncer sa lame dans le cœur du sauvage, plutôt que de lui trancher la gorge. La large poitrine était là, à découvert, sous son regard, et se soulevait au rythme de la respiration.

Lentement, elle alla se placer à la droite de l'Iroquois et, rassemblant toutes ses forces, rabattit son couteau sur sa poitrine. La lame glissa contre une côte et s'enfonça jusqu'au bout. Elle vit clairement les yeux du sauvage s'ouvrir, stupéfaits. Il regarda l'arme restée plantée jusqu'au manche dans son corps et se souleva. Le sang coulait, mais Marie-Jeanne n'en avait pas sur les mains. Elle eut un mouvement de recul, car elle craignait qu'il se lève et la tue.

En grimaçant, «Le Chef» réussit à arracher le couteau qu'il avait dans le cœur. Le sang jaillit. Il paraissait sur le point de s'élancer. Il y eut comme un moment d'indécision, puis le sauvage retomba par terre, sur le dos, sur les branches. Par chance, il n'avait pas crié. Il vivait encore, mais il était inconscient. Réalisant qu'elle atteignait enfin son but, Marie-Jeanne reprit le couteau et, sans hésiter, trancha la gorge de l'Iroquois. Le sang gicla. Cette fois, il était bien mort.

Elle se releva, essuya sa main couverte de sang et, presque religieusement, tremblante, elle alla décrocher le scalp de son mari. C'était irréel. Elle avait peine à croire qu'elle tenait dans ses mains les cheveux de Jérôme et qu'il n'y avait pas de Jérôme. Elle pleurait.

IX

TORTURE

$\mathcal{C}$es événements s'étaient déroulés la veille et la nuit dernière. Dix-huit heures plus tard, Marie-Jeanne était toujours aux mains des Agniers et sa situation s'était aggravée.

Après avoir égorgé «Le Chef», elle avait cru naïvement pouvoir leur échapper. Sans savoir dans quelle direction elle allait, elle avait quitté précipitamment les lieux et avait fui le plus vite qu'elle pouvait, à travers bois, à la faible clarté de la lune.

Deux heures plus tard, elle était à bout de souffle, à bout de forces. Se croyant loin du lieu du meurtre, elle s'était endormie par terre, dans un creux, sous un buisson qui la dissimulait aux regards.

Elle dormait d'un sommeil agité et peuplé de rêves terribles lorsqu'elle fut réveillée d'un violent coup de pied au flanc, aux premières lueurs de l'aube.

«– Femme-chienne souffrir!»

C'était «Le Chieur». Il n'était plus d'humeur à plaisanter. Après l'avoir rouée de coups de pied, il la contraignit à retourner au campement où l'attendaient les quatre autres. Elle s'aperçut alors qu'elle n'avait parcouru qu'une faible distance et qu'elle avait sans doute passé les deux heures de sa fuite à tourner en rond.

Marie-Jeanne avait mal aux flancs et aux jambes, par suite des nombreux coups de pied reçus depuis la veille, et elle avait de la fièvre.

Elle fut accueillie par un autre sauvage qui lui avait semblé indifférent jusqu'à maintenant. Il avait une face un peu lunaire et elle décida de le baptiser «La Lune».

«– Femme brave! dit «La Lune». Femme souffrir! Braves prisonniers souffrir longtemps...» Et son visage s'éclaira d'un sourire pervers.

Marie-Jeanne sentit une profonde angoisse l'envahir. Elle comprit que son sort serait misérable et qu'elle n'aurait plus aucune chance de s'en sortir vivante. De plus, et cela lui brisait le cœur, «Le Chieur» avait récupéré la chevelure de Jérôme et s'en servait pour se moucher ostensiblement devant elle. Quel salaud!

Elle eut droit à quelques sévices avant de repartir vers une destination inconnue, mais le pire surviendrait, elle le savait, lorsqu'elle serait en présence de toute la tribu. En attendant, ils voulaient qu'elle reste en état de marcher.

En guise d'acompte, «Le Chieur» lui saisit un sein et le lui tordit si cruellement qu'elle faillit s'évanouir. Elle cria de douleur, ce qui le fit ricaner. Elle mit quelques minutes à récupérer et c'est le ventre vide qu'elle entreprit une nouvelle journée de marche.

«– Femme avancer! Femme marcher plus vite!»

Ils le répétaient sans cesse, tout en lui donnant des coups. Son sein meurtri lui faisait mal. Et elle ne cessait de ruminer de sombres pensées: pourrait-elle tenir le coup? Qu'allait devenir son fils? Quand allait-elle devenir folle?

La fin de l'après-midi approchait lorsqu'ils atteignirent enfin le vrai campement. Aux abords, il y avait des champs défrichés qui seraient ensemencés, dans quelques semaines. Une odeur de fumée flottait dans l'air.

Elle s'aperçut dès le premier coup d'œil qu'ils devaient être au moins cinquante, dont une majorité de femmes et d'enfants.

Elle se reprit à espérer en se disant que les femmes seraient sûrement moins cruelles que les hommes, que certaines viendraient à son secours, que des enfants innocents ne pourraient pas la faire souffrir...

Elle aperçut une robe noire et là, elle sentit que tous les espoirs étaient permis. Un missionnaire! Ils hébergeaient un missionnaire! Celui-ci devait bien avoir un peu d'ascendant sur ces sauvages...

Le groupe fut entouré d'Iroquois dès son entrée dans le fort, une simple palissade entourant deux longues maisons assez hautes faites d'une armature de branches recouverte de feuilles d'écorce de bouleau.

Chacun voulait examiner de près cette nouvelle capture. De si près qu'elle sentit des mains la tâter, comme pour voir si elle était robuste, si elle supporterait longtemps la douleur. Marie-Jeanne sentit aussi l'haleine d'une vieille sauvagesse qui avait approché sa face de la sienne. Elle aurait juré qu'elle sentait vaguement l'alcool.

Une discussion animée se déroulait autour d'elle, mais elle ne comprenait pas un seul mot. On la désignait du doigt, on esquissait des gestes menaçants, on lui crachait dessus. Rien de réconfortant, si ce n'est l'arrivée du missionnaire, au bout de quelques minutes.

Il était accompagné d'un homme âgé, aux cheveux grisonnants et à la peau ridée. Le vieux, qui pouvait avoir entre cinquante et soixante ans, difficile à dire, marchait lentement et les sauvages s'écartaient pour le laisser passer.

Lorsqu'il fut devant elle, il prit tout son temps pour l'examiner de ses yeux délavés, pendant qu'il écoutait, impassible, le rapport du «Chieur». Il lui palpa la nuque, les épaules, les seins et les cuisses, comme s'il tentait de trouver des différences entre une Française et une Iroquoise, et il hocha la tête à plusieurs reprises.

Marie-Jeanne n'osait bouger, de peur de provoquer une réaction violente. Elle eut beau dire «Mon père», en s'adressant au missionnaire, celui-ci, sans doute par déférence envers le vieux, ne répondit pas. Il se contenta de la regarder avec de la compassion dans le regard. Lui-même ne semblait pas être sorti intact de ses contacts avec les Iroquois. Il arborait de vilaines cicatrices et il lui manquait un doigt.

Le vieux, qu'elle décida d'appeler «L'Ancien», se mit enfin à parler. Pas très longtemps, mais avec autorité.

Aussitôt, elle fut reconduite au milieu du vaste espace compris entre les deux longues maisons. Un poteau s'y dressait, non loin d'un feu. Elle sentait la panique s'emparer d'elle. Ses jambes se dérobaient et son courage l'abandonnait rapidement, même si elle s'était juré de résister le mieux qu'elle pourrait.

Le missionnaire dit quelques mots en iroquois et les sauvages s'éloignèrent de quelques pas pour un moment.

«– Ma fille, je suis le père Durivage, jésuite[2]. Je ne décide rien ici et je n'ai pas l'autorité qui permettrait d'infléchir leurs décisions. Notre-Seigneur a permis que je devienne leur prisonnier, il y a trois mois et j'igore quel sort ils me réservent.

– Que vont-ils me faire?» l'interrompit Marie-Jeanne, anxieuse au point de bégayer et de se sentir glacée jusqu'aux os.

«– Obonapa, le vieil homme qui est leur chef, a décidé que tu vivrais parce que tu t'es montrée brave. Tu deviendras leur servante. Auparavant, il a décidé de te punir pour avoir tué l'un de ses plus vaillants guerriers, Gaparaka.

– Que vont-ils me faire?» demanda la Française, un peu rassurée d'apprendre qu'elle vivrait et inquiète de savoir qu'ils allaient la punir. Elle avait déjà reçu tant de coups!

«– Tu dois te déshabiller et faire ce qu'ils t'ordonnent. Tout de suite. Ils vont te brûler à quelques endroits et te couper un doigt. Je vais t'assister du mieux que je peux. Quel est ton nom?

– Me couper un doigt! s'exclama Marie-Jeanne. Je refuse! Il n'en est pas question. Je ne veux pas être brûlée, non plus!

– Mais tu n'as pas le choix, ma fille, insista le jésuite d'une voix fatiguée en passant dans ses cheveux la main privée d'un doigt. Ils vont le faire de toute façon. Si tu résistes, ce qui ferait bien leur affaire, ils vont te faire beaucoup plus de mal.

– Non! Non! Je ne veux pas.

– Écoute, ma fille... Quel est ton nom?

– Marie-Jeanne. J'ai un enfant. Ils ont tué mon mari, hier. Je ne veux pas être torturée.

– Écoute, Marie-Jeanne. Il faut offrir tes souffrances à Dieu. Tes souffrances plaisent à Dieu et elles faciliteront ton salut. Regarde ce qu'ils m'ont fait, à moi», dit le père Durivage, en montrant sa figure avec sa main à quatre doigts.

La Française crut déceler dans le regard de Durivage une pointe de fierté. Il aspirait peut-être au martyre? Elle avait entendu parler du fanatisme des jésuites.

Les Iroquois, très excités, commençaient à se rapprocher. Le jésuite leur dit quelques mots auxquels répondit le chef Obonapa.

«– Obonapa promet qu'il ne coupera qu'un doigt. Choisis la main et le doigt. La blessure sera cautérisée. Tu n'as plus le temps de tergiverser. Si tu ne te déshabilles pas, ils vont déchirer tes vêtements et tu seras en guenilles ou tu devras t'habiller comme eux. Mais il préfère qu'une Française qui leur sert de servante reste habillée comme une blanche.»

Marie-Jeanne jeta un regard aux femmes iroquoises. Elle ne voulait pas leur ressembler. C'était viscéral. Elle était Française et vêtue convenablement, ce qui lui procurait de la fierté. Elles étaient sales et portaient de malodorantes capes de fourrure élimée. Par dessous, une espèce de pagne retenu à la taille par un cordon. Comme le vêtement était ouvert sur le devant et n'était retenu que par une agrafe sous le menton, le vent s'y engouffrait. Ces sauvagesses ne valaient pas mieux que des bêtes, songea-t-elle avec mépris.

La Française ne pouvait pas croire qu'elle était au centre de cette scène de cauchemar. Dans un instant, elle allait s'éveiller et prendre la main de Jérôme. Elle ferma les yeux et les ouvrit. Les sauvages étaient toujours là, menaçants. Le père Durivage lui fit un signe d'encouragement.

Elle se résigna à se dévêtir sous le regard curieux de cette foule hostile. Au sein de la population blanche, les femmes étaient rares. C'est dire que les Iroquois n'avaient guère l'occasion de voir de près une Française. Aussi s'arrêtèrent-ils de crier pour regarder le spectacle.

En proie à une intense frayeur, Marie-Jeanne était maintenant déterminée à en finir au plus vite. Elle confia en tremblant sa robe et sa culotte de lin au père Durivage, qui l'encourageait comme il le pouvait, et ne conserva que ses chaussures.

En l'élevant, sa mère n'avait pas insisté sur la pudeur. Ils étaient trop nombreux à vivre dans la même pièce pour se payer le luxe d'apprendre ce sentiment de gêne. Mais se retrouver nue devant tous ces hommes et toutes ces femmes auxquels elle allait être livrée l'incommodait au plus haut point. Elle se sentait beaucoup plus vulnérable.

Deux jeunes guerriers la prirent chacun par un bras et la conduisirent au poteau. Elle se débattait malgré elle. La pensée d'être humiliée et torturée la révoltait. Ils parvinrent facilement à l'attacher, les mains derrière le haut du poteau.

«– Quel doigt allons-nous couper? demanda le père Durivage.

– Le petit doigt de la main gauche, s'il le faut, s'entendit-elle soupirer.

– Courage, ma fille, dit le jésuite, Dieu apprécie tes souffrances.»

Les Iroquois du fort étaient maintenant tous rassemblés autour d'eux. Ils entreprirent alors de tourner autour du poteau, lentement d'abord, puis de plus en plus vite. Le mouvement devint bientôt une sorte de danse sauvage accompagnée de cris inquiétants, de grimaces et de contorsions. Marie-Jeanne aurait donné dix ans de sa vie pour se trouver ailleurs.

Au bout d'une éternité, elle crut percevoir un changement de rythme. Les indigènes la regardaient d'étrange façon. Elle sentit que quelque chose allait se produire.

Il commençait à faire froid et le vent se faisait de plus en plus mordant sur la chair dénudée de son ventre contracté, de ses seins, de ses jambes engourdies. Par contre, la fièvre rendait son front brûlant.

La clarté diminuait rapidement. Brusquement, la danse s'arrêta et Obonapa parla brièvement. Aussitôt, une sauvagesse s'approcha, tenant une espèce de tabouret. Elle la regardait dans les yeux, avec cruauté. Marie-Jeanne réprima un frisson. Elle transpirait et le vent froid la harcelait.

L'Iroquoise, qui devait avoir une trentaine d'années et qui exhibait des dents gâtées, grimpa sur le tabouret et sortit un couteau de sa ceinture. La Française s'aperçut que c'était son propre couteau, récupéré par «Le Chieur».

C'était une petite femme boulotte qui sentait le ranci. D'un agile mouvement de la main, elle promenait le couteau sur la peau de la captive, la piquant ici et là, principalement à la gorge et aux seins. Marie-Jeanne était terrorisée, à la grande satisfaction de la sauvagesse qui faisait perler le sang à la pointe du couteau. Pendant ce temps, le père Durivage psalmodiait une prière en latin, à genoux, les yeux tournés vers le ciel.

Obonapa parla de nouveau. Le jésuite interrompit sa prière:

«– Il dit que Gaparaka, l'homme que tu as tué, était l'époux de cette femme. C'est elle qui doit te punir. Par la suite, tu deviendras sa servante.

– Qu'elle en finisse, supplia Marie-Jeanne.

– C'est bientôt terminé», rassura le jésuite, qui s'adressa ensuite à Obonapa. Sur un geste de celui-ci, la femme prit une poignée des cheveux de la Française et la lui coupa grossièrement. Elle répéta son geste à deux ou trois reprises, au milieu des sanglots de la victime qui considérait sa longue chevelure comme un objet de fierté.

Les Iroquois entreprirent alors une autre danse, sur un rythme étrange et inquiétant. Ils ne criaient plus, mais chantaient en chœur.

Leurs pas s'accordaient. Pendant ce temps, un jeune guerrier jetait du bois dans le feu, pour éclairer la scène et chauffer une tige de métal.

Marie-Jeanne vit la tige et comprit qu'on allait s'en servir pour la brûler. Elle savait qu'elle ne mourrait pas, mais que la souffrance serait terrible.

Elle avait si peur et son attention était tellement concentrée sur la tige de métal qu'elle ne vit pas l'Iroquoise déplacer son tabouret derrière le poteau. Avant même qu'elle s'en soit aperçue, la boulotte lui avait saisi l'auriculaire de la main gauche et l'avait tranché net au niveau d'une jointure.

Le sang gicla avant que Marie-Jeanne ait compris ce qui se passait. C'est la pulsion du sang dans le moignon qui lui fit prendre conscience de l'amputation. Mais la souffrance ne vint vraiment que quelques minutes plus tard, lorsqu'un guerrier s'approcha avec la tige rougie au feu et la lui appliqua sur le moignon sanguinolent.

Un long cri de souffrance retentit dans la nuit naissante, suivi de plusieurs autres lorsque l'Iroquoise s'empara de la tige et exerça sa vengeance sur la chair meurtrie de Marie-Jeanne jusqu'à ce qu'elle perde conscience et même au delà...

X

LA DÉCISION

17 avril 1660

De retour à Ville-Marie, après avoir passé à la belle étoile une nuit aussi brève que peuplée de rêves confus remplis d'Iroquois belliqueux, Dollard s'empressa d'aller trouver M. de Maisonneuve, avant même de changer de tenue. Il était à peine sept heures du matin et le fondateur de Ville-Marie revenait de la messe.

Dollard le trouva dans sa salle à manger, où il prenait son petit déjeuner en compagnie de M. Jacques Leneuf de La Poterie, gouverneur des Trois-Rivières, de l'abbé Rémy Doiron, émissaire de Mgr François de Laval de Montmorency, et de Lambert Closse.

La servante qui lui avait ouvert la porte et l'avait reconduit à la salle à manger, la jolie Manon Dubois, avait bien les joues un peu trop roses, mais personne ne remarqua quoi que ce soit. Elle n'avait d'ailleurs pas osé dire un mot, de peur d'être remise à sa place par l'autoritaire maître de céans.

Lorsqu'il fit son entrée dans la vaste pièce éclairée par deux étroites fenêtres, son épée lui battant la jambe, le chapeau à la main, le gouverneur de La Poterie, un petit pain à la main, demandait à Lambert Closse quelles sanctions il faudrait prendre, selon lui, contre les coureurs des bois Pierre-Esprit Radisson et Médard Chouart Des Groseilliers qui avaient quitté les Trois-Rivières malgré son interdiction de le faire[1]. Le sergent-major n'eut pas le temps d'exprimer son avis.

«– Alors, mon cher Dollard, s'écria Maisonneuve, heureux de voir son émissaire de retour sain et sauf, quelles nouvelles nous rapportez-vous du saut Saint-Louis? Sont-elles aussi mauvaises que nous le craignons?

– Hélas! Je crois bien, monsieur le gouverneur, que Ville-Marie court un péril mortel immédiat et que l'établissement des Trois-Rivières pourrait disparaître avant l'automne. J'ai eu...

— Comment? l'interrompit de La Poterie qui faillit s'étouffer. Vous dites que les Trois-Rivières seraient en danger?

— En danger de mort, monsieur. Si vous êtes bien celui auquel je pense, c'est-à-dire le gouverneur des Trois-Rivières, vous avez autant de raisons de vous inquiéter que M. de Maisonneuve.

— Et moi, je suis l'abbé Doiron, intervint le prêtre. Je représente monseigneur de Laval. Y a-t-il aussi du danger pour Québec?

— Pas dans l'immédiat. Les Iroquois veulent d'abord détruire Ville-Marie et les Trois-Rivières. Si leurs espoirs se réalisent, ils pourraient isoler Québec à partir de la fin de l'été et l'assiéger tout l'hiver. À moins que la ville ait de grandes réserves de munitions, de bois et de nourriture, sa situation empirera et le dernier bastion de la Nouvelle-France disparaîtra quelques mois plus tard.

— Mais c'est la catastrophe! s'écria de La Poterie.

— Ça ne se passera pas comme cela! tonna Maisonneuve.

— Nous nous battrons! rugit le sergent-major Closse.

— Que Dieu nous épargne cette épreuve! soupira l'abbé Doiron.

— Que savez-vous, au juste? reprit Maisonneuve. Avez-vous des certitudes ou ce que vous nous dites n'est-il que déductions?

— J'ai vu de mes yeux le chef Kopachonta, vous savez, celui que nous appelons «Aigle noir», le chef de guerre des Agniers. Je l'ai vu haranguer les chefs des autres nations iroquoises, les Tsonnontouans, les Onneyouts et les autres. Ils semblaient tous d'accord. Ils avaient vraiment l'air de préparer quelque chose de terrible et ce que m'a rapporté Garontchika concorde bien avec ce que j'ai vu.

— Qui est Garontchika? demanda de La Poterie.

— C'est un Agnier, répondit Closse, la bouche pleine. Un prisonnier que nous avons relâché sous promesse de nous fournir des renseignements. Auparavant, nous l'avons travaillé, dirais-je, jusqu'à ce qu'il oublie à quelle nation il doit allégeance.

— Pouvons-nous avoir confiance en lui?

— J'aimerais pouvoir dire oui, soupira Maisonneuve. Mais l'expérience et le temps m'ont appris qu'on ne peut jamais avoir totalement confiance en un Iroquois. C'est un peuple perfide. Toutefois, puisque notre ami Dollard a tout vu...

— Je peux vous dire, M. le gouverneur, que des centaines d'Iroquois se masseront à quelques lieues de Ville-Marie dans quelques semaines, un mois tout au plus. Des Iroquois venus des cinq nations. Peut-être bien des milliers. Ils encercleront Ville-Marie et attaqueront tous ceux qui pourraient sortir des fortifications. Il sera impensable de partir, de jour comme de nuit, tant ils seront partout et nombreux. Pour ce qui est de défricher, de cultiver, de chasser, il faudra s'enlever cette idée de la tête...

— Vous avez dit quelques semaines, Dollard? demanda Maisonneuve, visiblement nerveux. Pourquoi maintenant et pas cet automne? Pourquoi cette année plutôt que l'année dernière?

– Garontchika a dit qu'ils allaient passer à l'attaque «le jour le plus long».

– Le jour le plus long. Qu'est-ce que c'est que cette charade? questionna le gouverneur des Trois-Rivières.

– C'est le jour le plus long de l'année. Vers la fin de juin.

– Pour être plus précis, intervint l'abbé Doiron, heureux d'étaler son savoir, le jour qui est réellement le plus long est le 21 juin. Ceci dit, tous les jours à partir du 10 jusqu'à la fin du mois sont sensiblement de la même longueur. Voyez-vous, le soleil…

– Nous aurions intérêt, l'interrompit de La Poterie, qui n'avait que faire de ces précisions, à nous tenir sur nos gardes à compter du début de juin. Ces sauvages sont tellement primitifs qu'ils ignorent tout de l'astronomie. Ils sont bien capables d'attaquer aussitôt qu'ils se croiront assez nombreux pour le faire.

– Pourquoi cette année? Pourquoi pas cet automne? C'est bien l'autre partie de votre question? reprit Dollard, s'adressant à Maisonneuve. Je dirais, moi, que les Iroquois ne sont pas les seuls à avoir participé à cette décision. Les Anglais, qui sont fort bien établis sur les côtes de l'océan, m'a-t-on dit, les poussent présentement à nous attaquer, à nous affaiblir, à briser nos amis, les Hurons et les Algonquins, à intercepter les convois de fourrures…

– Dollard, mon ami…»

C'était Maisonneuve qui venait de prendre la parole. Il fit une pause, pour que chacun sente qu'il allait dire quelque chose d'important. Il mit à profit cette pause pour se redresser sur sa chaise, lui que l'âge commençait à voûter un peu et pour boire une gorgée.

«– Dollard, vous en qui j'ai confiance parce que l'intérêt de la colonie vous tient vraiment à cœur, croyez-vous, à la lumière de ce que vous avez vu et entendu, qu'il est encore possible de réaliser le projet dont nous nous sommes entretenus l'autre jour?

– Quel projet? questionna de La Poterie.

– Monsieur le gouverneur, je dirais qu'il est grand temps de réunir les volontaires et de passer à l'action. Il vaut mieux chasser un gibier dispersé que d'être une proie encerclée par une meute de loups. Attaquons les premiers et montrons-leur ce dont nous sommes capables.

– Bien dit! lança de La Poterie.

– Ils sont braves, courageux, mais impressionnables, poursuivit Dollard. Si nous parvenions à en coincer quelques groupes et à les exterminer, les autres, en apprenant la nouvelle, renonceraient probablement à leur projet.»

Depuis un moment, le gouverneur des Trois-Rivières avait cessé de manger et buvait les paroles de Dollard. Il était d'accord avec chaque mot. L'abbé Doiron était tout aussi attentif, mais l'idée d'exterminer des groupes d'indigènes lui répugnait.

«– Dollard, dit Maisonneuve solennellement, vous que je considère comme un fils, nous nous sommes entendus. Je compte sur vous. Vous irez attaquer ces sauvages avec une telle audace, avec tant de hardiesse et de détermination, qu'ils verront que la Nouvelle-France est là pour rester.

– S'il n'y a pas moyen de faire autrement, dit tristement l'abbé Doiron.

– Puis-je commencer le recrutement?

– Non seulement vous pouvez, mais vous devez le faire le plus tôt possible. Je vous fournirai des vivres et quelques armes. Vous construirez vos embarcations. Nous n'attendrons pas que mille sauvages prennent d'assaut nos fortifications défendues par des affamés. Vous savez que nous n'avons presque plus de nourriture et que nous comptons beaucoup sur la récolte de cette année. Nous allons attaquer, attaquer encore et toujours, jusqu'à ce qu'ils nous laissent en paix.

– Et où allons-nous attaquer?

– Je crois que nous avions convenu qu'il faudrait leur tendre une embuscade sur le bord de la rivière des Outaouais. À cette période de l'année, ajouta le gouverneur à l'intention de l'abbé Doiron, les coureurs des bois commencent à revenir par ce cours d'eau vers Ville-Marie avec leur riche butin et les Iroquois, eux, remontent la rivière pour aller au devant de leurs chasseurs qui reviennent, eux aussi, par le même chemin. Tous ces sauvages vont se liguer pour dépouiller nos coureurs des bois de ces précieuses pelleteries avant qu'ils arrivent ici. Il me semble indiqué d'aller les combattre sur les rives de la rivière des Outaouais.

– Peut-être, dit l'envoyé de Mgr François de Laval de Montmorency, s'adressant à Dollard, pourrez-vous protéger le retour de ce Radisson dont on dit qu'il va rapporter du pays des Algonquins une quantité considérable de pelleteries?

– Il est parti sans ma permission, intervint de La Poterie. Si vous le rencontrez, faites-lui savoir que je l'attends aux Trois-Rivières.

– Comme vous voudrez. Mais puisqu'il sera difficile de réunir, dans le meilleur des cas, plus d'une vingtaine de volontaires, j'aimerais que des Hurons et des Algonquins, s'il s'en trouve à Ville-Marie lorsque nous partirons, se joignent à nous. Ils ne seront pas de trop.

– Tout ce que vous voudrez, consentit Maisonneuve, à qui cette concession ne coûtait pas grand chose, pourvu que la chose se fasse rapidement et que la victoire soit décisive.

– Ça, c'est parler! dit Boucher, au comble de l'enthousiasme. Et pendant que vous y serez, tuez en donc une bonne douzaine de ma part...»

Cette dernière remarque lui valut un regard noir de l'abbé Doiron.

XI

CONFIDENCES

Dans la cuisine, Manon Dubois conversait avec sa seule confidente, Thérèse, la cuisinière. C'était une grosse bonne femme dans la quarantaine, originaire de Normandie, rougeaude et blonde, rieuse et avide de potins. La jeune servante lui disait tout et Thérèse lui prodiguait ses conseils, un peu comme une mère de remplacement.

«– Tu vois, disait-elle, plus je le regarde, plus je le trouve beau. C'est vrai qu'il a de belles manières et une bonne éducation, mais en plus, il est grand, il a les épaules larges, des bras musclés, des mains aux longs doigts. À coup sûr, monsieur Dollard doit connaîtres des caresses terribles...

– C'est tout? Tu t'excites simplement parce qu'il est beau?

– Voyons, Thérèse, l'as-tu bien regardé? Il a des cheveux bruns drus et bouclés qui lui descendent presque jusqu'aux épaules, des yeux bleus profonds, un beau nez droit et long. Ce n'est pas assez? Moi, je passerais des heures à lui caresser les cheveux...

– Tu oublies de dire qu'il a des dents carnassières encastrées dans une bouche aux mâchoires puissantes, laissa tomber la cuisinière en pétrissant sa pâte à pain. Ce Dollard est un homme dangereux, moi je te le dis. Il pourrait facilement te dévorer le cœur. Je ne serais pas surprise qu'il te fasse souffrir, petite sotte, d'une manière ou d'une autre. Je t'aurai prévenue.»

Manon ne l'écoutait plus. «Il a des lèvres charnues, songeait-elle. Comme j'aimerais qu'elles m'embrassent! Toutes les femmes doivent l'aimer, mais moi plus que toutes les autres, sans l'ombre d'un doute.»

Manon avait entrouvert la porte et ne perdait rien du spectacle de l'être qu'elle chérissait en compagnie de ces hommes si puissants au sein de la colonie.

Assis autour de la grande table rectangulaire, ils lui avaient fait une place dès son arrivée, signe qu'ils l'estimaient, puisqu'ils auraient pu écouter son rapport sans lui offrir de s'asseoir et de partager leur repas.

Elle était à la fois émerveillée par l'entente qui régnait entre M. de Maisonneuve et Dollard et effrayée par les risques qu'il allait courir. On lui demandait, ni plus ni moins, d'aller se battre, à la tête d'une poignée d'hommes, contre une multitude de féroces guerriers. S'il réussissait, toute la Nouvelle-France lui devrait respect et gratitude.

Elle soupira et se dit mentalement: «Cœur qui soupire n'a pas tout ce qu'il désire»... Elle se dit aussi que s'il daignait jeter un regard sur elle, si elle parvenait à se l'attacher et, un jour, à l'épouser, elle ne le laisserait jamais prendre autant de risques, même s'il devait en retirer beaucoup de gloire. Un tel homme, pensait-elle, il faut le protéger contre lui-même et contre ceux qui veulent profiter de lui.

«C'est aujourd'hui ou jamais! se dit-elle. Dollard, mon amour, tu dois savoir que je t'aime comme une folle avant de partir chasser l'Iroquois. Ainsi, tu prendras moins de risques...»

XII

LES AMIS

$\mathcal{D}$ollard n'était pas homme à laisser les choses traîner en longueur. Une demi-heure s'était à peine écoulée qu'il était déjà attablé à l'Auberge des Chasseurs, où il avait fait convoquer ses meilleurs amis, Jean Tavernier, dit La Lochetière, sieur de La Forest, un solide gaillard de 28 ans qui était armurier et agriculteur, Christophe Augier, dit Desjardins, un charron de 26 ans, et Roland Hébert, dit La Rivière, 27 ans, une garçon capable de défricher un arpent de terre le temps de le dire[1].

«– Vous savez tous, leur dit-il après avoir trempé ses lèvres dans un gobelet de vin, quel péril guette Ville-Marie. Il ne se passe pas une semaine sans qu'une bande d'Iroquois vienne harceler et, parfois, assassiner nos amis à quelques pas des fortifications. Pas plus tard qu'hier, Marie-Jeanne Savard a été enlevée après avoir assisté au meurtre de Jérôme Savard, son mari, que vous connaissiez tous. Quel est son sort, présentement? J'en ai des frissons dans le dos, rien que d'y penser.

– Si tu nous a réunis, dit Tavernier, c'est peut-être que tu sais où elle se trouve et que tu envisages d'intervenir pour la sauver? Tu peux compter sur moi.

– Hélas! Je n'ai aucune idée de l'endroit où elle se trouve. S'ils ne l'ont pas tuée dès hier, elle est en leur pouvoir et Dieu sait ce que ces monstres sont en train de lui faire. Mais nous ne pouvons rien pour elle. C'est cruel de le dire, mais elle était avertie, comme tout le monde à Ville-Marie, de ne pas quitter les fortifications sans protection.

– On ne peut pas vivre toute sa vie sans jamais sortir, intervint Hébert. Ce n'est pas humain.

– Les Iroquois non plus, ne sont pas humains, répondit Augier. C'est pourquoi il faut appliquer notre plan au plus tôt pour que cette situation cesse. Où en es-tu, Dollard, avec M. de Maisonneuve?

– C'est la raison pour laquelle j'ai voulu vous parler. J'ai rencontré le gouverneur ce matin et il a dit oui. Nous pourrons partir dans quelques jours.»

Les trois hommes poussèrent à l'unisson un cri d'enthousiasme qui s'entendit jusque dehors:

«– Enfin! Depuis le temps qu'on attend ça... À nous l'aventure! À nous les fourrures!

– Tu lui as parlé des fourrures? demanda Hébert.

– C'est lui qui m'en a parlé. Ce sera notre récompense: toutes les pelleteries que nous pourrons prendre aux Iroquois sont à nous.»

Nouveau cri d'enthousiasme. Tavernier s'écria:

«– À boire, Trépanier! Du vin pour tous!

– Il était avec Closse, le gouverneur de La Poterie, des Trois-Rivières, et un émissaire de Mgr de Laval, reprit Dollard. Ils étaient d'accord: il faut agir dès maintenant, avec tous les hommes que nous pourrons trouver, y compris des Hurons et des Algonquins, avant que les Iroquois nous assiègent.

– Nous assiéger? Mais ce n'est pas possible!

– Oh, oui! C'est possible. Je vais vous raconter ce que j'ai vu, hier, sur le bord du fleuve, près des rapides.»

XIII

OBSERVATION

$\grave{\mathcal{A}}$ moins d'une lieue de l'Auberge des Chasseurs, six Agniers s'approchaient de Ville-Marie en prenant toutes les précautions voulues pour éviter d'être repérés.

C'étaient des guerriers expérimentés, des vétérans de la guerre de 1648 contre les Hurons, conflit qui avait provoqué un bain de sang et signifié la fin de la Huronie.

Comme le temps avait fraîchi depuis la veille, ils avaient revêtu des capes de peau. Ils étaient armés de casse-tête, de couteaux et d'arcs. Ils se déplaçaient sans bruit.

Ils arrivaient maintenant à la limite des terres cultivées, là où le défrichement était en cours. Tapis derrière un rideau de jeunes sapins, ils pouvaient observer quatre Français qui, armés de haches, abattaient des arbres et débroussaillaient le terrain.

Un cheval servait à essoucher, ainsi qu'à transporter les troncs jusqu'à Ville-Marie, où ils seraient débités pour en faire du bois d'œuvre ou de chauffage. La grande bête brune, tachetée de blanc, les fascinait et ils auraient bien voulu s'en emparer.

Il n'était pas question d'attaquer. Les Français disposaient de mousquets et ils étaient visiblement sur leurs gardes. Ils devaient avoir en tête les événements de la veille.

De toute façon, la mission consistait plutôt à observer, découvrir des cibles et déterminer quel serait le meilleur chemin à emprunter pour se rendre sans encombre jusqu'aux fortifications.

L'observation des quatre Français dura bien une quinzaine de minutes. Ils étudiaient les gestes, les réflexes, supputaient la force de ces ennemis qui, il fallait bien l'avouer, ne manquaient ni de courage, ni de cran.

Ils éprouvaient par contre du mépris pour les hommes qui s'adonnaient à l'agriculture, car c'était un travail de femme. L'homme, pensaient-ils, ne devrait se livrer qu'à la guerre et à la chasse.

Après s'être éloignés, les six Iroquois entreprirent une discussion sur la manière de s'approcher, la nuit, des fortifications. Ils convinrent que la première chose à faire était de tuer les fameux chiens du sergent-major Lambert Closse qui, la nuit, aboyaient furieusement chaque fois qu'un étranger approchait de Ville-Marie et qui attaquaient quiconque passait à leur portée.

C'étaient une dizaine de molosses aux crocs puissants que Closse avait ramenés de France spécialement pour servir de chiens de garde et effrayer les Agniers[1]. Ceux-ci élevaient de nombreux chiens, mais c'étaient des bêtes inoffensives.

La meneuse de cette meute s'appelait Pilote, comme Crusson, et quelques uns des molosses étaient sa progéniture. Le jour, ils faisaient le tour de Ville-Marie et signalaient sans jamais faillir l'approche des Iroquois.

Ceux-ci en avaient si peur qu'ils leur attribuaient toutes sortes d'atrocités sans jamais avoir pu prouver quoi que ce soit. C'est ainsi que les sauvages prétendaient que ces chiens ne se nourrissaient que de chair d'Iroquois, qu'ils pouvaient sentir un Agnier à une lieue de distance et qu'une bataille entre un loup et un de ces molosses aurait été au désavantage du loup.

Ainsi étaient les Iroquois, aux yeux de la plupart des Français: si menteurs que l'exagération était pour eux l'expression de la vérité et qu'on ne pouvait même pas croire le contraire de ce qu'ils disaient.

XIV

RENCONTRE

*L*orsque Dollard eut terminé de raconter à ses trois amis ce qu'il avait vu au grand campement iroquois, ce que Garontchika lui avait rapporté et la réaction du gouverneur, après qu'il leur eut dit quel était son mandat, il n'eut guère besoin de leur indiquer quoi faire.

Ils commencèrent sans délai à établir la liste des hommes de Ville-Marie âgés de seize à cinquante ans, en excluant les membres du clergé, les hommes mariés et les colons éprouvés par la maladie. Il fallait aussi exclure ceux dont la présence à Ville-Marie était indispensable.

Charles LeMoyne et Lambert Closse auraient bien voulu faire partie de l'expédition, mais à la condition que Dollard reporte son entreprise après les semailles. Il n'en était pas question, l'urgence de l'expédition ayant été clairement établie. De plus, l'état de santé de Closse lui interdisait de combattre[1].

Finalement, vingt-trois noms furent retenus. Il fut convenu que tous ces hommes assisteraient à une réunion, le soir même, à l'Auberge des Chasseurs.

Dollard, quant à lui, décida de passer la journée à réfléchir, à rencontrer le chef huron Siouioui[2], s'il se trouvait à Ville-Marie, à visiter un ami blessé à l'Hôtel-Dieu et à rencontrer Mme Mance, qui lui avait promis de lui montrer comment préparer, à partir de plantes, un certain breuvage destiné à guérir la diarrhée. Ses plans ne se réalisèrent pas comme il le prévoyait.

À peine arrivé en bordure du fleuve, à deux pas des fortifications, il vit apparaître au dessus de lui la silhouette d'une jeune fille qu'il n'identifia d'abord pas.

Il avait eu le temps de s'étendre dans l'herbe encore jaunie par l'hiver. Il se redressa et reconnut la domestique du gouverneur, une Manon Dubois qui semblait extrêmement embarrassée. Sa beauté et sa

71

fraîcheur contrastaient violemment avec le mauvais manteau noir qui lui descendait jusqu'aux chevilles.

«– Excusez-moi, monsieur Dollard des Ormeaux, dit la jeune fille en bégayant. Je ne voulais pas troubler votre repos…

– Mais tu ne me déranges pas du tout. Je réfléchissais, tout simplement.

– Je sais bien à quoi vous pensiez. C'est très dangereux, n'est-ce pas?

– Et à quoi je pensais, moi? Depuis quand les tendrons savent-ils lire les pensées des hommes d'action? Tiens, assieds-toi sur cette grosse pierre.

– Je ne suis plus une petite fille, monsieur Dollard. Je suis jeune, je le sais, mais je suis assez vieille pour savoir qu'un homme qui part chercher querelle aux Iroquois risque sa vie.»

Manon n'avait plus qu'un but, rompre la glace par n'importe quel moyen tout en cherchant à faire bonne impression. Elle savait instinctivement qu'elle n'aurait pas de deuxième chance. Elle espérait que l'élu de son cœur serait séduit.

Dollard, de son côté, observait la servante et la trouvait aussi émouvante que jolie. Comment se fait-il, pensait-il, que je n'aie pas mieux regardé cette fille avant aujourd'hui?

«– Tu en sais, des choses, toi! Tu écoutais aux portes pendant que je parlais avec messieurs les gouverneurs? Ce n'est pas bien joli, de la part d'une jeune fille bien élevée…» sermonna Dollard, d'humeur à plaisanter.

«– Je n'ai pas pu m'empêcher d'écouter, monsieur Dollard. Il est si rare qu'une chose aussi importante…

– Cesse donc de m'appeler monsieur, jeune fille. Tout le monde m'appelle Dollard.»

Manon dévorait des yeux le jeune homme. Il faut que je plonge, se dit-elle. Je me le suis promis. Dans deux jours, il sera parti.

«– Votre prénom, c'est bien Adam? Le mien, c'est Manon et vous pouvez l'utiliser tant que vous voudrez.

– Mais c'est presque une déclaration, ça, Manon!»

La servante rougit de la tête aux pieds. Elle parvint à articuler:

«– Vous vous moquez de moi! Je vous croyais plus gentil.

– Je plaisantais, simplement. J'aime bien plaisanter avec les jolies filles. J'aime leur compagnie. Et surtout, je ne me moque jamais d'elles. Quel âge as-tu, Manon?

– Dix-huit ans, mentit la servante. Je viens de les avoir. Mais je suis très évoluée pour mon âge. Je comprends très bien pourquoi vous allez partir.

– Tu vois, moi, il y a des jours où j'aimerais pouvoir oublier tout ça. Et il y a d'autres jours où ça m'excite terriblement. J'étais venu ici pour réfléchir. Ce n'est pas tout, de vouloir attaquer les Iroquois. Il faut savoir comment s'y prendre. Je compte beaucoup sur l'effet de surprise.

– Êtes-vous bien certain que vous allez réussir, Adam? Que vous allez revenir vivant, indemne? Que tout va se passer comme vous le prévoyez?

– On n'est jamais sûr de rien. C'est ce qui rend la vie intéressante. Quelle valeur a la vie, si on ne risque jamais de la perdre?

– C'est effrayant, ce que vous dites. Pourquoi faut-il que ce soit vous?

– Il faut bien que quelqu'un le fasse. Et toi, dit Dollard en plongeant son regard dans les yeux verts de Manon, qu'est-ce que ça peut te faire? Je ne suis rien pour toi...»

Il commençait à être convaincu du contraire. Elle le regardait avec une telle ferveur! Elle, de son côté, s'affolait à nouveau. Elle se sentait fondre sous le regard de Dollard et ne savait comment répondre sans mentir.

«– Vous comptez beaucoup pour M. le gouverneur de Maisonneuve, laissa-t-elle tomber en éludant la question. J'espère que vous réussirez, Adam, que vous vous couvrirez de gloire et que ce sera votre dernier fait d'armes.»

La conversation se poursuivit pendant près d'une heure. À plusieurs reprises, Manon rata l'occasion de se déclarer. Dans l'instant qui suivait, elle avait l'impression d'avoir échappé à un danger. Pourtant, elle était sûre de l'aimer.

Non seulement elle le trouvait beau comme un dieu, mais sa conversation la captivait. Il était juste assez inquiétant et mystérieux pour l'affoler.

Manon quitta Dollard sans lui avoir dit pourquoi elle l'avait abordé. Elle n'avait pas trouvé le courage de s'aventurer sur ce terrain. Elle se traita de tous les noms et se dit sans ménagement que si elle ne pouvait pas lui parler, c'est qu'elle ne le méritait pas.

Dollard, de son côté, avait tout compris. Il trouvait Manon charmante et attirante, mais bien trop jeune pour lui. Il mit les hésitations de la jeune fille sur le compte de l'inexpérience.

De retour à la résidence de M. de Maisonneuve, Manon s'enferma dans sa chambre, après s'être assurée qu'on n'avait pas besoin d'elle, et se regarda longuement dans le miroir.

Elle était bien contente d'avoir réussi à aborder «son» Dollard, «son» Adam, et à le faire parler pendant une heure. Il semblait même heureux d'avoir fait sa connaissance et il la prenait au sérieux.

Mais elle était absolument furieuse de n'avoir pas réussi, alors qu'il restait si peu de temps avant son départ, à lui déclarer son amour. On était le 17 avril et le départ était prévu pour le 19, dans une quarantaine d'heures.

Demain, se jura-t-elle. Demain, elle lui dirait tout.

XV

ESCARMOUCHE

18 avril 1660

$\mathcal{C}$e matin-là, Dollard s'éveilla à six heures. C'était l'heure habituelle à laquelle il se levait pour assister à la messe. Mais là, les hurlements qu'il entendit le firent sortir instantanément des limbes du sommeil.

En moins d'une minute, il fut dehors, où le jour n'était pas encore complètement levé, et il entendit plusieurs personnes crier: «Les Iroquois attaquent! Les Iroquois attaquent!» tandis que quelques hommes hâtivement habillés se dirigeaient vers la porte nord.

Il prit lui aussi cette direction, non sans s'être emparé de son mousquet, d'un pistolet qui ne le quittait jamais, d'une poire à poudre, d'un solide poignard et de son épée.

Il se fit ouvrir le portail, qui fut aussitôt refermé derrière lui, et put se rendre compte que sa présence ne serait pas de trop. Une cinquantaine d'Agniers avaient réussi à cerner une quinzaine de Français qui se dirigeaient vers l'Hôtel-Dieu pour assister à la messe avant de se mettre à l'ouvrage.

Il reconnut parmi eux quelques-uns des compagnons qui l'accompagneraient dans son expédition du lendemain. Heureusement, ils avaient suivi la consigne: ils disposaient de leurs mousquets et de leurs épées.

D'un regard circulaire, il vit à la lumière blafarde du petit matin que les sauvages avaient saccagé un champ et transpercé de flèches deux des chiens de Lambert Closse. Un Français gisait par terre, blessé, mais Dollard ne put voir de qui il s'agissait. Ils avaient tenté d'allumer un incendie, au pied des courtines[1], qui étaient en bois. Le feu, par chance, s'était éteint de lui-même.

«– Faites alerter tout le monde!» cria-t-il à Louis Trépanier, l'aubergiste, qui gardait la porte pour permettre à l'homme de faction de participer lui aussi à la bataille. Trépanier, qui aimait en découdre, dans sa jeunesse, maudissait cet Agnier qui lui avait infligé un coup de hache, lors d'une escarmouche, au milieu des années cinquante. Sa blessure lui interdisait de se battre et il en était réduit à garder la porte.

«– Envoyez-moi du monde. Nous allons leur donner une leçon!»

Quiconque ne connaissait pas Dollard l'aurait trouvé bien présomptueux. La situation était loin d'être à l'avantage des Français.

Ceux-ci, retranchés derrière un monticule de pierres ramassées dans les champs et destinées à la construction de maisons, formaient un carré. Ils tiraient du mousquet à tour de rôle et plusieurs Agniers étaient étendus, raide morts. Mais les sauvages se rapprochaient, brandissant leurs casse-têtes, et ne tarderaient pas à engager le corps-à-corps à trois contre un.

Quelques instants s'écoulèrent, que Dollard, à l'abri derrière une charrette, mit à profit pour abattre deux guerriers parmi ceux qui lui semblaient les plus menaçants. Les assaillants ne l'avaient pas vu. Il était tout à fait à son aise pour recharger sans relâche son mousquet et ajuster convenablement son tir.

La porte de Ville-Marie s'ouvrit de nouveau. Les yeux bouffis par le sommeil, six gaillards apparurent. Dollard leur ordonna:

«– Mettez-vous à couvert, comme moi, et abattez le plus d'Iroquois que vous le pourrez. Ils ne réalisent pas encore que nous sommes ici.

– Oui, tuons-en le plus possible avant qu'ils soient trop près de nos amis et les survivants vont décamper», estima Jean Tavernier, que Dollard avait vu arriver avec plaisir.

Plusieurs coups de feu retentirent. Quatre sauvages furent atteints, dont deux purent fuir, alors que quelques autres s'aperçurent qu'ils étaient attaqués et se dirigèrent vers la charrette.

Ils allaient fondre sur le groupe de Dollard lorsque sept détonations assourdirent les combattants. Après les mousquets, les pistolets. Comme les cibles étaient rapprochées, sept Agniers furent tués. Les autres sauvages eurent comme un instant d'hésitation. Dollard brandit son épée:

«– À l'attaque! Taillons-les en pièces!»

Au moins dix voix répondirent:

«– À l'attaque! Pas de quartier!»

Les Agniers, ceux qui restaient, les survivants, ne s'attendaient pas à devoir se défendre. Ils s'étaient divisés en deux groupes et une bonne douzaine d'entre eux étaient blessés. Ils résistèrent pendant quelques minutes puis, constatant qu'ils n'auraient pas le dessus, battirent en retraite dans le plus grand désordre. Ils essuyèrent encore quelques coups de mousquet avant de disparaître dans les bois. L'escarmouche avait duré une dizaine de minutes.

Les Français ramassèrent les dépouilles des morts et les rassemblèrent devant la porte de Ville-Marie. Trois agonisants furent charitablement achevés d'un coup de pistolet à la tempe. Maisonneuve, qui venait d'arriver, dit à Closse, qui l'accompagnait:

«– Il faudrait mander monsieur Souart[2], qu'il donne son secours spirituel à ces malheureux. Comme ce sont des païens, une prière suffira peut-être, à moins qu'un ou deux de ces sacripants soient des convertis, ce qui m'étonnerait beaucoup.

– Je m'en occupe. Après ça, je fais enterrer mes deux chiens. Pauvres bêtes!

– Oui, c'étaient de braves bêtes. Elles nous ont rendu de fiers services.»

Se retournant, Maisonneuve aperçut avec satisfaction son protégé qui examinait un mousquet défectueux en recevant les remerciements d'un des Français qui se trouvaient en difficulté à son arrivée.

«– Dollard, mon ami, venez ici. Ce que vous venez de faire augure bien de la mission que je vous ai confiée. Je dois vous féliciter: vous venez de démontrer que vous avez l'étoffe d'un chef. Dites-moi, avons-nous des pertes, des blessés?

– Merci de me complimenter, monsieur le gouverneur. Deux hommes sont légèrement blessés. C'est tout. Nous nous en tirons à bon compte, pour cette fois.

– Grâce à votre intervention... Était-il nécessaire d'achever ces mourants? Qu'en pensez-vous?

– Je ne vois pas comment nous aurions pu faire autrement. Ils avaient de sales blessures et ils seraient morts de toute façon. Vous les voyez, vous, M. le gouverneur, dans la salle des malades de l'Hôtel-Dieu? Imaginez-en un ou deux se remettant de leurs blessures, dans quelques jours, et semant la terreur dans l'hôpital. De quoi rendre folle Mme Mance!

– Oublions tout cela. Monsieur Souart va s'occuper d'eux. Combien en avez-vous tué?

– Une quinzaine, je crois. Ces gibiers de potence ont tenté d'incendier les fortifications. Si j'avais eu une dizaine d'hommes de plus, nous les aurions tous tués.

– Vous en aurez peut-être l'occasion dans quelques jours, loin d'ici. Soyez prudent! Je suis fier de vous. De vous tous. Quant à moi, je vais faire augmenter la garde, la nuit, et doubler les réserves d'eau. Il sera trop tard pour réagir, lorsque les fortifications seront en flammes.

– Et les cadavres?

– Appuyez-les contre le mur et laissez-les là. Nous les enterrerons demain matin. Cela, je l'espère, fera réfléchir les autres...»

XVI

RENDEZ-VOUS

$\mathcal{L}$e gouverneur de Maisonneuve considérait que cette victoire sur les Agniers constituait un heureux présage. Aussi demanda-til à monsieur Souart, sulpicien, de retarder la messe d'une heure, afin que toute la population de Ville-Marie, sauf le guet, puisse y assister et rendre grâce à Dieu.

Il y avait là, dans la fumée d'encens et l'odeur caractéristique des cierges qui se consument, tous les personnages importants de la ville: outre le gouverneur, on remarquait le sergent-major Lambert Closse, en uniforme, son épouse, Élisabeth Moyen, les héros du jour, ceux qui venaient de se battre, avec à leur tête Adam Dollard des Ormeaux, ainsi que Mère Marguerite Bourgeoys, Charles LeMoyne, important négociant en pelleteries, et Mme Jeanne Mance.

Dans son homélie, monsieur Gabriel Souart, un sulpicien arrivé avec trois autres membres de sa congrégation en août 1657 et qui logeaient chez le gouverneur de Maisonneuve depuis l'année dernière[1], fit l'éloge des combattants, évoquant en des termes dithyrambiques leur courage et leur fougue, leur abnégation et leur dévouement au service de la Nouvelle-France.

La petite servante de Maisonneuve, Manon Dubois, dans son coin, sur son rugueux banc de bois, contemplait l'objet de toutes ses pensées et elle n'était pas peu fière...

«– Pensez donc, se disait-elle, mon Dollard! Il vient de sauver Ville-Marie, avec ses hommes, et il va peut-être bien le faire de nouveau dans quelques jours. Comme il est beau! Comme il a fière allure, avec son épée et son feutre empanaché! Il pourrait me demander n'importe quoi, je le ferais sans hésiter. De toute façon, il est si noble qu'il ne me demanderait jamais rien de mal... À moins qu'il ait en lui le démon de la chair, comme tous les hommes... Pour sûr qu'il doit penser à ça, puisqu'il est normal...»

Manon se mit à rougir. Heureusement, la chapelle était obscure, même les jours ensoleillés. Elle avait beau essayer de penser à autre chose, son imagination vagabondait.

Elle se voyait dans les bras de Dollard, sur la rive du fleuve, comme hier, et ils étaient seuls, étendus dans l'herbe. Elle n'entendait que le murmure de l'eau et les compliments du beau Français. Qu'il était doux et prévenant! Mais il avait ses exigences d'homme. Sa tête reposait sur l'épaule robuste du soldat et celui-ci pouvait, en repliant son bras, lui caresser la poitrine. Contrairement à ceux de son espèce, il faisait preuve de délicatesse et de raffinement. Comme elle le laissait faire, comme elle appréciait cette audace, il s'enhardissait jusqu'à glisser sa main dans l'échancrure de son corsage. Il lui prenait un sein, dans le creux de sa main, et il...

Manon reçut une légère poussée de sa voisine de banc, Thérèse, la cuisinière du gouverneur.

«– Tu rêves? Debout! L'homélie est terminée.»

La jeune fille sortit de sa rêverie et s'aperçut qu'elle avait encore le regard fixé sur l'objet de son amour, sept ou huit bancs en avant d'elle. Elle se leva d'un mouvement gracieux.

«– Il est beau, non? murmura-t-elle.

– Qui, ça? Monsieur Souart?

– Mais non, pauvre gourde, dit-elle affectueusement. Tu ne comprends rien.»

L'*ite missa est* était à peine prononcé que Manon, fidèle à la promesse qu'elle s'était faite, se précipitait sur le parvis de la chapelle de l'Hôtel-Dieu[2] pour attendre Dollard.

Tout lui paraissait beau, les maisons de pierre de Ville-Marie, dont elle voyait dépasser les pignons par dessus les courtines, les dépendances de bois, les premiers pissenlits du printemps, les gens de Ville-Marie, la montagne, au loin, les arbres, l'air ambiant, frisquet à cette heure. Elle planait. C'était l'amour.

Dollard sortit, accompagné de son ami, Jean Tavernier, qu'il appelait La Lochetière. Ils discutaient sérieusement. Sa timidité lui dictait de s'éclipser, mais elle n'avait plus de temps à perdre.

«– Monsieur Adam, dit-elle timidement, puis-je vous parler un instant?

– Bien sûr, ma jolie, répondit aimablement le héros du jour. La Lochetière, excuse-moi un instant. Cette jeune personne a affaire à moi et il n'est pas question que je laisse languir une jolie fille.

– Tu as bien raison, mon cher. Si j'étais à ta place, j'irais avec elle à l'instant, répondit Tavernier plaisamment en se retirant.

– Alors, Manon, tu es bien agréable à regarder, ce matin, avec ta belle robe du dimanche... Tu veux me parler?

– Pas ici. Il y a trop de monde. Pouvons-nous nous voir cet après-midi, comme hier, au bord de l'eau?

– Pourquoi pas? Cinq heures, ça te convient?»

XVII

ANONTAHA

*U*n peu avant onze heures, la nouvelle se répandit qu'un navire en provenance de France approchait de la Pointe-aux-Trembles et qu'il jetterait l'ancre en face de Ville-Marie vers une heure de l'après-midi.

Le temps était ensoleillé et frais et un faible vent soufflant du nord-ouest charriait paresseusement de rares nuages.

Lorsque le vaisseau fut en vue, toutes voiles déployées, la plupart des habitants de Ville-Marie et quelques sauvages se massèrent sur la grève boueuse pour attendre le débarquement, un événement aussi rare qu'apprécié. Il y avait là des colons, des sulpiciens, un jésuite, des femmes et leurs enfants et des archers du guet.

Quelques minutes avant que le vaisseau jette l'ancre, après avoir amené les voiles, les sauvages mirent à l'eau leurs canots d'écorce pour aller au devant du navire arborant fièrement son pavillon fleurdelysé. Leurs cris joyeux faisaient penser à ceux des enfants restés sur la grève: un émerveillement devant l'invraisemblance de l'édifice flottant.

C'était un solide trois-mâts long de quatre-vingt-cinq pieds et large de vingt, jaugeant quelque quatre cents tonneaux, conçu et construit pour traverser la mer océane.

Outre son équipage réglementaire, il transportait un aumônier, un chirurgien-barbier, un calfateur et un charpentier, ce qui en faisait un vaisseau d'une certaine importance. Il pouvait compter sur douze pièces de canon pour sa défense.

Aussitôt l'ancre jetée, on entendit l'équipage et les passagers entonner un hymne religieux. Ce fut d'abord une seule voix, celle de l'aumônier, bientôt suivie de celles de ses ouailles. Il convenait de remercier Dieu d'avoir pu accomplir la traversée en seulement sept semaines et de ne compter que cinq décès pendant le voyage.

Comme les matelots du «Valeureux»[1] allaient mettre à l'eau une chaloupe, on vit arriver le gouverneur de Maisonneuve, accompagné de son bras droit, Lambert Closse, et de Mme Jeanne Mance. Dollard et son ami Tavernier, un peu en retrait, observaient la scène. Comme tout un chacun, ils étaient curieux d'apprendre combien de nouveaux colons, combien de filles à marier et combien de missionnaires la Société Notre-Dame avait pu recruter pour continuer le peuplement de Ville-Marie.

La surprise du jour fut le débarquement d'une quinzaine de Hurons. Leur chef, Anontaha[2], déclara qu'ils avaient embarqué à l'escale de Québec, avec la permission du capitaine et du gouverneur général d'Argenson.

Durant trois nuits, ils avaient couché sur le pont. Ils auraient voulu s'installer à fond de cale, au milieu des bestiaux, de la volaille et des bagages, mais le capitaine l'avait interdit. Pour ce qui est de l'entrepont, où les immigrants étaient à peine mieux logés que les animaux, il n'en était pas davantage question. L'espace manquait et les nouveaux arrivants n'étaient pas préparés à côtoyer d'aussi près les sauvages.

Ceux-ci devaient se mettre au service du gouverneur de Maisonneuve, mais leur plus grand désir était, prétendaient-ils, de «dresser des embûches aux Iroquois»[3], maintenant que la saison de la chasse était terminée. Quelque quinze autres qui nourrissaient les mêmes ambitions n'avaient pu embarquer, faute de place, mais devaient arriver en canot incessamment. De plus, ils se proposaient d'offrir à une dizaine de jeunes guerriers hurons de Ville-Marie de faire partie de l'expédition. C'étaient ceux qui étaient allés au devant du «Valeureux» dans leurs canots d'écorce.

Dollard, dès lors, s'intéressa davantage aux Hurons qu'aux nouveaux colons. Peints de la tête aux pieds, ils arboraient chacun une plume de guerrier. Ils avaient les cheveux courts, sauf une longue mèche emprisonnée dans une gaine de peau de couleuvre. Leur tenue vestimentaire se résumait à un pagne, une cape de peau et des mocassins. Ils étaient crasseux et joyeux. Leur bonheur venait surtout de ce qu'ils avaient retrouvé plusieurs Hurons à Ville-Marie.

Dollard s'approcha de Maisonneuve, qui discutait laborieusement avec Anontaha, par l'intermédiaire d'un interprète, tout en utilisant le langage imagé qu'ils affectionnaient, et put comprendre que le gouverneur voulait, comme il était convenu, associer les Hurons à son entreprise.

«– Vous l'accompagnerez et, si la chance vous sourit, vous rencontrerez des groupes isolés d'Iroquois. Vous les attaquerez, lorsqu'il jugera le moment bien choisi, et le récit de vos exploits captivera toutes les tribus et parviendra même jusqu'à Québec[4].

– Nous ferons ce que tu dis, gouverneur, et nous te débarrasserons à tout jamais de tes ennemis. Nos frères Hurons et les Visages pâles Français vivront en paix et pourront, si c'est la volonté du Grand Esprit, se partager les rives du grand fleuve, des immenses lacs d'eau douce jusqu'à la mer salée.

– Commençons par le début, dit Maisonneuve pour tempérer cet enthousiasme purement verbal. N'oubliez pas que les Iroquois sont nombreux comme les étoiles dans le ciel et que...

– Nous aurons beaucoup de guerriers. Ils sont tous aussi braves que moi et ils combattront jusqu'à la mort du dernier Iroquois.»

Anontaha avait l'air sincèrement convaincu de ce qu'il disait. Haut de taille et massif, l'aborigène n'avait pas l'air commode et la rudesse de ses traits appuyait ses dires. Maisonneuve songea n'il n'aurait pas aimé être un Agnier et tomber entre les pattes du belliqueux Huron. Pourtant, l'Histoire des dernières années avait démontré d'éclatante façon la supériorité militaire des Iroquois. Mais, se dit-il, nous ne pouvons négliger aucune aide.

«– Je ne doute aucunement de ta bravoure, reprit Maisonneuve, et je crois que tes guerriers ont le cœur du loup. Leurs attaques feront beaucoup de ravages chez nos ennemis. Je dois te prévenir, toutefois, que l'expédition sera commandée par un Français et que cet homme est exigeant. Sa bravoure est égale à la vôtre et sa science des combats vous conduira à la victoire.

– J'ai hâte de connaître ce grand chef de guerre. Si ce que tu dis est vrai, cet homme sera digne de nous accompagner.

– Et même de vous commander», corrigea Dollard derrière le dos du grand Huron qui, surpris, se retourna brusquement pour apercevoir un Français aussi grand que lui qui le regardait droit dans les yeux. «Mon nom est Adam Dollard des Ormeaux. Appelle-moi Dollard et je t'appellerai Anontaha. C'est moi qui commanderai cette expédition contre les Iroquois. Je suis heureux de voir que les plus braves des Hurons sont des nôtres et j'attends de voir si leur réputation correspond à leur valeur.

– Tu ne seras pas déçu. Je n'ai amené avec moi que les meilleurs.

– Tant mieux. J'espère qu'ils savent pagayer, car nous allons remonter la rivière des Outaouais. À ce temps-ci de l'année, le courant y est plus rapide que sur le grand fleuve.

– Aucune rivière n'est trop rapide pour nous.

– Nous partirons en deux groupes. Nous quitterons Ville-Marie les premiers et vous nous suivrez, quelques jours plus tard, lorsque vos renforts seront arrivés. Vous aurez vos propres canots et vos vivres.

– Nos amis français nous donneront-ils des mousquets?

– C'est moi qui fournis les armes, intervint Maisonneuve. Il me restera quelques mousquets, mais il n'y en aura pas pour tout le monde. Nous devrons discuter très sérieusement de l'utilisation de ces armes à feu.»

Le Huron, qui avait appris le sens du mot «mousquet», ne comprit pas ce que le gouverneur voulait dire. Maisonneuve parlait trop vite pour lui. Il ne retint que le fait qu'il aurait son arme à feu.

«– Les mousquets, reprit Maisonneuve, vous seront remis par le commandant Dollard lorsque vous l'aurez rejoint. Je ne veux pas vous voir armés dans les parages de Ville-Marie.»

Anontaha parut contrarié. Il se sentit obligé de préciser:

«– Les Hurons ont déjà quelques mousquets échangés par les Français de Québec contre des pelleteries. Nous savons nous en servir aussi bien que nos frères blancs. Seuls les perfides Iroquois ont raison de craindre nos mousquets. Les Algonquins aussi, parfois.

– Nous aurons probablement des Algonquins parmi nous, le coupa Dollard. Je veux que vous fassiez la paix avec eux. Ce sont nos alliés, eux aussi. Ils sont braves et ils vont nous aider.

– Oui, ils sont braves, admit le chef de guerre huron. J'en ai torturé un pendant près de trois jours, il y a bien longtemps. Je lui ai enfoncé des pointes de fer rougies au feu sous les ongles et il n'a pas crié. Je pense que les Iroquois ne sont pas plus courageux que les Algonquins.»

Maisonneuve eut du mal à réprimer un frisson. Il jeta un regard entendu à Dollard. Il faudrait surveiller étroitement un allié capable d'une telle barbarie, surtout si ses effectifs dépassaient ceux des Français. Ces êtres-là étaient si imprévisibles… Il demanda néanmoins:

«– Acceptes-tu de te battre à leurs côtés?

– Je dois tenir conseil avec mes braves à ce sujet. Il n'est pas dans nos traditions de nous battre à côté des Algonquins. Nous allons y penser et prier le Grand Esprit. Je te donnerai ma réponse demain.»

XVIII

JEANNE MANCE

$\mathcal{P}$endant qu'ils parlaient, Jeanne Mance[1], une grande femme maigre aux yeux bleus et au long nez droit, qui s'intéressait au peuplement de Ville-Marie autant que le gouverneur lui-même, observait le débarquement.

Cela lui rappelait sa propre arrivée en Nouvelle-France, avec Maisonneuve, en 1641. Originaire de Langres, elle avait alors trente-cinq ans et le feu sacré. La jeunesse s'était envolée, l'enthousiasme était resté.

Grâce à la générosité d'un riche septuagénaire de Québec, Pierre de Puiseaux, sieur de Montrénault, ils avaient passé l'hiver dans les seigneuries de Sainte-Foy et de Sillery, en compagnie de Mme de la Peltrie.

Le gouverneur général de Montmagny leur avait fortement déconseillé de mettre à exécution leur projet de fonder un établissement à Ville-Marie[2].

Elle regarda le gouverneur qui s'entretenait avec Dollard et Anontaha. Cet homme obstiné et courageux, à qui Montmagny conseillait plutôt de s'installer à l'île d'Orléans, ne s'était pas laissé détourner de son mandat. «Quand bien même il y aurait un Iroquois caché derrière chaque arbre, avait-il fièrement répondu, j'irai là-bas pour accomplir ma mission.»

Leur commanditaire, la Société Notre-Dame, créée en 1640, à Paris, par Jérôme Le Royer de la Dauversière, Pierre Chevrier, baron de Fancamp, et Jean-Jacques Olier, voulait que le nouvel établissement soit situé là où se trouvait Hochelaga, un siècle plus tôt, et qu'il soit voué à l'évangélisation des sauvages.

De par sa position géographique, cette île de Montréal, qui tirait son nom de sa montagne, le mont Royal, constituait un site extrêmement prometteur.

Maisonneuve et les nouveaux colons s'étaient préparés tout l'hiver 1641-1642, construisant plusieurs barques de chêne pour poursuivre leur voyage et, dès les premiers beaux jours du printemps, avaient mis le cap sur cette île où serait fondée Ville-Marie.

Il y avait dix-huit ans de cela. Comme il s'en était passé, des choses, depuis ce temps! Elle-même avait fondé l'Hôtel-Dieu, à partir de rien, pour soigner les blessures infligées par les Iroquois et les maux causés par les rigueurs de l'hiver: mauvaises grippes, scorbut, pneumonies, engelures. Avec le temps et le vieillissement de la population permanente, l'éventail des maladies s'était élargi.

Heureusement, depuis 1659, Jeanne Mance bénéficiait de l'aide précieuse des religieuses hospitalières de Saint-Joseph, venues de France.

En janvier 1657, elle avait fait une chute sur la glace, se fracturant les deux os de l'avant-bras droit, le cubitus et le radius, et se disloquant le poignet. Le chirurgien Bouchard avait réduit la double fracture, mais ne s'était pas rendu compte de la luxation. Ayant perdu l'usage de son bras, elle s'occupait comme elle le pouvait de son hôpital, mais avait dû confier beaucoup de tâches aux religieuses.

Jeanne Mance avait maintenant cinquante-quatre ans et n'avait rien perdu de cet extraordinaire dynamisme qui l'animait depuis le début, au point où le gouverneur la chargeait de missions regardant directement l'avenir de Ville-Marie.

Lorsqu'il ne pouvait se rendre lui-même en France pour y chercher des appuis et réunir des fonds, il confiait à sa principale collaboratrice, qui était aussi sa confidente et son amie, le soin de le remplacer.

S'il se fiait à Closse pour la défense de l'établissement, c'est sur elle qu'il comptait, sur sa sagacité et son jugement sûr, pour l'appuyer auprès des personnages importants de Paris, les personnalités religieuses, les gens fortunés et les nobles de la cour.

Aujourd'hui, pourtant, Jeanne Mance se laissait aller à quelques instants de nostalgie et regardait en arrière. Elle essayait d'imaginer de quoi elle avait l'air, dix-huit ans plus tôt, en ce beau jour de printemps où les barques avaient atteint cette île.

Il n'y avait pas de maisons, pas de fortifications, et, contrairement à ce que l'on prévoyait, aucun sauvage curieux qui aurait suivi leur progression depuis le rivage.

Le père Barthélemy Vimont, supérieur des jésuites, avait dit une messe, ce soir-là, en présence de Mme de la Peltrie, à la lueur des lucioles[3], et, dès le lendemain, chacun s'était mis à l'œuvre. On avait une ville à bâtir!

Bâtir Ville-Marie était un travail qui ne s'arrêterait jamais, songea Jeanne Mance en examinant les nouveaux arrivants.

Ils étaient une trentaine, dont quatre couples de jeunes gens. Très peu de femmes acceptaient d'aller vivre dans un pays où le danger était permanent. Ils avaient apporté avec eux, à fond de cale, tout ce qu'ils possédaient et qui tenait généralement dans une caisse de bois. Certains étaient si pauvres que Jeanne Mance avait dû leur prêter les vingt livres nécessaires à l'achat d'une caisse de bois. Il faudrait les héberger en attendant qu'ils se construisent des logis et qu'ils se fabriquent un lit, une table, une armoire et des chaises.

Parmi les autres passagers se trouvaient tout de même six jeunes filles qu'on destinait à un mariage rapide avec des colons célibataires. Elles avaient toutes moins de vingt ans et Jeanne Mance n'aurait pas été surprise de trouver, sur la peau de l'épaule gauche d'au moins la moitié d'entre elles, la marque infamante faite au fer rouge qui désignait celles qui avaient eu affaire à la justice.

Généralement, c'étaient de bonnes filles qui, un jour ou l'autre, avaient eu tellement faim qu'elles avaient volé du pain. Elles avaient été prises sur le fait ou dénoncées, arrêtées et mises au cachot pour quelques jours, puis rendues à la liberté après avoir subi le cruel châtiment.

Devant la perspective de crever de faim en France, quelques-unes se résignaient à prendre le chemin de la colonie, où on leur promettait une vie aventureuse et meilleure, à condition qu'elles se marient à qui voudrait d'elles.

Jeanne Mance les regardait débarquer, l'air hébété par la fatigue du voyage. Du haut du pont du «Valeureux», ancré à deux cents pieds du rivage, elles pouvaient contempler d'un seul regard Ville-Marie qui, il faut bien l'avouer, malgré ses trois palissades, n'arrivait pas à la cheville des agglomérations de France.

La ville était divisée en trois secteurs[4], de sorte que si une conflagration détruisait l'un d'eux, les deux autres parties seraient épargnées.

Au confluent de la rivière Saint-Pierre et du fleuve se trouvait le fort, bâti en 1645 par le futur gouverneur général d'Aillebous. C'était un quadrillatère régulier flanqué de quatre bastions de maçonnerie abritant la garnison, la poudrière et autres services de protection. Cette fortification, aux courtines de bois, mesurait cinquante toises de côté sur deux de haut.

L'intérieur recelait plusieurs maisons imposantes, érigées très près les unes des autres, où les colons et la garnison trouvaient à se loger, ainsi que les sept ou huit ateliers, les entrepôts, l'Auberge des Chasseurs, l'école établie par mère Marguerite Bourgeoys dans une étable désaffectée et le magasin. Les bâtiments de ferme se situaient hors des murs.

À quelques centaines de pieds à l'est, de l'autre côté de la rivière, se trouvait l'hôpital de l'Hôtel-Dieu, bâti en 1644 sur le chemin qui portait le nom de Saint-Paul. C'était un bâtiment de deux étages de soixante pieds sur vingt-quatre, protégé lui aussi par une palissade de bois et dont la chapelle servait d'église paroissiale en attendant qu'on puisse en ériger une digne de la piété des Français. C'était aussi la demeure de Jeanne Mance.

Toujours au nord de la rivière, mais à l'ouest de l'Hôtel-Dieu, à trois minutes de marche du fort, se trouvait la résidence du gouverneur, construite en 1652, un bâtiment de pierre de deux étages plus solide qu'élégant flanqué de deux tourelles. Une autre palissade la protégeait des attaques des sauvages. C'était le centre administratif de Ville-Marie et c'est là que seraient enregistrés, dans une heure, les immigrants.

Un moulin à vent situé encore plus à l'ouest et bâti en 1648, ainsi qu'un petit cimetière complétaient l'établissement de Ville-Marie.

Jeanne-Mance regardait les jeunes filles à marier débarquer de la chaloupe. Deux nonnes de la congrégation Notre-Dame les accueillaient sur la terre ferme et faisaient de leur mieux pour repousser une dizaine de jeunes gens excités qui commençaient déjà à leur faire des compliments.

Pourtant, elles ne payaient pas de mine, avec leurs hardes. Elles étaient toutes maigres et certaines sûrement malades. Elles titubaient comme toute personne qui retrouve la terre ferme après un voyage maritime de plusieurs semaines.

Les religieuses de mère Marguerite Bourgeoys regardèrent Jeanne Mance et, sur un signe de la fondatrice de l'Hôtel-Dieu, reconduisirent les jeunes filles à l'hôpital où elles seraient hébergées un jour ou deux, en attendant qu'elles soient casées. Il ne s'écoulerait pas quinze jours avant qu'on les marie, quelques-unes aux «excités» qui les attendaient sur le quai et la dernière, la «chançarde», au maréchal-ferrant.

Celui-ci se nommait Sylvain Normand[5], mais tout le monde l'appelait «L'Auvergnat». Il se tenait en retrait, sous les branches d'un arbre centenaire, et il examinait lui aussi les nouvelles venues. Sa femme avait succombé à une pneumonie en 1658 et il attendait depuis déjà plusieurs mois de lui trouver une remplaçante.

Arrivé à Ville-Marie en 1646, il avait exercé plusieurs métiers, mais jamais celui d'agriculteur. Il était devenu maréchal-ferrant après l'arrivée des premiers chevaux. Il faisait aussi le commerce des pelleteries. En quelques années, il avait accumulé assez de biens pour être considéré comme riche.

Il allait choisir lui-même son épouse parmi les jouvencelles qui venaient d'arriver et espérait rencontrer chacune d'entre elles. Il aurait le premier choix, le gouverneur le lui avait garanti.

Jeanne Mance détourna son regard des jeunes filles. «Nous aurons des noces très bientôt, se dit-elle, et probablement des accouchements avant le printemps prochain. C'est très bien comme cela: Ville-Marie manque d'enfants.»

Un jeune garçon parcourut la foule pour convier la population et les nouveaux arrivants à un Te Deum en début de soirée. Pour les immigrants, il convenait de remercier Dieu de la réussite du voyage. Les gens de Ville-Marie, pour leur part, devaient Le remercier de ce nouvel apport.

Jeanne Mance prit encore quelques minutes de son temps pour assister au début du déchargement de la cale du «Valeureux», avant de retourner à ses occupations habituelles à l'Hôtel-Dieu. Elle savait qu'une demi-douzaine d'hommes forts mettraient deux jours à empiler sur la berge boueuse, puis dans les entrepôts, toutes les marchandises qui feraient le bonheur de la population, sans compter les caisses contenant les effets personnels des nouveaux arrivants.

L'hôpital avait commandé trois caisses de médicaments dont les ingrédients étaient introuvables en Nouvelle-France.

Le gouverneur espérait recevoir des livres, un tapis et des objets personnels légués par une parente décédée en 1659 en France.

Lambert Closse attendait les mousquets et les pistolets promis par Paris, plusieurs dizaines de barils de poudre noire et des armes de toutes sortes, couteaux, épées, hachettes.

Mère Marguerite Bourgeoys pouvait compter pour son école sur des livres et du papier, de l'encre et des images saintes imprimées, ainsi qu'une statue de la Vierge promise par l'évêché de Paris.

Les artisans et les commerçants, quant à eux, pourraient réclamer bientôt des outils, haches, pioches, marteaux et scies, certaines matières premières et des produits introuvables en Nouvelle-France, en particulier quelques tonneaux de rhum venu des Antilles en passant par la France.

Le plus difficile, cependant, serait de faire débarquer sans accident les bestiaux. En plus des cent cinquante poules qui avaient fourni des œufs frais aux voyageurs pendant la traversée et qu'il suffirait de mettre en cages pour les porter jusqu'au poulailler, la cale du «Valeureux» recelait encore six vaches, un taureau, huit porcs adultes, deux chevaux, deux ânes, six moutons et deux chèvres.

Il régnait dans la cale une odeur terrible et les bagages en étaient imprégnés pour longtemps. Ces effluves montaient jusqu'à l'entrepont, où logeaient les immigrants, et se mêlaient au «parfum» d'Émile, le goret qui daignait ingurgiter ce que vomissaient les passagers malades. Sans lui, la qualité de vie dans l'entrepont aurait rapidement diminué et c'est pourquoi Émile avait le privilège de cohabiter avec les humains.

Le navire avait subi des avaries mineures pendant la traversée. Le charpentier ferait les réparations pendant les prochains jours. Le «Valeureux» serait finalement nettoyé, approvisionné et chargé des pelleteries dont les Français étaient si avides.

Pendant l'hiver, les négociants locaux avaient acheté aux Indiens qui se présentaient à Ville-Marie les fourrures tant recherchées. On voulait surtout mettre la main sur le précieux castor gras, c'est-à-dire sur les peaux de castor portées pendant des mois par les sauvages sur leur peau nue et donc assouplies par l'usage et les huiles naturelles des corps.

On avait aussi acheté des peaux de castor non portées, de loutres, de martres et autres quadrupèdes des bois. Ces pelleteries avaient été entreposées au frais. Certaines étaient plus ou moins bien tannées. L'heure était venue de vider les malodorants entrepôts.

Tout l'été, mais surtout en mai, les coureurs des bois allaient rentrer à Ville-Marie, accompagnés de pleins canots de pelleteries. Mais il n'y en avait jamais assez pour satisfaire les besoins de l'aristocratie française. Un autre navire les emporterait en septembre.

«Pourvu, songea Jeanne-Mance, qu'il ne soit rien arrivé de fâcheux à ce Radisson dont m'a parlé M. de Maisonneuve. Lui et son ami Des Groseilliers doivent revenir du Témiscamingue, pendant l'été, avec le plus gros chargement de fourrures qui soit jamais parvenu à Ville-Marie. Le malheur, c'est qu'ils ont quitté les Trois-Rivières sans permission et qu'ils sont à la merci des Iroquois.»

XIX

LE CADAVRE

$\mathcal{D}$eux heures avant que Monsieur Souart n'entonne son Te Deum, un paysan, Picoté de Belestre, se présenta au corps de garde de la porte nord pour annoncer aux archers qu'il venait de découvrir à l'extrémité de sa terre un cadavre. Le spectacle, précisa-t-il, n'était pas beau à voir.

«– Qui est-ce?

– Je me suis approché et j'ai regardé rapidement. Le corps est très mutilé, mais je dirais que c'est une femme, peut-être bien Marie-Jeanne.

– Tu n'as vu personne aux alentours, Picoté?

– Pas un chat. Mais si ce n'est pas l'œuvre des Iroquois, c'est celle du Diable!»

Les archers firent un signe de croix.

«– C'est pareil. Albert t'accompagne chez le sergent-major. Il faut que le corps soit récupéré avant la nuit et le jour commence déjà à tomber.»

Closse fit rapidement le nécessaire. Accompagné de deux archers munis d'une civière et de Picoté, il se rendit au pas de course aux confins de la terre en question. Deux de ses chiens précédaient le cortège, prêts à détecter la présence des Agniers.

Le corps rigide reposait, nu, face contre terre, au fond d'un sillon. Couvert de boue, il présentait d'atroces blessures.

«– C'est Marie-Jeanne Savard», confirma Closse, qui l'avait immédiatement reconnue à la couleur des quelques cheveux qui avaient échappé au scalp. C'était d'ailleurs la seule femme qui soit disparue depuis bien longtemps.

«– Déposez le corps sur la civière, recouvrez-le et regagnons Ville-Marie avant la noirceur, reprit Closse. Ce n'est pas le moment de tomber dans un guet-apens. De toute façon, les traces ne nous apprendront rien que nous ne sachions déjà: ce sont ces maudits Iroquois qui ont fait le coup.»

Confiée à l'Hôtel-Dieu, la dépouille fut examinée sans délai par Jeanne Mance, qui ne put que confirmer la mort et faire venir un prêtre. Le rapport qu'elle remit à Closse contenait une description des blessures:

La tête: crâne scalpé, yeux crevés, dents cassées et mâchoire inférieure fracturée.

Le corps: quatre doigts et orteils coupés, mamelons coupés, membres déboîtés, profondes lacérations et multiples brûlures.

«– Ils ont voulu se venger pour les pertes que nous leur avons infligées ce matin, dit Maisonneuve, à qui Closse présentait son rapport. Ce sont des démons! Comment peut-on mutiler de la sorte une pauvre femme?

– Ce qui m'étonne, c'est l'acharnement déployé. De toute ma vie, je n'ai jamais vu un corps aussi massacré. Si le coupable était un Français, je dirais que celui qui a fait cela a perdu l'esprit.

– J'espère, même si nous ne pourrons jamais le vérifier, que la plupart de ces blessures ont été faites après qu'elle ait rendu l'âme. Pauvre Marie-Jeanne! Sans parler de l'orphelin qu'elle laisse derrière elle...»

Maisonneuve caressait machinalement la reliure des *Essais* de Montaigne. C'était son auteur préféré. Il demeura un instant sans parler, le dos voûté. Il réfléchissait. Il avait les traits tirés et Closse se fit à lui-même la remarque que, pour la première fois, le gouverneur paraissait son âge.

«– Tu sais, dit-il enfin, je me suis toujours efforcé d'agir comme un bon chrétien. J'aime mon prochain et j'essaie d'être charitable. Eh bien! Ces sauvages que j'ai pour mission d'amener à Dieu et à la civilisation, j'ai envie de les voir tous morts.

– Voyons, Paul, tu dis cela parce que tu es fatigué.»

Lorsqu'ils étaient seuls, ils se tutoyaient.

«– Oui, je suis fatigué, je l'avoue. J'ai beaucoup travaillé, dans ma vie. Nous avons construit cette ville. J'ai combattu les sauvages et j'ai même payé de ma personne. J'ai connu la famine. Nous avons persévéré et nous avons réussi. Cette ville a un bel avenir... À condition que les Agniers ne la détruisent pas cet été! Je me prends à espérer que Dollard et sa troupe mettent la patte sur un très grand nombre d'Iroquois et les exterminent comme de la vermine, ventre-saint-gris!

– Tu peux compter sur lui. C'est un homme étonnant et complexe. Il peut se montrer courtois et délicat le matin, rempli d'une fureur sauvage l'après-midi et raffiné le soir. Tu peux lui demander de labourer un champ ou d'entraîner une troupe et il le fera de bonne grâce et avec succès. Il manie l'épée avec une adresse infernale. C'est un taciturne qui ne parle pas pour ne rien dire et pourtant, il a des amis, des vrais. S'il a dit que lui et ses compagnons vont guerroyer contre les Agniers et leur infliger une bonne leçon, c'est qu'il va le faire.

– Je sais tout cela, mon cher ami, répondit Maisonneuve, l'air las. C'est même mon plus grand espoir. C'est aussi un cauchemar qui me hante. S'il fallait que Dollard, qui est aussi mon ami, mon protégé et, en un sens, mon successeur[1], dans quelques années, se fasse tuer, je crois que je ne m'en remettrais pas.

– Ton successeur?

– Tu sais bien que nous vieillissons, tous les deux. Si je mourais cette nuit, tu me remplacerais, comme tu l'as déjà fait, du moins jusqu'à ce que la Société Notre-Dame désigne quelqu'un d'autre. À moins que le roi ne prenne les choses en mains, selon son bon plaisir. Mais dans dix ans, seras-tu encore capable de me remplacer? Tu vois bien... Dollard, lui, le pourra. C'est un chef. Il a les connaissances ou il les aura. Il sait commander, se faire respecter. Il a juste ce qu'il faut d'ambition personnelle. Lorsqu'il s'agit de Ville-Marie, son ambition est à la hauteur de la mienne.

– Je comprends.»

Maisonneuve n'aurait pu dire si Closse était déçu ou simplement songeur. Un long moment de silence s'écoula.

«– Que penses-tu, demanda le sergent-major qui voulait faire diversion, de cette mode qui se répand d'appeler Ville-Marie Montréal et ses habitants des Montréalistes?

– Je ne sais pas. C'est le nom de l'île depuis bien longtemps. Depuis Jacques Cartier, je crois. J'aurais préféré, personnellement, qu'on conserve à cet établissement le nom choisi par nos commanditaires. Nous voulions honorer la Vierge Marie. Mais c'est l'usage qui prévaut. Je sais qu'à Paris, on parle bien plus souvent de Montréal que de Ville-Marie.»

XX

LA DÉCLARATION

$\mathscr{A}$u moment où le corps de Marie-Jeanne était transporté à l'Hôtel-Dieu, Manon Dubois, sur la berge du Saint-Laurent, attendait Dollard sous un arbre. Le soir tombait, alors que le soleil, plongeant derrière la montagne, jetait ses derniers rayons sur Ville-Marie et sur le «Valeureux», ancré à peu de distance. Un nuage mauve et rose s'étirait paresseusement devant le disque rouge de l'astre du jour.

La jeune fille le vit venir à contre-jour. Il avait une démarche légère et elle le sentait prêt à bondir comme un fauve à tout instant. Elle frissonna et se demanda si c'était la fraîcheur du temps ou l'allure de son Dollard qui lui faisait cet effet. Elle adorait cette sensation. Rien n'est plus capiteux qu'un frisson, se dit-elle.

Dollard, très élégant, portait un pourpoint court bleu de drap de Hollande par dessus un tablier de galants, des hauts-de-chausses assortis et des bottes à revers épanoui[1]. Un feutre empanaché à larges bords plats recouvrait ses cheveux bruns drus et bouclés qu'il laissait flotter jusque sur ses épaules.

Manon, malgré son bonheur, se sentait mal à son aise. Comment lui avouer l'étendue de son amour sans se faire éconduire? C'était sa dernière chance, elle en avait douloureusement conscience. Aussi prit-elle le parti de passer aux actes. Elle lui fit son plus gracieux sourire et l'accueillit d'un cordial:

«– Comment allez-vous, monsieur l'aventurier?»

Le soleil couchant jetait des reflets d'or dans sa chevelure, dorait la peau de son visage et illuminait d'étincelles ses yeux verts. Le mauvais manteau noir qui lui couvrait même les chevilles ne mettait guère en valeur sa silhouette menue. Mais elle dégageait une telle fraîcheur et semblait si gracieuse que Dollard la trouva fort avenante.

Il allait partir pour plusieurs semaines, songea-t-il. Plusieurs semaines sans voir une seule femme. Les squaws[2] ne comptaient pas: elles
sentaient mauvais et n'exerçaient aucun attrait sur lui. Tandis que Manon,
la gentille petite Manon... Le nom fut soudain de la musique pour lui.
Manon. Il allait partir pour faire la guerre aux sauvages. Pourquoi ne
pas lui conter fleurette d'ici là? L'amour d'une fille de cet âge devait être
bien doux...

Elle n'osera jamais, se dit-il. Elle a terriblement peur. C'est toujours
comme cela, la première fois. Elle tremble. Je dois prendre les devants,
sans quoi notre rendez-vous ne sera qu'une source d'embarras. Toutes
ces pensées avaient traversé sa tête en une seconde. Il répondit:

«– Fort bien, Manon. Et comment se porte la plus jolie fille de
Ville-Marie?»

La servante de Maisonneuve rougit violemment et sentit ses jambes
se dérober. L'avait-il réellement dit? Gauchement, elle balbutia:

«– Je ne sais pas. Plutôt bien, j'imagine. Je dois vous parler et je
ne sais pas comment vous dire...

– Je crois que je sais ce que tu veux me dire, l'interrompit Dollard.
J'en suis très flatté. Je comprends ton embarras.

– C'est bien vrai? fit-elle en levant vers lui un regard étonné. Vous
avez deviné? J'aurais voulu que les circonstances...

– Je sais, le temps presse, puisque je dois partir pour guerroyer.
Et lorsque le temps presse, lorsqu'un homme part à la guerre, il faut
brûler les étapes. J'aurais voulu t'offrir des fleurs, mais elles n'ont pas
encore poussé. J'aurais voulu avoir le temps de te dire mille gentillesses,
de me montrer galant, mais c'est trop tard... Regarde-moi bien dans les
yeux.»

Il la prit par les épaules et l'attira vers lui.

«– Écoute-moi bien, joli tendron. Je crois que tu as les plus beaux
yeux de Ville-Marie. Et une bouche qu'il me plairait bien d'embrasser.»

Il avait rapproché son visage et elle sentait son souffle sur elle. Elle
planait. Elle rêvait. Mais elle avait peur de se réveiller brutalement.

«– Il ne faut pas me faire souffrir, Dollard, vous devez comprendre...

– Et si on se tutoyait? Comment pourrais-je embrasser une fille qui
me vouvoie?

– M'embrasser? Et si M. de Maisonneuve nous voit? Vous voulez
vraiment m'embrasser?

– Si tu continues de me vouvoyer, tu n'auras pas ce baiser. Je
serai tué par les Iroquois avant d'avoir pu t'embrasser.

– Tais-toi, Dollard. Ne parle pas de malheur. Je veux te garder
pour toujours. Tu vois, je te tutoie. Et tant qu'à faire, je t'appellerai
Adam, puisque tout le monde t'appelle Dollard. Je serai la seule. Je
peux?

– Tu peux.»

Il la reprit par les épaules et l'attira de nouveau. Elle se sentait prise au piège. Le plus délicieux piège qu'elle ait connu.

Il l'embrassa d'un baiser d'abord très doux, un simple effleurement des lèvres auquel elle répondit avec ferveur, les yeux fermés. Son baiser se fit de plus en plus passionné jusqu'à ce qu'elle l'arrête, suffoquée:

«– Adam Dollard, je crois que je suis folle de toi. Mais je ne t'aurais jamais laissé faire ça si tu n'étais pas parti pour la guerre demain matin. Je ne suis pas une fille facile...

– Je sais, ma douce, mais je pars demain. J'ai deux heures avant mon rendez-vous chez le notaire Basset[3].

– Pourquoi, le notaire?

– Pour faire mon testament. C'est la coutume. Je dois 48 livres à Jean Aubuchon[4]. Je ne peux pas partir sans lui laisser une garantie.

– Mais il n'arrivera rien, n'est-ce pas?

– Rien. Je te promets d'être prudent. Mais viens plutôt ici, que je regarde tes yeux. Je veux voir si tu désires un autre baiser... Mais oui, on dirait qu'elle le veut!»

De nouveau, il prit ses lèvres entre les siennes. Elles étaient douces comme des pétales de rose. Elle était bien la fille la plus fraîche qu'il ait connue.

Dollard n'avait plus conscience de ce qui se passait autour de lui: le chant d'une alouette, le bruissement de l'eau, le vent dans les arbres qui commençaient à bourgeonner.

Il n'avait conscience que de la volupté de ce baiser et de son désir croissant. Manon avait passé ses bras derrière lui et avait posé ses mains sur ses épaules en se serrant contre lui.

Une lune pâle apparut, entre deux nuages. Le ciel s'obscurcissait rapidement et le temps fraîchissait, mais ils ne le sentaient pas.

Dollard, qui avait pris la précaution d'apporter un manteau, l'étendit dans l'herbe et fit s'allonger Manon. Leur baiser reprit de plus belle. Ils ne se rassasiaient pas l'un de l'autre.

Ce fut le jeune homme qui, d'une certaine manière, rompit le charme. Il avait entrepris de caresser le visage de Manon, suivant du doigt le contour gracieux des traits. Entre chaque caresse, il l'embrassait et lui faisait des compliments. Elle avait la sensation de planer.

Au bout de quelques minutes, Dollard aventura sa main sur la poitrine de Manon. Elle tressaillit et le laissa faire. Elle se sentait si amoureuse! Il se montrait si galant, si passionné! Elle lisait tant d'amour dans ses yeux...

Ils étaient allongés et serrés l'un contre l'autre. Il plaqua sa bouche contre les lèvres de la jeune fille et insinua sa main dans l'échancrure du corsage. Elle se souvint soudain du rêve éveillé qu'elle avait fait à la chapelle de l'Hôtel-Dieu, le matin-même: il se réalisait!

«– Adam! s'écria-t-elle.

– Quoi?

– C'est trop tôt! C'est mal!

– Tiens donc! J'ai envie de toi, moi. Et je t'aime. Où est le mal?

– Si M. de Maisonneuve nous voyait...

– Comment pourrait-il nous voir? Il fait presque noir...

– Justement. Il faut que je rentre. M. le gouverneur doit me chercher. À l'heure qu'il est, la cuisinière a sûrement fini de préparer le repas. Il faut que je serve, sinon on va me chercher.»

Dollard connaissait les habitudes de Maisonneuve et savait qu'il disposait encore d'un bon quart d'heure.

«– Tu sais bien que le gouverneur ne dîne pas si tôt. Tu veux m'échapper?

– Mais non! C'est seulement que je...

– Embrasse-moi encore et laisse-moi faire. Tu sais bien que je pars demain et que je vais rester plusieurs semaines sans te voir. Laisse-moi emporter avec moi des souvenirs merveilleux.»

Tout en parlant, il avait défait trois boutons de la robe. Il insinua de nouveau sa main dans le corsage et sentit contre ses jointures la pointe d'un sein.

Une bouffée de chaleur envahit Manon. Était-ce possible? En était-elle déjà rendue là? Agissait-elle comme une honnête fille ou comme une ribaude? Quelle douce sensation!

Dollard s'enhardit et prit dans le creux de sa main le petit sein à la peau si douce et frémissante qu'il caressa longuement. La grande jeunesse et la virginité de Manon l'excitaient doublement. Pourtant, il se retenait.

«– Adam, je crois que nous allons trop vite, finit-elle par dire. Tu sais que je t'aime et que je ferai tout pour toi. Mais tu dois comprendre que je dois me faire à l'idée. C'est la première fois... C'était merveilleux! Quand tu reviendras, tu iras voir M. de Maisonneuve et tu lui demanderas l'autorisation de me faire la cour.»

Avant qu'il ait pu répliquer, elle se redressa et remit de l'ordre dans ses vêtements.

«– Je dois m'en aller, maintenant. Quelle merveilleuse journée! Adam, tu es l'homme dont j'ai toujours rêvé.

– Et toi, tu es une fille magnifique. Je peux partir avec, dans la tête et dans le cœur, l'image d'une très douce amie.»

Avant de regagner Ville-Marie, Manon se jeta une dernière fois dans les bras de Dollard:

«– Adam, même si je devais vivre jusqu'à cent ans, je me souviendrai toujours de cette journée. Reviens-moi vite et jure-moi d'être prudent. Je t'aime...»

XXI

COUREURS DES BOIS

19 avril 1660

$\mathcal{A}$ une centaine de lieues au nord-ouest de Ville-Marie, sur la rive orientale du lac Témiscamingue, Pierre-Esprit Radisson et son inséparable compagnon d'aventures, Médard Chouart Des Groseilliers, étaient aux prises avec un amoureux jaloux. À tel point qu'ils ne dormaient plus que d'un œil.

L'Algonquin en question avait déjà pénétré deux fois dans leur wigwam, armé d'un couteau, croyant qu'ils dormaient. Heureusement pour eux, les Français avaient le sommeil léger et avaient réussi à chasser le sauvage sans le blesser. Mais celui-ci cultivait une haine farouche pour ses «rivaux» et n'aurait point de cesse qu'il leur fasse la peau.

Partis subrepticement des Trois-Rivières au mois d'août de 1659 à destination de la région des Grands Lacs, on ne les attendait pas à Ville-Marie avant le milieu de l'été[1].

En raison des circonstances de leur départ, Radisson et Des Gro-seilliers ignoraient quel accueil leur serait fait par les autorités, même s'ils rapportaient une quantité considérable de fourrures.

Le fait est que le gouverneur général de la colonie, le vicomte d'Argenson, leur avait interdit de partir à moins d'être accompagnés d'un homme à lui. Le gouverneur des Trois-Rivières, naturellement, avait pleinement endossé cette interdiction et répété aux deux aventuriers que s'ils voulaient s'éloigner, ils devaient en obtenir l'autorisation, sans quoi ils s'exposaient à passer en jugement.

Cette perspective de demander des permissions ne plaisait guère aux deux coureurs des bois qui préféraient garder leur indépendance et leur liberté d'action.

Quelques heures avant leur départ, des Groseillers avait déclaré très sérieusement devant témoins que «les découvreurs passent avant les gouverneurs». En fait, cette fois-ci, ce n'était pas tellement pour découvrir, qu'ils étaient partis, que pour faire la traite des fourrures avec des tribus qui ne connaissaient pas encore les Français.

Ils avaient d'abord atteint le lac Huron, puis la rive est du lac Supérieur, qu'ils appelaient «la Grande Mer», au terme d'une interminable expédition à pied et en canot d'écorce dans des territoires infestés de moustiques.

Ils avaient passé la fin de l'automne et le début de l'hiver au fond de la baie de Chequamegon[2], où ils avaient bâti un petit fort. C'est là qu'ils cachaient leurs marchandises de traite. Il s'agissait surtout d'alcool, dont la provenance était mystérieuse et qu'ils échangeaient aux sauvages contre des fourrures en dépit de la vive opposition de Mgr de Laval de Montmorency.

Il y avait aussi des bijoux bon marché, des miroirs, du parfum qu'un putois n'aurait pas renié et des étoffes sans grande valeur.

Ils se rendaient souvent, pendant l'automne, à un petit lac nommé «Courte-Oreille» où se rassemblaient les sauvages. Après avoir abreuvé ces indigènes et les avoir impressionné avec leurs armes à feu, ils n'avaient aucune difficulté à mettre la main sur les pelleteries.

Radisson et Des Groseilliers avaient respectivement 24 et 41 ans. Le premier était grand, mince, châtain et agile comme un chat sauvage, tandis que le second était brun, petit, massif comme un chêne et fort comme un ours.

Les yeux de Radisson reflétaient un feu intérieur que rien ne pourrait éteindre. Comme bien des hommes nés sous une bonne étoile, il croyait que rien n'était hors de sa portée, à condition de se donner la peine de l'atteindre. Son ami, par contre, était un homme expérimenté et d'un naturel plus réaliste.

Ils étaient en possession de cinq fusils, deux mousquets, trois paires de grands pistolets, deux paires de pistolets de poche, sans parler des deux épées et des poignards[3].

Avec un tel arsenal, Radisson considérait qu'ils étaient, selon ses propres dires, comme «des Césars que personne n'ose contredire». Pourtant, ils ne se servaient jamais de ces armes, sauf sur des animaux ou des cibles inanimées.

Vers la fin de novembre, les deux coureurs des bois avaient eu le rare privilège d'assister à une «Fête des Morts» qui durait trois jours.

Comme ils appréciaient mieux que quiconque, en Nouvelle-France, le mode de vie et les mœurs des tribus amérindiennes, quelles qu'elles soient, ils avaient suivi avec intérêt les diverses cérémonies funèbres.

Leur curiosité, face aux traditions des indigènes, leur permettait de mieux les comprendre et de les côtoyer sans problème. S'ils aimaient dominer les Indiens, les impressionner par leurs armes et leur savoir, ils n'en nourrissaient pas moins de l'estime pour ces peuples.

Dans ces régions, on n'enterrait pas immédiatement les trépassés. Quelques heures après la mort, le corps, replié sur lui-même et couvert de ses plus beaux vêtements et bijoux, était enveloppé de fourrures et déposé dans une bière d'écorce avec des vivres[4].

Pendant que les femmes pleuraient à chaudes larmes en poussant des cris de désespoir, le cadavre était transporté dans un champ où il était déposé sur une peau de bête tendue au sommet de quatre pieux assez hauts pour décourager les loups. Il n'était cependant pas à l'abri des oiseaux charognards et de certains prédateurs entreprenants. Il y restait jusqu'à la «Fête des Morts», qui avait lieu tous les dix ou douze ans.

C'est alors qu'avait lieu la seconde sépulture, au cours d'une cérémonie publique. Ces funérailles collectives avaient un caractère de solennité et constituaient la cérémonie la plus célèbre parmi les indigènes.

Les membres de la tribu commençaient par se réunir pour nommer un chef. Celui-ci invitait alors les sauvages des autres tribus à assister à la cérémonie.

Lorsqu'ils étaient arrivés, la «Fête des Morts» pouvait commencer. Toute la nation rendait hommage aux morts en se rendant en procession à la nécropole. Les marcheurs pleuraient et montraient leur tristesse de toutes les façons possibles.

Là, les bières, ou ce qui en restait, étaient descendues et ouvertes par un officiant et leur lugubre contenu livré aux regards des vivants. Des femmes poussaient des cris déchirants et la foule pouvait méditer à son aise sur la mort.

Par la suite, les lambeaux de chair qui adhéraient encore aux os étaient grattés, sinistre besogne s'il en fut. Puis les squelettes étaient enveloppés dans des peaux de castors et chargés sur les épaules des indigènes qui les ramenaient au village, dans un concert de pleurs, de chants et de musique traditionnelle.

Les ossements étaient suspendus aux parois de la salle du Grand conseil et le chef commençait un chant mortuaire:

«Os de mes ancêtres, qui êtes suspendus au dessus des vivants, apprenez-nous à vivre et à mourir. Vous avez été braves. Le Maître de la vie vous a ouvert ses bras et vous a donné une heureuse chasse dans l'autre monde. La vie est cette couleur brillante du serpent qui paraît, disparaît plus vite que la flèche ne vole; elle est cet arc-en-ciel que l'on voit à midi sur les flots du torrent; elle est l'ombre d'un nuage qui passe. Os de mes ancêtres, apprenez au guerrier à ouvrir ses veines, à boire le sang de la vengeance.»

La cérémonie sacrée se concluait par un festin dédié à la mémoire des morts. Le lendemain et le surlendemain, on continuait d'honorer les trépassés par des danses et des chants funèbres, ainsi que des combats.

Les ossements étaient portés de bourgade en bourgade. À la fin du troisième jour, on les déposait dans une grande fosse tendue de pelleteries. Les indigènes y mettaient tout ce qu'ils possédaient de précieux et prélevaient une poignée de terre de cette fosse avant de la remplir, afin que la chance les accompagne.

*

*   *

Cette cérémonie avait eu lieu à la fin de novembre. Une semaine plus tard, ils s'étaient rendus chez les Cris, très au nord, pour tenter de les réconcilier avec les Sioux.

«Étant dans les environs de la Grande Mer, écrivait Radisson, nous eûmes un entretien avec un peuple qui vit vers la mer salée, qui nous dit avoir vu quelquefois sur l'eau une grande machine blanche s'approchant du rivage et portant à son sommet des hommes qui faisaient du bruit comme si c'était une troupe de cygnes.»

Radisson avait déjà entendu parler d'une immense baie, très loin au nord, où frayaient les Anglais. Il crut comprendre que les aborigènes lui parlaient de navires anglais.

L'hiver avait mal commencé. Très abondante, la neige avait rendu pénibles les déplacements, même avec de bonnes raquettes, et la chasse ne rapportait rien. La famine s'était installée dans les tribus et certains en étaient réduits à gratter le sol à la recherche de racines. D'autres faisaient bouillir des boucliers de cuir et des mocassins et se nourrissaient de ces objets impropres à la consommation.

Les deux Français subissaient le même sort. Ils avaient maigri et leurs forces avaient diminué. Radisson écrivait, dans son journal: «Ne voyant pas les trait émaciés de Des Groseilliers derrière sa barbe, les sauvages en avaient conclu que c'était le Grand Esprit qui le nourrissait. Quant à moi qui n'avais pas la barbe, ils disaient que je les aimais parce que je vivais tout comme eux.»

À la mi-janvier, un redoux avait fait fondre la moitié de toute cette neige et un verglas important avait formé une épaisse croûte sur ce qui restait.

Les petits animaux étaient sortis de leurs terriers et de leurs tanières, les gros avaient surgi on ne savait d'où et la chasse avait recommencé, éloignant du même coup la famine.

Finalement, la chasse avait été relativement bonne, cet hiver-là, et on n'avait guère entendu parler des Iroquois, qui s'aventuraient parfois jusqu'aux Grands Lacs. Ils étaient trop occupés cette année-là dans les régions de Ville-Marie et des Trois-Rivières pour aller se mesurer aux Sioux.

Lorsque les deux Français jugèrent qu'ils avaient accumulé suffisamment de peaux dans cette région et que les contacts établis étaient porteurs de belles promesses pour l'avenir, ils prirent le chemin du retour. On était au début de mars. C'était un peu tôt, car l'eau était glaciale, lorsqu'elle n'était pas complètement gelée, dans les petits cours d'eau.

102

Radisson et Des Groseilliers projetaient de se rendre aux lacs Témiscamingue et Kippawa, où les Algonquins et les Outaouais avaient promis de les attendre avec leurs prises de l'hiver.

Ces sauvages-là étaient fiables et paisibles depuis un certain temps, à condition qu'on les paye honnêtement et qu'on leur offre de l'alcool. Leur férocité égalait celle des Iroquois, mais ils étaient les alliés des Français et respectaient leur parole. Malheur aux Iroquois qui tombaient dans leurs pattes!

Le trajet fut long et pénible. Une partie des peaux fut perdue lorsqu'un des deux grands canots chavira et que Des Groseilliers faillit se noyer. Le coureur des bois en fut quitte pour une bonne grippe et deux jours de fièvre, mais il fallait plus que cela pour l'abattre.

Lorsqu'il entra en contact avec l'eau à peine dégelée, sa seule préoccupation fut de sauver le plus grand nombre de peaux possible. Il se rendit compte rapidement que le courant l'emportait et que le froid le paralysait.

Des Groseilliers dut la vie à l'intervention rapide de son ami de toujours. Heureusement, les marchandises de traite se trouvaient dans l'autre canot.

Les giboulées, les portages et une grande fatigue, de même que le peu de sauvages rencontrés, susceptibles de les aider à tout transporter, les avaient ralentis. Ils arrivèrent au lac Témiscamingue au début d'avril.

Ils furent reçus en amis par les Algonquins et eurent droit à toutes sortes de privilèges et d'honneurs. Le chef de la bourgade alluma son calumet, un impressionnant instrument orné de plumes et de cuir coloré qu'il rangeait dans un grand coffre de bois et de peau d'élan. Le tabac était conservé dans des vessies et dégageait en se consumant une âcre fumée.

Ils eurent la bonne surprise d'apprendre que les Iroquois ne s'étaient pas manifestés de tout l'hiver, préférant sans doute s'attaquer aux Hurons et aux Français, et que la chasse avait été particulièrement fructueuse. En fait, ce qu'ils rapportaient des Grands Lacs était insignifiant à côté de ce qu'ils avaient sous les yeux.

Tranquilles sur leur territoire montagneux et boisé, les Algonquins avaient pu s'adonner à loisir à la chasse. Ils allaient maintenant pouvoir troquer leurs prises contre des marchandises.

Les Français les accumuleraient dans de vastes et solides canots d'écorce qui formeraient en juillet un convoi sur la rivière des Outaouais en direction de Ville-Marie.

XXII

HOSPITALITÉ

$\mathcal{L}$e soir de leur arrivée, après avoir longuement discuté politique et commerce, le chef Oboromako, un gaillard aussi râblé que Des Groseilliers et au poil tout noir, voulut montrer son sens de l'hospitalité et sa reconnaissance pour les brodequins qu'il avait reçus en cadeau. Il offrit à Radisson sa fille cadette Mekele et à Des Groseillers sa nièce Nibata, dont les parents étaient morts[1].

C'était la coutume: le visiteur devait avoir de la compagnie pour la nuit et plus il était important, plus la compagnie devait être proche du chef. Peu importait que les filles soient attirantes ou non, le visiteur devait se montrer courtois et faire part de son ravissement de façon démonstrative. Par chance, la nature avait doté les deux Algonquines d'une silhouette agréable et d'assez jolis traits.

Lorsque les coureurs des bois ramenèrent Mekele et Nibata dans le wigwam qui leur avait été attribué, à la fin de la cérémonie de bienvenue, ils étaient éméchés et ne se rendirent point compte à quel point Bakarama, un jeune guerrier, manifestait du mécontentement.

Il parlait entre ses dents, donnait des coups de poing aux arbres, perforait de coups de pied des wigwams et, n'eut été une mise en garde d'Oboromako, il se serait jeté sur les deux coureurs des bois avec son casse-tête pour leur faire un mauvais parti.

Radisson et Des Groseillers ignoraient que Bakarama, fils du sorcier, désirait faire de Mekele son épouse et que le chef, qui ne l'aimait guère, lui avait conseillé d'attendre qu'elle vieillisse un peu. Elle avait quatorze ans! Quant à Nibata, elle connaissait le tabac, du haut de ses dix-huit ans.

Pendant que Des Groseillers, à deux pas de lui, se deshabillait à la vitesse de l'éclair pour honorer sa compagne, après une longue

105

abstinence, Radisson se proposait d'étirer le plaisir. Il n'avait pas forniqué depuis qu'ils avaient quitté les Sioux!

Il prit le temps d'allumer une chandelle et fit comprendre à Mekele de se placer pour qu'il puisse l'examiner. L'adolescente obéit docilement, sans rien dire. Il put se rendre compte qu'elle était crottée de la tête aux pieds. Elle sentait la transpiration et ses haillons empestaient le ranci[2].

Malgré tout, elle avait belle apparence et semblait juste assez délurée, avec cet éclat qui animait ses yeux noirs, pour lui plaire. Il décida qu'elle lui convenait parfaitement et se promit de l'obliger à se laver dès le lendemain matin.

À côté d'eux, Des Groseilliers, qui avait retrouvé son poids habituel, depuis qu'il avait à sa portée de quoi s'empiffrer, s'escrimait à honorer Nibata. Il haletait d'inquiétante façon, mais semblait proche d'arriver à ses fins. L'Algonquine regardait le ciel, à travers l'orifice d'aération au sommet du wigwam. Radisson songea en un éclair que son camarade était bien meilleur ami qu'amant.

Mekele n'avait pas d'expérience, bien qu'elle ne soit plus vierge. Elle ne savait faire aucune caresse et en recevoir était visiblement nouveau pour elle. Elle semblait étonnée et contente. Elle coopérait, mais son seul talent, à première vue, était de s'étendre sur le dos et d'écarter les cuisses.

Mekele avait, comme toute Algonquine de son âge, la chair ferme et musclée. Un duvet léger et soyeux recouvrait sa peau douce. Radisson passa sa main derrière le cou gracile de la sauvagesse et prit ses cheveux: épais et emmêlés, ils sentaient mauvais.

La rondeur des épaules encadrait bien les seins en forme de poire et haut perchés et la taille bien dessinée mettait en valeur des hanches plutôt étroites. Le ventre était plat et les jambes musclées.

Le Français ne s'attarda pas au sexe: elle puait trop. Mais son désir devint soudain si fort, à la vue d'une fille nue, la première depuis longtemps, qu'il y plongea son membre sans songer un seul instant qu'elle aurait pu l'infecter et lui fit l'amour fougueusement.

La copulation l'absorbait tellement qu'il ne se rendit pas compte que Bakarama venait de pénétrer dans le wigwam. Comme Des Groseilliers venait de terminer et qu'il haletait, le jeune Algonquin crut que les deux couples forniquaient encore.

Par chance, le quadragénaire le vit entrer, à contre-jour, et l'accueillit d'un coup de pied au bas ventre. Radisson n'eut même pas à intervenir. En un instant, Bakarama était dehors, étendu à même le sol sans son redoutable poignard.

Radisson sortit de la tente, curieux, nu comme au jour de sa naissance, et prit le sauvage par les cheveux, pour examiner sa figure.

«– Qui c'est?

– J'aimerais bien le savoir, dit Des Groseilliers. Regarde ce qu'il avait dans la main. Il voulait nous tuer.

– Qu'est-ce qu'on lui a fait?

– Je n'en ai pas la moindre idée.»

L'Algonquin se tordait de douleur sur le sol. Il respirait difficilement et ressentait des élancements dans les testicules. Il s'attendait à ce que les Français le frappent encore, mais il n'en fut rien: les coureurs des bois avaient l'habitude des agressions et, comme Bakarama sentait l'alcool, ils conclurent au geste d'un ivrogne.

Le reste de la nuit fut calme, mais les deux Français ne dormirent que d'un œil. Radisson appréciait la présence à ses côtés de la jeune Algonquine, malgré l'odeur. Elle avait quelque chose de félin qui lui plaisait. Et il ne cessa de se promettre, tout au long de la nuit: «La première chose que je fais, à son réveil, c'est de la laver.»

Des Groseilliers, pour sa part, ronflait comme un ours. Le moindre bruit suspect l'aurait réveillé, mais sa vie aventureuse auprès des sauvages de toutes les tribus l'avait immunisé contre les odeurs. Le va-et-vient des blattes ne l'importunait pas davantage.

Mekele s'éveilla au lever du soleil. Elle vit que Radisson l'observait, appuyé sur un coude. Elle lui sourit et se mit à s'étirer comme une chatte. Le Français se pencha sur elle, l'embrassa et, sans qu'elle ait le temps de réagir, il la souleva de terre et l'emporta, dans ses bras, jusqu'au bord du lac.

Elle cria et se débattit tant qu'elle put, surtout au contact de l'eau glacée. Elle ameuta tout le village qui forma un cortège jusqu'au lac. Chacun y allait de son commentaire. La plupart croyaient qu'elle ne s'était pas montrée à la hauteur et bien peu comprirent pourquoi Radisson, dans l'eau jusqu'aux genoux, la frottait si vigoureusement.

Dans l'heure qui suivit, elle l'engueula comme du poisson pourri.

Le reste de l'avant-midi, elle lui fit la tête.

Pendant l'après-midi, elle ne put s'empêcher de sourire, puis de rire lorsqu'il lui fit des simagrées.

Pendant la soirée, elle répondit à ses avances.

Et il ne la laissa pas dormir de la nuit. Elle râla si fort que les voisins s'assemblèrent un moment autour de la tente.

Au matin, Mekele se dirigea d'elle-même vers le lac Témiscamingue, suivie de près par Nibata, au grand étonnement de tout le village, et elles se frottèrent mutuellement si vigoureusement qu'elles sortirent de l'eau rouges et rayonnantes. «Le Grand Esprit leur a dérangé la tête», dit Oboromako.

Elles eurent droit à des flacons de parfum et, avant que la journée se termine, beaucoup de fioles de ce parfum s'étaient échangées contre un monceau de pelleteries. Une odeur entêtante se répandit parmi les membres de la tribu et des guerriers chipèrent du parfum à leurs femmes pour vivre la magie des fleurs en bouteille.

Il s'ensuivit des querelles entre époux auxquelles Des Groseilliers mit fin en proclamant qu'un homme viril, un vrai guerrier, ne doit jamais se parfumer, sans quoi il pourrait devenir faible comme une femme. On vit alors, chose aussi inusitée qu'étonnante, des Algonquins se laver dans l'eau glacée du lac Témiscamingue.

Le même jour, on assista à l'arrivée d'un contingent d'Outaouais. Leur nombre devait atteindre près de cinq cents, hommes, femmes et enfants qui, insatisfaits de leur ancien territoire, avaient décidé d'émigrer vers le nord-ouest. Ils croyaient y trouver un meilleur terrain de chasse. Ils demandaient aux Algonquins méfiants, avec qui ils avaient conclu la paix en 1659, de leur permettre de s'installer pour quelques jours, avec familles et bagages, avant de repartir vers le nord.

Radisson et Des Groseilliers, qui savaient prévoir leurs besoins longtemps à l'avance, en profitèrent pour mobiliser les hommes de la tribu des Outaouais en vue du long voyage de retour vers Ville-Marie, au milieu de l'été.

Ils leur promirent du rhum, des hachettes, des miroirs et toutes sortes de biens convoités. En guise d'acompte, ils leur remirent des pièges à gibier et des peignes de métal.

Avec une telle quantité de fourrures, il faudrait beaucoup d'hommes pour guider les canots sur la rivière qui portait le nom de cette tribu. Les guerriers outaouais seraient de retour sur leur nouveau territoire à temps pour les chasses d'automne.

Ce jour-là, après que les Algonquins se soient assurés des bonnes intentions des Outaouais, les cérémonies de bienvenue qu'avaient connues les deux coureurs des bois l'avant-veille recommencèrent. Encore des chants, des danses et des concours d'habileté, pendant que les chefs fumaient le calumet et buvaient un peu de cette eau-de-feu qui déliait les langues.

La cérémonie du calumet revêtait une signification très importante pour ces tribus. Les chefs, ainsi que leurs lieutenants, portaient devant eux l'instrument qui symbolisait la paix et l'amitié.

Le calumet se divisait en deux parties: un fourneau sculpté dans la pierre et un tuyau de bois trois fois plus long que le bras d'un homme adulte. Le tuyau était orné de dessins et de plumes dont les couleurs avaient aussi une signification. Cette fois-ci, elles étaient grises, ce qui voulait dire: amitié.

Un des lieutenants d'Oboromako remplit le fourneau de tabac et l'alluma. Il l'éleva ensuite vers le ciel, puis l'abaissa et le dirigea vers les quatre points cardinaux. Sa voix s'éleva au milieu du silence. Il parlait au nom de son chef, Oboromako, et de toute la tribu. Il invita les esprits du ciel, de l'air, de la terre et de l'eau à se montrer bienveillants envers tous les Algonquins et tous les Outaouais.

Le jeune lieutenant fit circuler le lourd calumet, pendant que l'odeur acre se répandait. Oboromako fut le premier à en tirer quelques bouffées qu'il souffla d'abord vers le ciel, puis dans toutes les directions. Il fut bientôt suivi du chef héréditaire des Outaouais, ainsi que des autres chefs moins importants dans l'ordre hiérarchique.

Des colliers de porcelaine furent échangés, symboles d'amitié et de paix. Les chefs les porteraient jusqu'à ce qu'un incident, un jour, se produise. Ce serait un accident ou une provocation, un conflit territorial ou un point d'honneur. Les colliers seraient alors brisés à coups de tomahawk et la hache de guerre serait déterrée. Mais ce n'était pas le cas aujourd'hui et les deux tribus ne pensaient plus qu'à la fête. Pendant que les derniers chefs tiraient des bouffées du calumet, le rhum se mit à circuler.

Les jeunes Algonquins étaient fiers de montrer à leurs visiteurs leur habileté à fabriquer un canot d'écorce et leur adresse au tir à l'arc. Les femmes algonquines exhibaient des fourrures et des bijoux qu'elles avaient obtenus des Français et faisaient visiter les wigwams.

Les visiteurs, pour ne pas être en reste, montraient qu'ils savaient pagayer comme des champions, allumer un feu en moins de temps qu'il n'en faut pour le dire et construire un wigwam en quelques minutes. Les Outaouaises, elles, cuisinaient sur des pierres plates et minces enduites de graisse d'ours et le fumet qui s'en dégageait remplissait agréablement l'atmosphère.

Les sauvages des deux tribus prenaient part à des courses et à des concours de sauts. Les tatoueurs étaient à l'œuvre et la plupart des hommes voulaient garder sur leur corps un souvenir impérissable de l'événement.

Radisson et son compère prenaient une part active à ces rites qu'ils aimaient et qui leur permettaient de se considérer et d'être perçus comme des indigènes d'adoption. Ils se faisaient tatouer comme les autres, à condition que ce ne soit pas dans la figure. Les sauvages montraient toujours autant d'étonnement à la vue de leur peau si blanche.

Les Français n'oubliaient pas, toutefois, d'avoir à l'œil leurs compagnes qui, désormais, sentaient le parfum bon marché et qui, de ce fait, attiraient autour d'elles un essaim d'Outaouais intrigués.

Ils s'entendaient de mieux en mieux avec Mekele et Nibata et tout aurait été parfait s'ils avaient pu... se parler! Ils se comprenaient, bien sûr, mais certaines subtilités, que seule la langue française peut exprimer, leur échappaient.

Il fallait aussi surveiller Bakarama qui, lui, ne les quittait pas des yeux. Ils savaient maintenant que l'Algonquin jaloux ne leur pardonnerait jamais et tenterait de nouveau de les tuer.

Aussi ne furent-ils pas surpris, la nuit suivante, lorsque Bakarama, ainsi qu'ils l'avaient prévu, pénétra de nouveau dans leur tente. Avec la complicité des filles, que ces astuces amusaient, ils lui avaient tendu un piège. Elles faisaient semblant de dormir, émettant des ronflements discrets, alors que des pelleteries prenaient à côté d'elles la place des

hommes. Ceux-ci, cachés derrière un monceau d'objets divers, attendaient patiemment.

Lorsque Bakarama, un poignard dans la main gauche, leva son
bras droit armé du lourd casse-tête, Radisson bondit comme un chat
sauvage et lui fit perdre l'équilibre. Au même instant, Des Groseilliers
surgissait avec une couverture. En un instant, l'amoureux éconduit fut
ficelé dans la couverture et conduit au milieu du village où il fut abandonné, face contre terre, sous les yeux des membres de sa tribu et de
plusieurs Outaouais.

Cette humiliation allait avoir des conséquences plus graves qu'ils
ne se l'imaginaient. Le lendemain, les deux Français apprirent que Bakarama avait disparu mystérieusement.

Plus tard, alors qu'ils menaient une vie heureuse avec leurs jouvencelles algonquines, ils apprirent qu'après avoir consulté son père, le
sorcier, Bakarama avait quitté le village. Il projetait d'informer les Iroquois
qu'au milieu de l'été, deux Visages pâles téméraires allaient descendre
la rivière avec une flottille de canots remplis de fourrures et accompagnés
d'un nombre important d'Outaouais, qui n'étaient pas vraiment les amis
des Iroquois...

XXIII

L'AUVERGNAT

19 avril 1660

Sylvain Normand, dit l'Auvergnat, n'était guère attirant: affligé d'une bedaine de curé et portant sur son visage les stigmates laissées par une épidémie de vérole, il avait des manières frustes et un langage de maréchal-ferrant, ce qu'il était.

Il n'était pourtant pas dénué de qualités: chacun, à Ville-Marie, connaissait sa gentillesse et sa fidélité envers sa première épouse et sa générosité lui avait valu la considération du gouverneur de Maisonneuve et de Mme Jeanne Mance.

Que le fondateur de Ville-Marie lui ait promis le premier choix parmi les jeunes filles qui, la veille, avaient débarqué du «Valeureux», n'étonnait personne.

Ses «rivaux», toutefois, ne voyaient pas d'un bon œil ce privilège. Les jeunes filles n'étaient pas toutes très jolies et deux d'entre elles, deux sur six, avaient encore l'air hébété, vingt-quatre heures après leur débarquement.

Madame Mance les avait rassemblées devant l'Hôtel-Dieu, où elle s'étaient assises dans l'herbe. Triste spectacle!

L'usure, le vent, les embruns et le manque d'entretien avaient réduit en loques leurs pauvres vêtements. Leurs souliers allaient rendre l'âme incessamment.

Depuis la veille, elles avaient pu se laver à l'eau chaude. Certaines n'avaient jamais connu ce luxe en France. La fondatrice de l'Hôtel-Dieu s'était dit que si ces filles devaient avoir belle allure, c'était bien en ce jour où les colons célibataires de Ville-Marie les choisiraient.

Le résultat était décevant. Leur trop long séjour dans la cale du «Valeureux», où les avait confinées le capitaine Dessureault, pour leur propre sécurité, les avait amaigries et affaiblies au point où elles avaient du mal à rester longtemps debout.

Leur peau était devenue transparente et luisante, leurs cheveux fraîchement coupés par les religieuses étaient décolorés et leurs yeux ne brillaient plus que d'un faible éclat.

Les mains sur les hanches, l'air important, Sylvain Normand, dit «L'Auvergnat», examinait les filles proposées à sa concupiscence. Homme plein de bonté, mais imbu de lui-même, il appelait dans sa tête «chançarde» celle qu'il allait choisir.

Sa femme étant décédée d'une pneumonie depuis bientôt deux ans, il était grand temps, pensait-il, de se remarier. Âgé de quarante-quatre ans, fortuné et bien vu du gouverneur de Maisonneuve, il avait beaucoup à offrir à celle qui s'en montrerait digne.

«– Y en a-t-il parmi vous qui soient vierges?» questionna-t-il sans gêne.

Il avait déjà repéré trois filles, deux brunes et une blonde, qui correspondaient à ses goûts. Il espérait maintenant que l'une d'elles serait vierge. Il ne lui resterait plus qu'à s'arranger pour qu'elle engraisse.

Mère Marguerite Bourgeoys, qui assistait à cette «cérémonie d'attribution de chair humaine», lui jeta un regard noir.

«– Vous êtes bien indiscret, monsieur Normand. Ces pauvres filles sont venues en Nouvelle-France pour commencer une vie nouvelle et oublier leur passé. Fondez donc votre choix sur d'autres qualités.»

Autour d'eux, les autres jeunes gens désireux de prendre épouse commençaient à s'impatienter. Ils faisaient des signes à celles qui leur plaisaient et leur lançaient des œillades prometteuses. L'un d'eux interrompit son manège et s'écria:

«– Même la plus vierge des vierges ne le restera pas bien long-temps, en ta compagnie, vieux bouc. Choisis donc et laisse-nous les autres, puisque tu as payé le gouverneur pour avoir ce privilège...

– Corne-diable! Tu ne m'appelleras pas vieux bouc deux fois! rétorqua Normand, l'air menaçant.

– Allons, messieurs! Cessez cette stupide altercation! protesta Jeanne Mance. Je ne vous permets pas, monsieur Brosseau, de vous en prendre à M. de Maisonneuve. Surtout en son absence. Vous savez bien que M. le gouverneur n'accepterait jamais d'être payé pour cela...

– Puis-je vous parler seul à seule, madame? intervint «L'Auvergnat».

– Si cela peut hâter votre choix... Ma Mère, je vous laisse le soin de veiller sur nos protégées.»

Elle entraîna le maréchal-ferrant à quelque distance et une discussion animée s'engagea. Lorsqu'elle revint, elle demanda sèchement:

«– Que celles qui sont vierges lèvent la main.»

Une seule jeune femme leva la main. Affligée d'un bec-de-lièvre, elle avait pourtant de beaux yeux tristes et un corps bien proportionné. «L'Auvergnat» n'en voulait pas. Il désigna du doigt les trois filles qui lui plaisaient et les fit lever.

«– Comment vous appelez-vous?

– Marie-Anne.

– Adrienne.

– Charlotte.

– Levez la tête, que je voie vos yeux. Marchez devant moi.»

Les pauvres filles esquissèrent quelques pas, gauchement. Le maréchal-ferrant les observait, en grattant sa figure ravagée par la vérole.

«– L'une d'entre vous a-t-elle déjà tué un homme?

– Tu crains pour ta vie? ironisa Brosseau. Elles n'ont pourtant pas l'air bien dangereux.

– C'est à voir. Approchez. Je ne vous mangerai pas. Quelle est la plus forte?»

Aucune ne répondit. Elles n'avaient peut-être pas envie de lier leur vie à celle de cet être fruste.

«L'Augergnat», d'une main curieuse, prit encore le temps de leur palper les bras, les molets, le cou. Il haletait. Les quolibets fusaient autour de lui. Comme il voulait tâter la poitrine d'Adrienne, celle-ci se déroba prestement.

«– Vous les avez assez tripotées, monsieur Normand, décida Jeanne Mance. Vous n'êtes pas au marché aux esclaves. Laquelle choisissez-vous?»

Le maréchal-ferrant prit son menton dans sa main droite et les jaugea encore un moment. Adrienne semblait la plus farouche, Charlotte la plus forte et Marie-Anne la plus jolie.

«– Adrienne», trancha-t-il enfin. «Je promets de rendre cette femme heureuse et de lui donner ce dont elle aura besoin.

– Vous répéterez cela au prêtre qui vous mariera. En attendant, passez chez le notaire Basset pour faire enregistrer ce mariage. Au suivant!»

Jamais personne ne songea à demander son avis à la jeune immigrante.

Elle avait dix-sept ans et avait appris, dès sa tendre enfance, à ne pas s'en laisser imposer par ses quatorze frères et sœurs. À la mort de ses parents, emportés le même hiver par une épidémie, personne n'avait voulu s'occuper d'elle.

Elle vécut d'expédients pendant deux ans, dormant à la belle étoile chaque fois que les hommes avec lesquels elle couchait la mettaient à la porte. Elle dut chaparder du pain et des légumes au marché pour survivre et, lorsqu'on l'arrêta, c'est à contrecœur qu'elle se résolut à partir pour la Nouvelle-France. L'inconnu l'effrayait.

Une semaine après son arrivée, Monsieur Gabriel Souart, sulpicien, unissait Adrienne Blanchard et Sylvain Normand en la chapelle de l'Hôtel-Dieu. Tous les espoirs étaient désormais permis.

XXIV

LE DÉPART

19 avril 1660

$\mathcal{A}$près avoir fait leurs testaments devant le notaire Bénigne Basset, s'être confessés et avoir assisté à la messe, ainsi que le voulait la coutume, Dollard et ses compagnons prirent enfin le départ, sous les acclamations de la population de Ville-Marie rassemblée à la porte nord des fortifications.

Chacun y allait d'un commentaire plaisant ou d'une recommandation:

«– Montrez-leur, à ces sauvages, de quel bois on se chauffe, nous, les Français!

– Faites comme eux: rapportez donc des scalps, ça va décorer les courtines!

– Ne commettez pas trop d'imprudences, implorait une femme. Nous avons besoin de tous nos hommes.

– Reviens-moi entier...» suppliait une fiancée.

Ils étaient tous célibataires, sauf Blaise Juillet, dit Avignon, un habitant qui avait tellement insisté que Dollard l'avait accepté. Il avait quatre enfants[1].

Manon Dubois regardait son Dollard avec orgueil et appréhension.

«– Je t'attends très bientôt, mon amour. Sois prudent!»

Le gouverneur de Ville-Marie, M. de Maisonneuve, bien droit et toujours aussi imposant, sous son feutre empanaché, eut le dernier mot. Surpris de voir Dollard en compagnie de sa servante, il les observa un instant avec bienveillance, imposa le silence d'un geste de seigneur et, après lui avoir mis la main sur l'épaule et murmuré «Tu m'avais caché ça...» il déclara, d'une voix forte:

«– Mes enfants, vous savez combien votre expédition est importante pour la survie de Ville-Marie, et même de toute la Nouvelle-France. Chacun de vos concitoyens a les yeux tournés vers vous et a besoin de ce que vous allez accomplir.

«Les colons ne peuvent plus supporter la menace permanente que représentent les Iroquois. Pourrons-nous labourer nos champs, dans quelques jours, et les ensemencer, à la mi-mai, si les sauvages rôdent? Pourrons-nous manger, dans quelques mois, si les Iroquois détruisent les récoltes?

«N'exposez pas vos vies inutilement. Je veux que vous reveniez tous. Vous n'êtes pas une armée qui va lutter à forces égales. Adoptez plutôt la tactique de nos ennemis: attaquez les petits groupes et anéantissez-les. Pas de quartier!

«Depuis vingt ans, les Iroquois ne nous ont accordé aucun répit. Sans eux, sans leur folie meurtrière, nous serions probablement trois fois plus nombreux à Ville-Marie que nous ne le sommes aujourd'hui. Ils méritent maintenant ce qui leur arrive. Tuez-en le plus possible, par tous les moyens.

«Nous pourrons peut-être évangéliser et civiliser les autres, lorsqu'ils auront compris que nous sommes ici pour y rester, pour leur enseigner la parole du vrai Dieu et pour leur apporter les bienfaits de notre mode de vie.

«Épargnez les femmes et les enfants, ne vous abaissez pas à torturer les hommes, nous ne sommes pas des sauvages, mais ne faites pas de prisonniers. Nous ne saurions quoi en faire et nous n'avons pas ce qu'il faut pour les nourrir. Si vous le pouvez, baptisez les mourants et dites une prière pour eux.

«Allez! Ville-Marie et toute la Nouvelle-France comptent sur vous. Délivrez-les!»

Dollard, qui n'avait pas l'habitude des discours, se retourna vers lui et répondit sobrement:

«– Nous avons juré, mes compagnons et moi, que les Iroquois se rappelleront longtemps de nous et de notre expédition. Nous allons nous mettre à leur recherche et engager le combat avec les groupes que Notre-Seigneur placera sur notre chemin. Pas de quartier! Nous allons combattre, Monsieur le gouverneur, pour la Nouvelle-France, pour Ville-Marie et pour venger Marie-Jeanne Savard.»

Les dix-sept Français se mirent en marche, direction nord. Ils emportaient avec eux une dizaine de barils de poudre, des mousquets, des pistolets, des hachettes, des couteaux, des outils et des vivres pour six semaines, en tenant compte du fait qu'ils allaient chasser, ainsi que tous les produits de première nécessité: médicaments et pansements, vêtements de rechange, fils et leurres pour la pêche, etc.

Au bout de quelques minutes, la colonne s'arrêta là où avait été retrouvé le cadavre de Marie-Jeanne. Le champ avait été piétiné. Dollard ôta son couvre-chef et s'écria: «Pour la colonie, pour Ville-Marie et pour Marie-Jeanne!» Et la colonne reprit sa route. Il était huit heures du matin.

Quelques minutes plus tard, les marcheurs obliquèrent vers l'ouest, en direction du saut Saint-Louis. Dollard savait qu'ils avaient beaucoup plus de chances d'atteindre les rapides sans rencontrer d'Iroquois s'ils évitaient de longer le fleuve. Ils ne devaient cependant pas s'en éloigner de plus de quelques minutes de marche, puisqu'ils devraient s'arrêter à l'île Saint-Paul, qu'on appelait aussi l'Ile-aux-Sœurs. Ils avaient trois lieues à parcourir avant d'atteindre le saut Saint-Louis.

Dollard voulait éviter de combattre des ennemis qui les auraient vu venir et qui les attendraient de pied ferme. Or, la rive du fleuve pullulait d'Iroquois et, au printemps, les affronter dans des zones marécageuses aurait constitué un péril supplémentaire. Prudence! Il serait toujours temps de passer à l'action.

Le ciel était couvert et une fine pluie froide se mit à tomber au milieu de l'avant-midi. La progression, à travers bois et clairières, était lente, mais régulière. Tous ces hommes étaient forts, énergiques et déterminés. Ils avaient l'habitude des forêts et ne s'arrêtaient pas aux petits désagréments que constituent les branches qui vous fouettent la figure ou les trous cachés par des feuilles mortes dans lesquels on se tord la cheville.

À la fin de l'avant-midi, ils eurent l'impression d'être suivis. Ils s'arrêtèrent, comme s'ils avaient besoin d'une pause et, après s'être concertés, continuèrent leur route, sauf deux hommes armés qui se cachèrent derrière un buisson de jeunes sapins rameux. Quelques instants plus tard, les deux Français virent passer quatre Iroquois armés de casse-tête et d'arcs. Ils avançaient silencieusement, d'un pas circonspect. Les sauvages ne comprirent jamais ce qui leur arrivait: ils étaient morts avant d'avoir pu se retourner.

«– Cachez-moi ces cadavres pour qu'ils ne soient pas découverts tout de suite, ordonna Dollard. Il ne faut pas que les autres puissent nous suivre à la trace.»

Les corps furent traînés derrière des buissons et enfouis sous les feuilles mortes humides. Avant de les abandonner, Dollard dit une prière et traça le signe de la croix sur le front tiède de chacun d'entre eux.

Il n'y avait rien à récupérer sur eux, sinon une paire de mocassins que Christophe Augier, dit Desjardins, un gaillard de 26 ans, trouva de son goût. Il les chaussa sur le champ et cacha ses vieilles chaussures avant de repartir.

Une heure plus tard, après un bref repas composé de pain et de fromage, ce fut bien différent. La pluie avait cessé. Dollard et sa troupe ne se méfiaient pas et n'avaient rien vu venir lorsqu'au milieu d'une clairière, ils furent assaillis de flèches et encerclés par une dizaine d'Iroquois.

«– Couchez-vous!»

Heureusement, leurs vêtements de cuir leur fournirent une bonne protection contre les flèches, décochées d'assez loin, et seulement deux hommes subirent des blessures mineures. Les sauvages furent repoussés en dix minutes, après que quatre d'entre eux eurent été abattus de coups de mousquet. Les autres s'enfuirent sans demander leur reste.

Dollard se dit qu'ils n'auraient plus la paix. Ils parvinrent néanmoins sans encombre au bord du fleuve, en face de l'île Saint-Paul.

Avant de pouvoir traverser le cours d'eau glacé, il fallait construire des embarcations, un travail auquel on initia les Français dès leur arrivée. Dollard opta pour trois canots d'écorce de bouleau à six places, qui pourraient servir pendant toute l'expédition. Lors des portages, deux hommes suffiraient à transporter chaque canot, de telle sorte que tous les autres pourraient marcher les mains libres, aux aguets. Les provisions, les armes et les outils seraient sanglés sur leurs dos.

Les embarcations, bien que destinées à accueillir six hommes et leurs bagages, surprenaient par leur légèreté. Elles étaient fabriquées selon les conseils de Jacques Boisseau, surnommé Cognac, un artisan de Ville-Marie qui avait appris à Québec sa technique des Hurons. Si tous les hommes se mettaient à la tâche, les trois canots seraient construits en deux heures.

Tous les joints d'écorce étaient cousus avec des racines et colmatés avec de la résine, matériaux qui se trouvaient sur place en abondance. Les joints n'étaient pas très nombreux, les bouleaux de la région étant de bonne taille et fournissant de larges feuilles d'écorce plus épaisses qu'un écu.

Les robustes canots pouvaient emporter de lourdes charges. Il en existait qui pouvaient accueillir une vingtaine d'hommes. Mais ils étaient également fragiles, ne résistant pas aux coups de pieds et aux chocs occasionnés par le contact contre les roches, sous la ligne de flottaison. Par contre, on pouvait les réparer facilement.

À peine Dollard et ses hommes avaient-ils franchi la moitié de la distance séparant l'île de Montréal de l'île Saint-Paul qu'ils entendirent des cris. C'étaient encore les Iroquois, un petit groupe qui les attendait dans l'île. Une douzaine de guerriers, la face peinturlurée de rouge et de noir. Ils s'étaient préparés pour le combat, ne portaient qu'un pagne, en dépit du temps très frais, et brandissaient leurs casse-tête. En s'approchant, Dollard s'assura qu'ils n'avaient pas d'arme à feu.

«– Continuez de pagayer et attaquez avant d'aborder la rive en tirant des coups de mousquet, ordonna-t-il. Il faut absolument que je parle à Garontchika, le mouchard, à qui j'ai donné rendez-vous sur cette île.»

Comme ils vidaient leurs armes, les Iroquois prirent la fuite en direction des bois avoisinants, sauf un qui se pencha pour s'emparer d'un mousquet que Dollard n'avait pas vu. Il ne tira qu'un coup, avant d'être atteint à son tour, mais il avait eu le temps de tuer d'une balle au front Nicolas Duval, qui se trouvait dans le canot de tête, avec Dollard[2]. Le projectile était entré dans l'œil droit.

«– Il faut le venger! cria François Crusson, du second canot. Poursuivons-les!

– T'en fais pas, mon Pilote, on va se les faire jusqu'au dernier, répondit Nicolas Tiblemont, en lui tapant sur l'épaule. Ils sont prisonniers sur cette île. Regarde où ils ont laissé leurs canots.

– C'est ça: crevons leurs canots, par les cornes du Diable, et poursuivons-les! Sus aux Iroquois!

– En avant, messieurs!» s'écria Dollard, à qui cette ardeur au combat convenait parfaitement. Le groupe d'Iroquois qu'il avait vu ne semblait pas très nombreux et ses hommes pourraient sans doute l'exterminer aisément.

Les Français pagayèrent furieusement pour franchir la courte distance qui les séparait de la rive. Ceux du troisième canot étaient si pressés de débarquer qu'ils firent chavirer leur embarcation alors qu'elle était encore à plusieurs brasses de la rive.

Occupés eux-mêmes à nager jusqu'au bord dans l'eau glacée, ils ne remarquèrent pas que deux de leurs amis, le charpentier Mathurin Soulard et l'habitant Blaise Juillet, étaient en difficulté. Ils auraient pu, sans doute, les sauver, mais leur excitation était si forte qu'ils ne songeaient qu'à poursuivre les Agniers pour les tuer. Ils croyaient que Soulard et Juillet parviendraient à se sortir de l'eau sans aide. Or, les deux malheureux ne savaient pas nager et le courant était rapide, en cette période où la neige, ce qu'il en restait, fondait rapidement. Ils eurent beau appeler au secours, tout le monde vociférait et personne ne les entendit.

Ce n'est qu'au retour, après que les Français eurent tué tous les sauvages qu'ils avaient pu débusquer, et cherché inutilement Garontchika, qu'on se rendit compte qu'il manquait deux hommes. Les cadavres s'étaient échoués à quelque distance, dans le branchage d'un arbre tombé de la rive qui résistait encore au courant.

«– Morbleu! s'écria Dollard, consterné, aussi fâché contre lui-même que contre les imprudents du troisième canot, si nous continuons comme ça, personne ne reviendra vivant! Quel malheur! La femme de Juillet ne me pardonnera jamais. Ils ont quatre enfants. Quatre!»

Les Français tentèrent de récupérer les corps, mais le courant les avait emportés avant qu'ils parviennent, au prix de maints efforts, à les rejoindre.

Il ne restait plus qu'à allonger au fond d'un canot le corps de Duval et à entreprendre le triste voyage de retour vers Ville-Marie. À quoi bon continuer, maintenant, avec trois combattants en moins et un cadavre sur les bras? Dollard se considérait comme responsable et, à ce titre, savait qu'il devait rendre compte. Il lui faudrait aussi recruter des remplaçants.

De retour sur l'île de Montréal, les longs canots furent cachés derrière des sapins, de même que les vivres. Il n'était pas question de les porter jusqu'à Ville-Marie et il aurait été dangereux de naviguer sur le fleuve entre l'île Saint-Paul et Ville-Marie, si courte que soit la distance, à cause des rochers à fleur d'eau et de la présence toujours probable sur la berge de guerriers Iroquois. Le cadavre fut attaché à une civière faite de branches et chaque homme se fit un devoir d'être porteur, chacun son tour.

Le jour tombait et les hommes commençaient à ressentir de la fatigue. Dollard voulait à tout prix rentrer à Ville-Marie avant la noirceur totale. Lorsqu'ils furent en vue des fortifications, la troupe était fourbue. Heureusement, les Agniers ne s'étaient pas manifestés. Chacun avait eu, pendant tout le trajet, ses armes à portée de la main.

Le triste cortège fut d'abord signalé au guet de Ville-Marie par les chiens de Lambert Closse, qui se mirent à hurler à la mort. Il faisait presque nuit et la porte du fort principal était fermée depuis la tombée du jour. Un vigile demanda aux voyageurs de s'identifier et, abasourdi, leur ouvrit le lourd portail de bois franc.

Maisonneuve, premier informé, ne put cacher sa douleur et promit d'informer personnellement, avant d'aller se coucher, la veuve de Juillet.

Il conseilla à Dollard d'aller voir Jacques Brassier et Jean Valets, ainsi que Louis Martin, avant que la nuit soit trop avancée, afin de les convaincre de participer à l'expédition. S'ils n'étaient pas du premier départ, c'est qu'ils étaient partis en forêt depuis plusieurs jours pour tendre des pièges, à leurs risques et périls, et qu'ils venaient juste de revenir.

Dollard obtint l'assurance qu'ils acceptaient et se retira chez lui pour réfléchir. Ils avaient commis plusieurs imprudences, se reprocha-t-il. Il faudrait, à l'avenir, peser le pour et le contre de chaque décision et ne courir aucun risque, sans quoi personne ne reviendrait vivant.

XXV

CONVERSATION

*A*u matin, des funérailles furent hâtivement organisées pour les trois victimes et furent suivies de l'enterrement de Duval[1]. Les habitants avaient interrompu leur labourage pour y assister. La femme de Juillet, accompagnée de ses quatre enfants, dont un n'avait pas encore un an, était inconsolable. Elle s'effondra dans les bras de Lambert Closse et de son épouse, Elisabeth Moyen, qui étaient des amis de la famille. Jeanne Mance, qui assistait à la cérémonie, en compagnie de Mère Marguerite Bourgeoys, lui parla longuement pour la réconforter et lui promit assistance.

Manon Dubois, que Dollard n'avait pas voulu réveiller, la veille au soir, lors de son passage chez le gouverneur, assistait aux cérémonies. Elle s'informa auprès du Français des circonstances de ces deux tragédies survenues en quelques minutes et, l'air sombre, lui demanda:

«– Qui est le prochain? Toi?

– Mais non! C'étaient des imprudents. Ils n'avaient pas d'expérience…

– Et toi, tu es immunisé contre le mauvais sort? Tu es à l'abri des flèches? Voyons, Adam, tu sais bien que cette entreprise est très dangereuse…»

Elle espérait vaguement qu'il lui donnerait raison et renoncerait à son projet téméraire. Mais Dollard n'était pas de cette sorte d'hommes qui se découragent facilement.

«– Oui, je sais que c'est dangereux. Mais je m'étais engagé avant de te connaître. J'ai promis et cette promesse est sacrée, dût-elle me coûter la vie. Ville-Marie a besoin de nous, tu comprends?

– Moi aussi, j'ai besoin de toi, objecta-t-elle en lui passant les bras autour du cou. Je ne veux pas te perdre!

– Je reviendrai.

– Tu sais, ce matin, lorsque M. de Maisonneuve a annoncé, au petit déjeuner, qu'un malheur était arrivé, que des hommes avaient perdu la vie, j'ai blêmi et je me suis mise à trembler. J'ai failli échapper un pot de lait. Il m'a rassurée en me disant que tu étais sain et sauf et qu'il ne savait pas que toi et moi...

– Écoute, Manon. Tu ne voudrais sûrement pas d'un homme lâche, d'un homme qui manque à ses devoirs...»

Avant de la quitter, il lui raconta ce qu'il n'avait confié à personne, depuis son arrivée en Nouvelle-France.

«– J'ai quitté la France pour échapper à la vengeance de Mazarin. J'ai tué un homme en duel. Un homme très important, un de ses amis...

– Qui?

– Henri de Bassompierre, le neveu de l'autre[2]. Un intrigant doublé d'un ferrailleur.

– Pourquoi?

– Pour une question d'honneur. Nous étions tous les deux au service de Mazarin. Mais il me jalousait et laissait entendre à tout venant que je n'aurais pas le courage de me battre contre une fine lame, si l'occasion se présentait. Qu'il pourrait me pourfendre facilement, si je l'offensais. Autour de moi, on commençait à me pointer du doigt, à ricaner. Comment? Un homme d'épée qui craint de se mesurer à Bassompierre? Fi donc!

– Et alors?

– Je l'ai traité de corniaud. Il m'a provoqué en duel. C'est ce que j'espérais. Il fallait qu'il prenne l'initiative. Je voulais simplement l'humilier, lui faire une estafilade. Au cours de l'affrontement, ce crétin a perdu l'équilibre pendant une seconde, s'est placé devant ma lame et je l'ai embroché. Il est mort au bout de trois jours, après m'avoir dénoncé. Comme tu le sais, les duels sont interdits. Le cardinal m'a fait rechercher et j'ai dû m'enfuir.

– Tu recommencerais?

– Si mon honneur ou le tien sont en jeu, oui, sans hésiter. On ne rigole pas avec ces choses-là.»

Elle sourit tristement.

«– Tu me fais peur, Adam. Tu finiras comme ce Bassompierre que tu as embroché. À moins que les Iroquois ne te tuent...

– Mais non. J'ai appris à me méfier d'eux comme du Diable. Je reviendrai victorieux, je te le promets.»

Quelques instants s'écoulèrent. Ils se regardaient dans les yeux. Ils savaient, tous les deux, qu'il n'était plus temps de se quereller, ni même de discuter, mais de se quitter. À cette dernière minute, ils devaient se montrer leur amour.

Il l'embrassa tendrement, dans le cou. Elle était chaude. Elle sentait si bon. Il la serra très fort contre lui et l'embrassa de nouveau, sur la bouche. Ses lèvres étaient fraîches. Sa salive avait un goût capiteux.

Pendant une seconde, il se dit qu'il ferait mieux de rester avec elle. Il sentait contre son torse les globes invitants de ses seins. Mais le sens du devoir l'emporta.

«– Tu ne voudrais pas vivre avec un lâche, n'est-ce pas? dit-il d'une voix dans laquelle elle crut percevoir un regret. Un homme qui renie ses engagements, la parole donnée…

– Non, bien sûr, finit-elle par convenir. Tu sais, je suis fière de toi. Je veux simplement que tu me promettes d'être prudent.»

XXVI

QUERELLE

*A*ucun discours, aucune cérémonie n'accompagna le second départ. Maisonneuve s'approcha simplement de Dollard et lui dit:

«– Je vous en supplie, Dollard, ramenez-en le plus possible. Nous en aurons besoin. Et débarrassez-nous de tous les Iroquois que vous rencontrerez!

– Je ferai de mon mieux», répondit sombrement Dollard.

Cette fois-ci, ce n'était plus la joyeuse équipée de la veille. Il fallait exercer une vigilance de tous les instants et Dollard y veillait personnellement. La tension qui régnait au sein du groupe augmentait d'heure en heure.

Il faut dire que la première partie du trajet, celle qui consistait à se rendre jusqu'aux embarcations et à les porter jusqu'en amont des rapides, était la plus fatiguante, surtout après l'infortune de la veille. Chaque arbre, chaque creux de terrain, chaque rocher était susceptible de cacher un Iroquois. Demain, sur l'eau, tout irait mieux: les sauvages, on les verrait venir de loin.

Au repas du midi, galettes de maïs et viande boucanée, un vrai repas aborigène, une dispute éclata entre Valets et Pilote. Dollard et ses seize compagnons n'étaient pas tous des amis et certains, même, avaient des raisons de se détester[1]. Valets, qui avait un faible pour La Fouine, laquelle ne pouvait pas le souffrir, ne cessait d'embêter Crusson avec ses allusions à l'ancien métier de Louise:

«– Dis-moi, Pilote, avec quel blaireau elle va coucher, ta Fouine, pendant que tu vas chasser l'Iroquois?

– Pas avec toi, en tout cas...

– Ça ne te fait rien, de savoir que le grand Mercier, avec sa jambe de bois, pourrait se la payer, qu'il va peut-être bien lui tripoter le fessier, lui mettre des échardes, si ça se trouve, qu'il va...

125

– Ta gueule, corne-diable! Tu sais qu'elle ne fait plus ça!

– Mais il est jaloux, notre Pilote! Écoute, mon vieux, tu devrais t'en trouver une autre. A-t-on idée de choisir une pute pour amie de cœur! Une fille qui mange de la bite, on ne peut...

– Tu vas la fermer, ta grande gueule, oui ou non, avant que je te la casse?

– Ce que j'en dis, c'est pour ton bien, ricanait Valets, en grignotant sa galette. Les filles de petite vertu, elles te filent une maladie en moins de deux...

– Tu l'auras voulu!»

Pilote administra un bon coup de poing à Valets à la pointe du menton. Il allait lui servir un de ces crochets dont il avait le secret lorsque l'autre, tout aussi rompu aux bagarres, saisit par terre un bout de branche sèche de bon diamètre et le brandit comme un casse-tête.

Ils n'avaient pas vu venir Dollard, alerté par le bruit de l'engueulade.

«– Qu'est-ce que vous faites, vous deux? Arrêtez immédiatement!»

Son autorité était grande au sein du groupe. Les deux antagonistes s'immobilisèrent. Ils ne songeaient même pas à rejeter la faute sur l'autre.

«– Que ce soit la dernière fois! Nous ne partons pas pour nous battre entre nous, mais pour en découdre avec les Agniers. Vous aurez bien l'occasion de vous écorcher les poings et de recevoir des coups. Mais ce sera pour une bonne cause. N'oubliez pas que vous avez juré.»

Avant de partir, les dix-sept s'étaient juré assistance mutuelle. Tant que l'un d'entre eux serait en difficulté, les autres feraient l'impossible pour le sortir de cette situation.

Dollard était plus jeune que la moitié d'entre eux, mais ils acceptaient tous son autorité sans discuter. À Ville-Marie, il commandait efficacement la garnison, depuis que la santé du sergent-major Lambert Closse était défaillante, et la plupart de ces hommes étaient ou avaient été sous ses ordres. Ils le respectaient et l'aimaient.

Dollard n'abaissait ni ne rabrouait personne pour s'imposer. Son autorité venait de son charisme. Il utilisait le ton du commandement, mais on n'y percevait aucune arrogance.

Les belligérants se séparèrent et reprirent leur repas après s'être éloignés l'un de l'autre. Ils auraient besoin de toutes leurs forces.

Vers une heure, on récupéra les canots et les vivres là où on les avait cachés. Par chance, la petite troupe n'avait vu âme qui vive. Seulement quelques animaux sauvages, parmi lesquels un raton-laveur qui se goinfrait, à leur arrivée, dans les provisions alimentaires. Dollard prit la parole:

«– Nous allons maintenant remonter le cours du fleuve jusqu'au saut Saint-Louis. Après un portage, nous reviendrons au fleuve et ramerons à contre-courant jusqu'à ce que nous atteignions l'extrémité de l'île de Montréal, puis le lac des Deux-Montagnes. Nous traverserons alors vers la rive nord, mais sans nous éloigner beaucoup du rivage. Je vous conseille à tous, même ceux qui ont l'habitude des voyages en canot, la plus grande prudence.

— Deux morts par noyade, c'est déjà bien assez! l'interrompit Crusson.

— N'oublions pas que notre but est d'aller combattre les Agniers sur les rives de la rivière des Outaouais et que nous n'aurons pas trop d'hommes pour leur donner la leçon qu'ils méritent.

— Et s'ils se manifestent pendant que nous naviguons?

— Pas de bataille sur l'eau! Nous n'en avons pas l'habitude et nous serions désavantagés. Nous cesserons de ramer et nous nous laisserons ramener en arrière par le courant pendant quelques minutes, ensuite de quoi nous débarquerons. Après, nous aviserons…»

Le reste de la journée se déroula sans incident. Dollard s'était attendu à rencontrer des Agniers sur son chemin, vis-à-vis des rapides, pendant le portage. Pas un seul ne se manifesta.

XXVII

KOPACHONTA

$\overset{\grave{}}{\mathscr{A}}$ moins d'une lieue de là, de l'autre côté du fleuve, le chef de guerre des Agniers, Kopachonta, écoutait avec gravité les propos d'un jeune guerrier qui avait interrompu sa chasse pour lui rapporter un fait troublant. Son visage hiératique à la peau cuivrée ne trahissait aucune émotion. Seuls ses yeux luisaient étrangement, comme s'il avait saisi quelque chose qu'il était le seul à pouvoir comprendre.

«– Ils sont dix-sept. Je crois qu'ils se dirigent vers la rivière des Outaouais.»

En prononçant ce mot d'Outaouais, Ouïssibi, le guerrier, prit un air méprisant et cracha par terre, ainsi que le voulait la coutume. Aux yeux des Agniers, les Outaouais étaient des vaincus, des perdants, des moins que rien.

«– Continue!

– Ils ont quitté Ville-Marie hier et sont partis vers le bout de l'île. J'accompagnais mes deux frères et les époux de mes deux sœurs. Je me suis arrêté pour pisser et je me suis laissé distancer. Quelques instants plus tard, j'ai entendu un grand bruit. Les Français venaient de les tuer. Ils étaient trop nombreux pour que je puisse intervenir. J'ai attendu, puis j'ai caché les corps pour qu'on puisse les ramener ici et leur donner une sépulture selon nos traditions.

– Et alors?

– Je les ai suivis. Ils avançaient rapidement. Ce sont des hommes vigoureux. Ils sont tombés sur le groupe de Ouïniriki, une dizaine de guerriers...

– Je sais. Et ensuite?

– Le groupe de Ouïniriki les a attaqués, mais a été repoussé. Ils ont des bâtons de tonnerre. Quatre autres guerriers ont été tués.»

Sa voix tremblait légèrement, comme chaque fois qu'il s'adressait à Kopachonta. Le chef de guerre l'intimidait au plus haut point. Celui-ci le regardait fixement, comme un serpent fascine un lapin.

«– Les bâtons de tonnerre, ce n'est pas une raison de reculer. Il faut exterminer ces Français. Ils sont retournés à Ville-Marie, dis-tu?

– Oui, avec un cadavre. Nous en avons tué un à l'île qu'ils appellent Saint-Paul. Deux autres se sont noyés et le courant les a emportés. Les survivants et trois nouveaux Français sont repartis ce matin. Toujours dans la même direction: la rivière des Outaouais.»

Il cracha de nouveau.

«– C'est ton opinion. Peut-être as-tu raison. À ton avis, que vont-ils faire?»

Ouïssibi se sentit flatté que Kopachonta, ce grand chef de guerre, lui demande son point de vue. Malheureusement, il n'en savait rien et perdait ainsi une occasion de se faire valoir.

– Je l'ignore, mais je peux te dire qu'ils sont lourdement armés. Ils ont des bâtons de tonnerre, des longs et des courts, de la poudre noire dans des barils, des hachettes, des couteaux, tout ce qu'il faut...»

«– Et nous, nous avons le courage, l'audace, la détermination. Nous tenons l'occasion que nous attendions, déclara le chef Iroquois. Ils ont commis l'erreur de se diviser. Nous allons pouvoir les attaquer.»

Le vénérable Pochinapa, véritable chef des Agniers en temps de paix, se méprit sur les intentions de Kopachonta:

«– Tu crois que nous pouvons attaquer Ville-Marie sans attendre les renforts promis par nos frères, les Tsonnontouans, les Onneyouts et les autres tribus, maintenant que ces dix-sept guerriers français sont partis?

– Tu ne comprends rien. La palissade qui ceinture Ville-Marie est trop solide et trop bien défendue. Bientôt, nous pourrons attaquer, mais pas maintenant. Ce que nous allons faire, dès maintenant, c'est de lancer une centaine de guerriers à la poursuite des Français téméraires qui se sont éloignés de Ville-Marie. Ouïssibi, sauras-tu retrouver leur trace?

– Sans aucune difficulté. Ils laissent derrière eux des empreintes de pas, des débris de toutes sortes, des feux mal éteints...

– Tu accompagneras nos guerriers. Mon frère, Koparonto, qui revient de la chasse avant la tombée de la nuit, partira demain matin, à l'aube, avec une centaine de guerriers. Je ne veux pas que vous reveniez avant d'avoir exterminé ces dix-sept Français.»

XXVIII

CARNAGE

22 avril 1660

*L*e matin du 22 avril, alors que Dollard et ses hommes remontaient péniblement, au prix de grands efforts, le cours de la rivière des Outaouais en pleine crue, un incident survint qui fit cesser brusquement leurs chants et leurs conversations.

Sans qu'on sache pourquoi, le canot du milieu se mit à prendre eau et à s'enfoncer lentement. Pendant que quatre hommes ramaient vigoureusement vers la rive, les deux autres écopaient. Ils purent enfin mettre pied à terre. Les autres canots les rejoignirent quelques instants plus tard. Il n'était pas question de se séparer.

On avait dû heurter sans s'en rendre compte une souche ou un débris coupant. La réparation ne prendrait que quelques minutes. Les hommes se mirent à marcher, à la lisière du bois, pour se dégourdir les jambes. René Doussin, qui venait de dépasser un bosquet, poussa soudain un juron:

«– Sacré Nom! Qu'est-ce que je viens de trouver là! Eh! Venez-voir!»

Il fut bientôt rejoint par les autres et ils purent, tous ensemble, se rendre compte qu'un carnage avait eu lieu à cet endroit, moins d'une semaine auparavant. L'odeur, malgré le temps frais, était insupportable.

Une vingtaine de corps nus et démembrés, des hommes portant des tatouages de guerriers, mais aussi des femmes et trois jeunes enfants, pourrissaient là. C'étaient, semblait-il, des Algonquins. Des oiseaux charognards accomplissaient leur sinistre besogne.

Ils avaient été scalpés, naturellement, alors qu'ils vivaient toujours. C'était la coutume millénaire: le vainqueur torture le vaincu. Les chiens des Algonquins n'avaient d'ailleurs pas été épargnés.

Les Iroquois avaient coupé consciencieusement les membres au niveau des articulations. Il y avait du sang coagulé partout, sur les rochers, et la terre à moitié dégelée n'avait pas tout absorbé. Pour finir, les sauvages avaient ouvert la poitrine des Algonquins et extrait le cœur et les organes. Les animaux avaient fait le reste.

Quant aux wigwams, ils avaient été incendiés et leur contenu répandu. On pouvait trouver par terre des ustensiles brisés et des vêtements tachés de sang. Les vainqueurs agniers avaient dédaigné des couteaux et des hachettes, de même que des arcs et des flèches.

Ils avaient aussi laissé derrière eux la provision de maïs des Algonquins, une quantité considérable, et de la viande d'élan boucanée pour plusieurs semaines. Curieusement, ces aliments semblaient intacts.

«– Je crois bien, dit Dollard, qu'ils dormaient lorsqu'ils ont été attaqués. Quelle sauvagerie! Ils n'ont eu aucune chance…

– Ils auraient fait la même chose aux Iroquois, s'ils en avaient eu l'occasion, fit remarquer Crusson, songeur. Ce sont tous des sauvages.

– Oui, mais les Algonquins sont nos alliés, comme les Hurons, reprit Dollard. Nos alliés… Pour le moment!

– Qu'est-ce qu'on fait?

– On dit une prière et on les enterre.

– Et les provisions?

– Laissez-les où elles sont!»

*
*   *

Ce soir-là, le campement fut établi comme d'habitude à proximité de la rivière, le plus haut possible pour conserver un avantage en cas d'attaque et pour prévenir une montée soudaine des eaux.

Il s'agissait d'abris, plutôt que de tentes, et chacun dormait enroulé dans une couverture qu'il transportait lui-même pendant la journée. Les abris étaient des peaux cousues et tendues sur des pieux et qui, en plus de protéger de la pluie, mais non du vent et du froid, se transportaient facilement dans le fond des canots, une fois roulées.

Les conversations tournaient autour du massacre du campement algonquin. Chacun y allait de son hypothèse. La plupart s'étonnaient que des Algonquins aient eu l'imprudence de s'aventurer aussi profondément en territoire agnier.

Crusson croyait qu'il s'agissait de trois familles de renégats chassées de la tribu. Un peu trop près des Français, ces Algonquins auraient été ostracisés et auraient tenté de rejoindre Ville-Marie.

Groupés autour du feu de camp, après avoir placé quatre sentinelles à quelque distance, les Français buvaient du rhum pour se réchauffer. Un léger brouillard flottait dans l'air.

Certains buvaient aussi pour se réconforter et oublier l'odeur obsédante de tous ces cadavres. Ils n'avaient pas eu l'occasion, depuis leur arrivée en Nouvelle-France, de voir des familles massacrées. Ils avaient vu des hommes se faire tuer d'un coup de hachette ou d'une flèche, mais ils ne concevaient pas qu'on puisse réveiller un enfant pour lui arracher sa chevelure et l'éventrer.

«– Les jésuites prétendent que les Iroquois sont des êtres humains et qu'ils ont une âme, dit Dollard. Moi, j'en doute. Lorsqu'ils s'approchent de vous, le casse-tête à la main, en ricanant et en hurlant comme des démons, je pense que ce sont des animaux.»

Une demi-douzaine de ses compagnons firent le signe de la croix et, après avoir bu une gorgée de rhum, se rapprochèrent. Ils savaient d'instinct que Dollard, qui ne parlait pas beaucoup, allait dire quelque chose d'intéressant.

«– Le père Simon LeMoyne m'a raconté, un jour, comment les Agniers torturent leurs prisonniers. Il a été témoin de toutes sortes d'horreurs, lors de ses séjours chez les sauvages.

«Les Iroquois ne tuent pas toujours sur place les vaincus[1]. Parfois, ils les emmènent avec eux, soit pour les réduire en esclavage (je parle des femmes et des enfants), soit pour en faire des fils qui remplaceront les guerriers morts, soit pour les torturer à mort, une fois qu'ils auront rejoint le reste de la tribu.

«Ce dernier sort est le plus terrifiant qui se puisse imaginer. Le père LeMoyne rapporte avoir entendu des Hurons prisonniers entonner le Chant de la mort, d'une voix triste: "Je vais mourir, mais je ne crains point les tortures que m'infligeront mes ennemis. Je mourrai en guerrier, et j'irai rejoindre au pays des ombres les chefs qui ont souffert avant moi."

«Lorsqu'un groupe de sauvages revient vers sa tribu avec des prisonniers, il annonce son arrivée par des cris particuliers et la population du village vient au devant d'eux. On fait passer les captifs entre deux rangs de guerriers qui les rossent avec des gourdins.

«Ceux qui vont être torturés à mort sont livrés au chef de guerre, les autres au chef de la tribu. Les suppliciés sont immédiatement déshabillés et attachés à des poteaux et il s'écoulera plusieurs heures et, dans certains cas, plusieurs jours, avant que la mort vienne mettre fin à leurs souffrances.

«C'est là que les plus braves guerriers montrent leur force d'âme, si l'on peut utiliser ce mot pour parler des sauvages. Ils bravent la cruauté des bourreaux. Ils se font une gloire de leurs tourments.

«Les suppliciés algonquins racontent aux bourreaux iroquois les victoires remportées sur les Agniers ou sur les Goyogouins. Les guerriers iroquois qui tombent aux mains des Algonquins font la même chose.

«Ils se vantent d'avoir enlevé des centaines de scalps. Ils exagèrent autant qu'ils le peuvent, pour énerver leurs tourmenteurs. Ils deviennent si exaltés qu'ils en viennent à provoquer les bourreaux en leur reprochant de ne pas savoir torturer!»

Dollard s'interrompit pour boire une gorgée de rhum et reprendre son souffle. Il se rendait compte que tous l'écoutaient, même si certains savaient déjà ces choses-là. René Doussin qui, jusque là, avait écouté, bouche bée, demanda:

«– Tu parles sérieusement ou tu nous fais marcher, Dollard?

– Je ne plaisante jamais avec ces choses-là. C'est trop terrible. Sais-tu qu'ils mangent le cœur de leurs ennemis les plus braves, lorsqu'ils parviennent à les tuer? Ils prétendent qu'ils le font pour que le courage des guerriers vaincus s'ajoute au leur.

– Si je ne te connaissais pas, je dirais que je n'en crois pas un mot.

– Tu peux me croire. Si je vous raconte ces horreurs, c'est pour que vous sachiez à quels barbares vous avez affaire. Le jour où vous les aurez en face de vous, souvenez-vous qu'ils ne méritent aucune pitié, qu'ils menacent toute la Nouvelle-France et qu'il faut les abattre comme des chiens enragés.

– Tout de même, insista Doussin, on s'imagine mal quelqu'un à qui on arrache les ongles...

– Si ce n'était que ça! coupa Crusson.

– ...à qui on arrache les ongles, qu'on brûle au fer rouge et qui trouve le moyen de dire au bourreau qu'il ne sait pas torturer...

– Tu crois? répondit Dollard. Mets-toi à la place du tourmenteur. Ton prisonnier t'exaspère tellement, avec ses injures, ses quolibets, ses insinuations, ses sarcasmes, que tu finis par saisir ton casse-tête et le tuer d'un bon coup sur la tête.

– Tu as raison: au fond, il vaut mieux en finir au plus vite, quand il n'y a aucun espoir d'être sauvé.

– Il y a un maigre espoir, mais cela arrive rarement. Nos missionnaires tentent de convaincre les sauvages qu'il est bien plus avantageux de vendre les captifs à leurs tribus. Certains chefs de guerre commencent à le faire, mais la plupart préfèrent assouvir leur vengeance. Surtout quand le prisonnier est un autre chef. Alors là, ils se déchaînent et la mort ne survient qu'au bout de trois ou quatre jours de tourments incroyables, d'un raffinement insensé, quand le supplicié a subi maintes mutilations et tortures et qu'il a presque été découpé vivant en morceaux.

– Tu as raison, fit Doussin. Ces sauvages ne sont pas humains. Crois-tu qu'un jour, grâce à nos missionnaires, ils seront civilisés?

– On peut toujours rêver...

– Et les autres?

– Quels autres?

– Tu as dit, tout à l'heure, que certains captifs étaient confiés au chef véritable de la tribu pour être adoptés comme des fils...

– Oui, c'est vrai. Et difficile à comprendre. Des prisonniers sont épargnés, les plus jeunes, et on leur donne pour rôle de remplacer les guerriers morts sur le champ de bataille. Les familles les adoptent et finissent par les aimer. Ils sont bien traités, bien nourris. De jeunes Hurons deviennent des Agniers à part entière et de jeunes Goyogouins sont progressivement transformés en Algonquins.

— Allez donc comprendre les sauvages! laissa tomber Crusson.

— Messieurs, dit Dollard, il se fait tard et le brouillard commence à s'épaissir. Nous aurons une journée fatigante, demain. Que les sentinelles soient remplacées et que les autres dorment. Surtout, de la vigilance! Vous savez que le brouillard favorise les attaques-surprise…»

XXIX

KOPARONTO

24 avril 1660

$\mathcal{L}$e 24 avril, Koparonto et sa centaine de guerriers établirent le contact visuel avec les Français de Dollard. Ils occupaient une dizaine de grands canots élancés qui remontaient rapidement la rivière des Outaouais.

Les Agniers, torse nu malgré un vent vif, ramaient de concert avec une énergie remarquable. Les bagages se résumaient à peu de choses, ce qui leur permettait de combattre le courant à une allure surprenante.

«– Arrêtez! ordonna Koparonto, dans le canot de tête. Il faut éviter qu'ils nous voient. Maintenant que nous les avons rattrapés, nous allons suivre de loin ces Français. Je veux savoir ce qu'ils font, pourquoi ils sont venus jusqu'ici et où ils vont. Gardez le silence!»

La consigne fut répétée de canot en canot. Les Agniers savaient faire preuve de discipline, lorsqu'ils étaient sur le sentier de la guerre et qu'un chef l'ordonnait. Ils brûlaient pourtant d'impatience de pousser leurs cris de guerre et de passer à l'attaque.

Depuis qu'ils étaient partis, ils n'avaient guère pris de repos. De nature spartiate, ils ne s'arrêtaient que pour manger chichement et pour dormir. Ils étaient éveillés avant l'aube.

Ce mode de vie leur était tellement familier qu'ils n'en souffraient pas. Ils vivaient pour l'instant où la proie leur tombait entre les mains. Le prestige de leur tribu leur importait plus que tout et ils se flattaient d'inspirer la terreur.

Ils pouvaient rester éloignés du campement pendant des semaines, sans leurs femmes et leurs enfants, dormant à la belle étoile, sauf lorsque le temps les obligeait à s'abriter, et ne se plaignaient jamais.

Patiemment, les Agniers entreprirent de suivre les Français à la trace, intrigués par le fait qu'ils ne se comportaient pas comme des coureurs des bois.

Ceux-ci ne voyagent pas si nombreux à la fois et ne transportent pas tant d'armes. Ils ne sont pas si pressés et cherchent à entrer en contact avec les indigènes. Finalement, ils ne se rendent pas sur les territoires de chasse au mois d'avril.

«– Ralentissons! ordonna Koparonto. Il ne faut absolument pas qu'ils nous voient. Je crois qu'ils ont une très bonne raison de faire ce voyage.»

XXX

CHASSE

27 avril 1660

$\mathcal{L}$e 27 avril, les Français virent trois orignaux sur la rive, près d'une pinède. Comme les provisions diminuaient, Dollard résolut de prendre le temps de chasser.

Il aurait été illusoire de tenter de gagner la rive sans effrayer ce gibier si méfiant. Les dix-sept naviguaient au milieu de la rivière, dans les régions boisées, pour éviter d'éventuelles flèches iroquoises, et les orignaux les auraient vu venir bien avant qu'ils soient à portée de mousquet.

On cessa de ramer et on se laissa ramener en arrière par le courant pendant trois bonnes minutes avant de gagner la rive.

La terre encore spongieuse rendait pénible la marche en bordure du cours d'eau. À certains endroits, la configuration des lieux obligeait les Français à progresser dans l'eau glacée de la rivière jusqu'à la taille.

Il fallut marcher pendant une bonne demie heure avant d'apercevoir les orignaux qui, par chance, étaient restés près de la pinède où on les avait repérés. Dollard, qui ne connaissait rien à la chasse, dit à Robert Jurie, son «spécialiste» en ce domaine:

«– Dis-leur quoi faire, toi. Moi, je n'y connais rien et je ferais tout rater. Il faudrait en tuer au moins un.

– Et le bruit?

– Nous n'avons pas vu un seul sauvage depuis des jours. Après tout, nous recherchons l'affrontement.

– Alors, il me faut deux hommes. Deux seulement. Les meilleurs tireurs. Étienne Robin et Jean Valets. Les autres restent ici sans faire de bruit. Nous allons préparer nos mousquets et ramper vers eux, le plus près possible. Lorsqu'ils détaleront, nous nous relèverons et nous tirerons.»

Les trois chasseurs, à plat ventre sur la terre froide, à travers les roseaux desséchés, mirent une éternité à s'approcher des trois bêtes occupées à manger du sapinage.

Ils avaient le vent dans la figure, de telle sorte que les orignaux, qui avaient la tête tournée vers l'amont, ne pouvaient les sentir ni les voir. C'est ainsi qu'ils parvinrent, après avoir usé d'infinies précautions et retenu leur souffle tant qu'ils le pouvaient, à portée de mousquet.

Ils avaient convenu qu'ils concentreraient leur tir sur une seule bête, un gros mâle au panache impressionnant.

Au signal de Jurie, ils se relevèrent tous les trois et firent feu à l'unisson. La lourde bête eut un soubresaut, chancela pendant un instant, puis s'écroula sur le flanc, tandis que les deux autres prenaient la fuite vers le bois. Une balle lui avait fracassé la nuque.

«– C'est la plus belle chasse de ma vie!» s'exclama Robin, qui n'avait encore jamais tiré sur une bête de cette importance. «Nous allons enfin manger de la viande fraîche.»

Le dépeçage de l'animal prit encore une heure, pendant laquelle on redoubla de précautions, au cas où la triple détonnation aurait attiré l'attention.

Et ce fut le repas, abondant et savoureux pour une fois. La viande d'orignal, un peu sèche, devenait succulente, lorsque frite dans la graisse d'ours.

Malheureusement, le repas ne fut accompagné, comme tous les autres, que de quelques navets de la saison précédente, ratatinés et secs.

XXXI

L'ARRIVÉE

1ᵉʳ mai 1660

$\mathcal{L}$e 1ᵉʳ mai, Dollard trouva enfin ce qu'il cherchait: l'endroit idéal pour tendre une embuscade. Il y avait même un fortin abandonné, plutôt délabré, qui fournirait un retranchement efficace, après quelques réparations.

Les coureurs des bois appelaient le lieu le Long-Sault. La rivière des Outaouais, à cet endroit, était parsemée de rapides, ce qui obligeait les voyageurs à gagner la rive et à faire du portage sur un quart de lieue.

«– L'idéal, dit Dollard, serait de laisser à la palissade son apparence de délabrement à l'extérieur et de la renforcer de l'intérieur. Les Iroquois ne se méfieront pas et passeront juste devant, avec leurs embarcations sur la tête. Leur tirer dessus sera un jeu d'enfant...»

Dollard passa trois heures à inspecter minutieusement son fort et les environs[1]. Appuyés aux arbres ou assis sur les rochers, ses hommes le regardaient évaluer la résistance des pieux, en les secouant un par un, tracer un plan sur une feuille d'écorce de bouleau et faire des marques, tant sur les pieux du fort que sur un certain nombre d'arbres, dans la forêt avoisinante.

Lorsqu'il eut terminé, l'après-midi achevait et le soleil déclinait. Il fit signe aux hommes de se rassembler à l'intérieur du fort et prit la parole, après avoir jeté un regard circulaire sur l'ensemble de sa troupe.

Les Français ne payaient pas de mine. Partis depuis douze jours, ils n'avaient guère consacré de temps à la propreté. La barbe longue, la tignasse hirsute, ils puaient comme des boucs. Leurs vêtements de drap ou de peau étaient en lambeaux et leurs mocassins laissaient voir leurs orteils crasseux.

«– Si j'étais assuré, leur dit-il, que votre apparence puisse effrayer les Iroquois, je vous conseillerais de rester comme vous êtes.»

Des éclats de rire accueillirent son entrée en matière. Dollard plaisantait rarement.

«– Mais comme les sauvages puent encore plus que vous, j'espère que vous ne vous laisserez pas impressionner par eux et que vous aurez à cœur de leur montrer, non pas seulement votre courage et votre bravoure, mais aussi ce que la civilisation a de bon. Ainsi, si certains d'entre eux nous échappent et réussissent à retourner parmi les leurs, ils pourront dire à l'ensemble de la tribu: ces Français savent se battre, même s'ils sentent bon, même s'ils ont la barbe rasée ou taillée et même si leurs vêtements sont propres.»

Un murmure d'approbation se fit entendre.

«– Messieurs, poursuivit Dollard, nous allons donc consacrer le reste de cette journée à nous laver, à raccommoder nos vêtements, à soigner nos cheveux et nos barbes, ainsi qu'à nous reposer.

«À compter de demain, nous allons former des équipes. L'une ira en forêt pour couper des troncs dont nous ferons des pieux. La seconde restaurera ce fort pour qu'il puisse résister à une attaque et construira des logements. La troisième ira à la chasse et à la pêche. Lorsque nous disposerons d'assez de vivres pour dix jours, la troisième équipe se joindra aux deux autres pour que les travaux soient complétés rapidement.

«Chaque équipe aura son chef qui me fera rapport. Crusson dirigera les bûcherons. Tavernier, les charpentiers. Quant aux chasseurs, ce sera Jurie[2]. Lorsque toutes ces tâches seront terminées, les mêmes chefs d'équipe seront vos sergents, qu'il y ait combats ou non. Je me charge, à notre retour, de faire confirmer ces grades par le gouverneur, s'il y a bataille et que nous sommes vainqueurs.

«Chaque homme, qu'il soit officier ou soldat, devra assurer son tour de garde, chaque nuit. Je veux quatre guetteurs, à trois cent pieds du fort, du coucher du soleil au lever du soleil. Ce qui fait deux heures et demie de garde par homme, à toutes les nuits.

«Que chacun reste bien éveillé et soit conscient qu'il y va de notre sécurité collective. Je ferai moi-même des visites-surprise, chaque nuit, et celui qui sera pris endormi aura affaire à moi. Il n'est pas question de nous laisser surprendre comme ces Algonquins que nous avons vus, massacrés, il y a quelques jours.

«Chacun dormira avec son mousquet et son pistolet chargés à côté de lui. À la moindre alerte, je veux que vous soyez prêts instantanément.

«Vous savez que nous avons apporté deux tonneaux de rhum[3]. Vous aurez droit à un gobelet le midi et deux pendant la soirée. Pour ce qui est des aliments, vous mangerez tout ce que vous voudrez, à moins qu'il y ait disette. Si cela se produit, je déterminerai les rations. Des questions?»

XXXII

LE FORT

4 mai 1660

$\mathcal{K}$oparonto et sa troupe savaient depuis longtemps qu'un fort abandonné se trouvait en bordure de la rivière des Outaouais. C'étaient les Algonquins qui, jusqu'à la fin des années quarante, y avaient établi leurs quartiers. Une disette les avait forcés à émigrer vers l'ouest[1].

Personne ne fut surpris de voir les Français s'installer dans le fort. Ils avaient l'habitude de toujours se réfugier derrière des murs de pieux et ils avaient bien raison car les Agniers n'avaient plus qu'un but: les exterminer. Mais Koparonto se demandait bien ce que pouvaient attendre les Visages pâles. Il était certain que ses guerriers n'avaient pas été repérés. Pourquoi, alors?

Les Français étaient là depuis trois jours. Il aurait été facile de les attaquer, puisqu'ils commettaient l'erreur de se disperser, mais le chef d'expédition était trop curieux pour passer à l'action. Il faisait espionner l'ennemi et le moindre mouvement lui était rapporté. Les Agniers étaient si habiles que les Visages pâles ne se doutaient de rien.

Trois hommes chassaient et avaient réussi, jusqu'à maintenant, à abattre un élan, deux porcs-épics, un raton laveur, un gros ours et de nombreux lièvres. Une partie de cette viande avait été découpée en tranches minces et mise à sécher au soleil, sur des treillis formés de branchettes. On avait placé dans des contenants de terre cuite la graisse d'ours récupérée. Personne n'avait pêché.

Huit Français abattaient des arbres, non loin du fort, et les ébranchaient sur place. De la rivière, on ne les voyait pas. En cas d'attaque, une sonnerie de clairon devait les rallier. On entendait de loin le bruit des haches s'attaquant aux troncs d'épinette. Coupés en longueurs de douze pieds, ceux-ci étaient tirés, à l'aide de cordes, jusqu'au fort.

Six hommes, enfin, ne quittaient pas le fort. Leur chef, un jeune homme qui semblait avoir beaucoup d'emprise sur eux, les faisait travailler sans relâche et très efficacement. Il travaillait lui-même plusieurs heures par jour, ne ménageant aucun effort pour que tout soit terminé rapidement.

Ils avaient remplacé de nombreux pieux pourris et construit une passerelle, à laquelle on accédait par des échelles, le long de la palissade, à l'intérieur du fort. Celle-ci se trouvait à six pieds de hauteur.

Du côté de la rivière, la passerelle s'élargissait jusqu'à atteindre dix pieds de large. En érigeant d'autres murs, les Français avaient pu aménager sous cette structure une maison rudimentaire pour passer la nuit à l'abri du froid et du vent et rester au sec, lorsqu'il pleuvait.

D'autres petites constructions avaient été entreprises, dont une très basse et partiellement sous terre qui servirait sans doute de garde-manger.

Les espions de Koparonto réussissaient à s'approcher, en rampant, en plein jour, jusqu'à trois cent cinquante pieds de la palissade[2]. Ils grimpaient à un pin géant et pouvaient tout observer pendant des heures, dans l'immobilité totale et le silence absolu. La nuit, déjouer les sentinelles était un jeu d'enfant.

Les détails de la restauration du fort avaient pu être examinés par une large brèche, sur la devanture du fort, du côté de la rivière, jusqu'au moment où cette dernière ouverture avait été fermée. Du haut du grand conifère dont les rameaux les dissimulaient bien, les observateurs avaient une vue imprenable sur l'intérieur du retranchement.

Ce qui intriguait le plus les espions de Koparonto, c'était cette brèche. À première vue, elle avait été laissée dans l'état où les Français l'avaient trouvée.

Ceux qui connaissaient les lieux s'apercevraient qu'on l'avait rétrécie, et non fermée complètement, en utilisant du bois noirci par le temps, et que des pieux sains avaient été plantés derrière les pieux pourris. Des branches d'arbres dissimulaient tant bien que mal cette ruse. Qu'est-ce que ça pouvait vouloir dire? Qui espérait-on tromper?

Instruit de tous les renseignements utiles, les dimensions du fort, sa configuration après les travaux, les aménagements, le nombre d'hommes, les armes, les vivres, Koparonto était toujours perplexe. Devrait-il attaquer ou attendre encore, pour savoir pourquoi les Français s'étaient retranchés à cet endroit? Qu'aurait fait son frère, le grand chef de guerre?

Koparonto vivait dans l'ombre de son frère. Il était plus jeune et, surtout, moins fort, moins cruel et moins autoritaire. Toute sa vie, son aîné avait eu le premier choix, avait pris les décisions, l'avait dominé. Il avait fini par s'habituer à ce rôle, l'accepter, s'en accommoder.

En ce jour où son frère lui laissait l'occasion de se faire valoir, le jeune chef hésitait. Il savait qu'il tenait sa proie et qu'il pouvait ordonner l'assaut quand il le voudrait. Mais il ne voulait pas s'exposer à ce que son frère lui reproche d'avoir agi trop vite, avant d'avoir su pourquoi les Français avaient fait ce voyage.

XXXIII

LE CRI

6 mai 1660

Couché sur le dos, enroulé dans sa couverture, Dollard ouvrit les yeux. Les dernières étoiles pâlissaient dans le ciel, à l'ouest. Il allait faire beau et frais. Il avait eu froid, cette nuit, mais le repas du matin, l'exercice, le travail et le lever du soleil allaient le réchauffer.

Il regarda autour de lui. Pilote s'éveillait, lui aussi. Il avait l'air étonné. Les autres dormaient profondément. Son subconscient lui restitua un bruit. Qu'est-ce que c'était? Un ricanement animal, était-ce possible?

Maintenant que tous ses sens étaient en alerte, Dollard se souvenait. Il avait fait sa ronde deux fois, la nuit précédente, malgré la fatigue. Les sentinelles étaient à leur poste, bien cachées, et l'avaient entendu venir.

Lorsqu'ils s'étaient couchés, la veille, le brouillard s'épaississait, signe que le temps se réchauffait de jour en jour. Dollard avait craint, une fois de plus, une attaque qui n'était pas venue. C'est pourquoi il se montrait si intransigeant en ce qui concernait la sécurité.

Il avait plu toute la journée, la veille. Malgré ce contretemps, ses hommes avaient fini de couper les arbres nécessaires à la réfection du fort. Il regarda autour de lui: ce n'étaient pas les fortifications de Ville-Marie, mais le fort était désormais capable d'abriter la troupe et constituait un refuge sûr.

Il ne restait plus qu'à replanter quelques pieux pourris, devant les pieux sains, sur les côtés du fort, pour créer l'illusion de l'abandon. Ce travail avait déjà été fait, du côté de la rivière.

Ils auraient beau dissimuler les traces qu'ils avaient laissées, cacher les souches avec des branches, un œil observateur découvrirait rapidement la supercherie, mais l'objectif serait déjà atteint et les Iroquois à portée de mousquet.

Encore quelques heures de labeur et les hommes pourraient refaire leurs forces. Ce ne serait pas un luxe! Ils avaient travaillé comme des forçats, ces derniers jours, et la fatigue leur aurait enlevé beaucoup d'impétuosité, en cas d'attaque.

Heureusement, le calme régnait à une lieue à la ronde, avaient assuré les chasseurs. Aucun signe de vie. Mais alors, qu'avait-il entendu, dans son demi-sommeil? Cet étrange ricanement...

«– Tu as entendu? lui demanda Crusson, à voix basse.

– Oui. Ça m'a éveillé. C'était quoi, d'après toi?

– Sais pas. Je n'ai jamais entendu un pareil cri de bête de ma vie. Et j'en ai passé, des nuits, à la belle étoile...

– Va trouver les sentinelles et demande-leur de venir ici, une par une, que je les interroge.»

Dollard resta couché pour quelques instants. Il se souvenait clairement, maintenant, qu'il rêvait de Manon lorsque ce cri l'avait sorti de sa béatitude.

Elle marchait à côté de lui, à Ville-Marie, et elle lui tenait la main, très amoureuse. Elle voulait que chacun sache qu'ils étaient ensemble. C'était l'été. Ils quittaient les fortifications, s'étendaient au pied d'un arbre, près du fleuve, et il la déshabillait lentement. Elle protestait faiblement, tout en lui souriant. Il la caressait doucement. Et puis soudainement, il entendait ce cri et le sourire de Manon se transformait en grimace. Il venait de s'éveiller et le «ricanement animal» continuait dans sa tête pour quelques instants...

«– Tu m'as fait demander?»

C'était Alonié Delestre, le plus âgé du groupe. Il avait trente et un ans. Ces derniers jours, il avait été bûcheron.

«– Tu étais où?

– À trois cents pieds d'ici, sur le bord de la rivière, en aval.

– Tu as entendu?

– Oh, oui! Je n'avais jamais entendu ça! Le cri a duré cinq ou six secondes. Très aigu en premier, il finissait par un genre de rire. Je ne crois pas qu'un animal puisse faire ça.

– C'est exactement ce que je voulais entendre. Et ça venait d'où? Aval ou amont?

– Aval. Pas très loin. Je dirais cinq ou six cents pieds. J'en ai eu la chair de poule pendant au moins cinq minutes et ce n'est pas l'envie qui m'a manqué de revenir ici. Mais je devais rester à mon poste et observer...»

Dollard scruta le visage de Delestre, un homme à la mâchoire carrée et aux traits rudes. Ce n'était pas une mauviette et il l'avait déjà prouvé.

«– Tu as bien fait. Retourne à ton poste et observe bien. Reste sur tes gardes. Qui est le suivant?»

C'était Simon Grenet, qui venait tout juste d'arriver. Il corrobora par ses dires les propos de Delestre. Les deux autres, Louis Martin et Christophe Augier, étaient du même avis: le cri venait de l'aval, pas très loin, et n'était pas celui d'un animal.

XXXIV

HURONS

Dollard, avant d'avaler son petit déjeuner, se dirigea, comme d'habitude, vers le petit oratoire qu'il avait aménagé dans un coin du fort. Il avait confectionné une petite niche de bois et avait recouvert l'intérieur d'une pièce de brocart apportée de France. Au fond de la niche, il avait placé une petite pietà de bois colorée à la main par ses soins. Il y avait un prie-Dieu, qu'il avait fabriqué lui-même, avec des branches équarries, le lendemain de leur arrivée, et un cierge qu'il avait logé dans une lanterne pour éviter que le vent l'éteigne sans cesse.

C'était un homme pieux. À cet égard, il se comparait volontiers à M. de Maisonneuve. Avant toute décision importante, avant de passer à l'action et même quand il avait simplement besoin de réfléchir, il priait et confiait ses pensées à Dieu.

Lui aussi croyait fermement que les Français de Ville-Marie avaient le devoir de répandre la foi chez les sauvages. Mais l'action demeurait son moyen d'expression. Il fallait soumettre les Iroquois avant de les évangéliser. C'est ainsi que dans sa tête s'établissait le lien entre la propagation de la foi et le fait d'organiser une expédition pour tuer tous les Iroquois qui auraient le malheur de se trouver sur son chemin.

Ce qui l'obsédait, en ce moment et depuis qu'il l'avait entendu, c'était ce cri inquiétant. Il ignorait ce que cela signifiait et n'avait guère de moyen de le savoir. Il pourrait toujours envoyer des éclaireurs parcourir les bois mais, si les Iroquois s'y trouvaient, ils avaient plus de chances d'être repérés et massacrés que de les trouver.

«– Mon Dieu! Éclairez-moi. Faites-moi savoir ce que c'était, ce que je dois faire.»

*
* *

147

Au milieu de l'avant-midi, un nouveau bruit attira l'attention de Dollard. Ce fut d'abord une rumeur confuse, mais les Français qui avaient l'habitude des bois surent rapidement, à la façon dont le son se répercutait, qu'un certain nombre d'hommes, dont la discrétion n'était pas la première préoccupation, arrivaient.

«– Si ce sont des Iroquois, dit Dollard, ils ne se doutent vraiment pas que nous les attendons ici. Ils arrivent plus vite que je ne l'espérais, mais nous n'avons pas le choix. Si ce sont les Hurons, j'aurais apprécié qu'ils fassent moins de bruit.»

Pendant que le tapage s'amplifiait, le Français prit les dispositions nécessaires. Chacun gagna son poste de combat, à l'intérieur du fort, après avoir pris ses armes et avoir vérifié qu'elles étaient convenablement chargées. Des barils de poudre furent extraits de la poudrière et répartis aux quatre coins du fort.

Le bruit se rapprochait très rapidement. Pas plus de mille pieds, estima Dollard qui, de l'intérieur du fort, ne pouvait pas voir très loin en aval, à cause d'un bosquet de sapins. Il leva la main pour imposer le silence:

«– Taisez-vous, maintenant, fit-il à voix basse. Ils ne doivent se douter de rien. On les laisse aborder la rive et débarquer. On attend qu'ils aient leurs canots sur la tête. Lorsqu'ils passeront devant nous, à mon signal, chacun se lève et tire. À moins que ce soient les Hurons...»

C'étaient les Hurons.

Après cinq minutes d'attente, alors que chacun était accroupi sur la passerelle, on vit apparaître par les fentes entre les pieux sept canots qui fendaient à contre-courant les flots de la rivière des Outaouais. Manœuvrés par des guerriers vigoureux, ils avançaient rapidement.

«– Ce sont les Hurons, dit Crusson assez fort pour être entendu de tous.

– Silence! ordonna Dollard. Je veux voir leur réaction, à la vue du fort.»

Encore deux minutes d'attente. Comme il était prévu, les sauvages se rendirent compte qu'il valait mieux gagner la rive et faire du portage, plutôt que de tenter de franchir les rapides.

Visiblement, les Hurons avaient aperçu le fort de loin. Au moment de débarquer, ils se le montraient du doigt et Crusson, qui comprenait le Huron, fit part à Dollard de leurs observations:

«– Ils se demandent, murmura-t-il, s'ils ne devraient pas rester ici et envoyer seulement deux éclaireurs pour nous rattraper. Ils se demandent aussi pourquoi nous n'avons pas établi notre campement ici, puisque le fort est encore assez solide.»

Quelques instants s'écoulèrent, pendant lesquels tous les Français avaient les yeux collés aux fentes entre les pieux.

«– Leur chef, Anontaha, reprit Pilote, dit qu'il faut s'approcher prudemment du fort, en se protégeant avec les boucliers, au cas où les

Agniers s'y seraient cachés. Il a vu des traces de pas récentes. Une décision sera prise quand ils auront visité le fort.»

Les Hurons avaient mis pied à terre à une centaine de pieds en aval. Ayant laissé leurs canots près des sapins, ils s'avancèrent lentement, la main gauche tenant le bouclier et la droite un couteau ou un casse-tête. Soudain, Anontaha s'arrêta et, désignant du doigt quelque chose, se mit à parler.

«– Il a vu un de nos canots, derrière le fort. Un canot mal dissimulé. Et c'est parce qu'on a tenté de le dissimuler qu'il croit maintenant qu'il y a quelqu'un qui se cache ici. Il veut que trois de ses guerriers gagnent l'arrière du fort, en faisant un détour par les bois, pour examiner les lieux et lui faire rapport.

– Ce ne sera pas nécessaire, dit Dollard. Nous avons laissé des traces et ils savent bien qu'il y a quelqu'un. J'ai appris ce que je voulais savoir. Nous allons signaler notre présence.»

Sur ces paroles, Dollard, qui était accroupi comme les autres, se leva:

«– Frères Hurons, s'écria-t-il, je vous souhaite la bienvenue.»

Les farouches sauvages eurent un mouvement de recul pour se protéger, mais comprirent en un instant à qui ils avaient affaire et des cris de joie éclatèrent.

«– Mon frère blanc, dit Anontaha en français, a choisi le meilleur endroit pour établir son campement. Mais il a laissé beaucoup de traces.

– Mon frère à la peau rouge, rétorqua Dollard qui ne voulait pas s'en laisser imposer, sait comment dissimuler ses traces, mais il semble ignorer que les Iroquois ont de bonnes oreilles. S'il y a des Agniers dans la région, ils savent maintenant qu'une troupe de Hurons vient de pénétrer dans leur territoire...

– Oui, mais nous sommes nombreux, bien armés et nous cherchons le combat. Nous avons maintenant le fort. Nous remporterons de grandes victoires.

– Puisses-tu dire vrai.»

Tavernier compta les Hurons: quarante guerriers tous plus costauds les uns que les autres. Ils avaient pris leur temps, de telle sorte qu'ils étaient frais et dispos. Ils disposaient de quelques mousquets, mais l'essentiel de leur arsenal était constitué d'armes traditionnelles: couteaux, casse-tête, hachettes, arcs et flèches. Habitués à vivre au jour le jour, ils n'avaient guère de vivres.

Anontaha, après un entretien avec Dollard, annonça à sa troupe qu'ils allaient ériger sept wigwams derrière le fort, de façon à ce qu'ils soient invisibles de la rivière. Après quoi ils iraient à la chasse pour avoir leurs propres provisions.

Les hommes de Dollard et ceux d'Anontaha fraternisèrent modérément. Les Français se méfiaient vaguement des Hurons, sans pouvoir dire pourquoi. Peut-être les considéraient-ils simplement comme de «grandes gueules»?

Malgré l'insistance des sauvages, Dollard refusa de leur fournir des armes et du rhum. «Si nous devons engager la bataille, leur dit-il, je vous donnerai une dizaine de mousquets.»

Au contraire, il leur imposa des conditions de vie rigoureuses où la discipline jouait un rôle prépondérant. Par contre, il accepta les conseils des Hurons en matière de camouflage et sur la manière de se vêtir et de se déplacer en forêt. Il fut aussi convenu que des Hurons pourraient faire le guet, la nuit, en compagnie des Français.

XXXV

ALGONQUINS

7 mai 1660

*I*l ne s'était pas écoulé vingt-quatre heures qu'on vit apparaître, au milieu de la rivière, venant de l'amont, un canot où se trouvaient quatre sauvages. Comme ils étaient seuls, Dollard, qui ne savait pas encore à quelle tribu ils appartenaient, ne sentit pas le besoin de prendre de grandes précautions. Les hommes se retirèrent simplement dans le fort, en attendant de savoir qui ils étaient et si d'autres canots suivaient.

Les Hurons furent les premiers à reconnaître les couleurs des Algonquins. On leur fit de grands signes et ils furent bien accueillis, surtout par les Français. Les guerriers d'Anontaha se méfiaient des Algonquins et, réciproquement, ceux-ci considéraient la paix trop récente pour qu'on puisse avoir une grande confiance en ces Hurons qui, disaient-ils, étaient «meilleurs pour tenir une bouteille de rhum que pour brandir un casse-tête»...

Néanmoins, Dollard, qui ne refusait aucune aide, accueillit les quatre Algonquins cordialement, comme il l'avait fait pour les Hurons. Après leur avoir décrit la scène de massacre qu'ils avaient vue quelques jours auparavant, il les convainquit facilement de se joindre à sa troupe pour faire un mauvais parti aux Iroquois que le hasard placerait sur leur route.

Il indiqua à leur chef, Métiouègue[1], un guerrier efflanqué mais plutôt sympathique, où ils pourraient ériger un wigwam, toujours à l'abri des regards, mais séparément de ceux des Hurons, et leur conseilla d'aller à la chasse.

Les Français, de leur côté, commençaient à considérer l'avenir avec optimisme. Le nombre de leurs alliés ne cessait d'augmenter et la qualité de leur installation s'améliorait de jour en jour. Le fort était solide, les vivres abondants et le confort acceptable. Il ne restait plus qu'à subir l'épreuve du feu pour savoir avec quelle facilité les Agniers seraient taillés en pièces.

Pour passer le temps, les hommes jouaient aux osselets, aux cartes et aux dés et se racontaient leurs faits d'armes. Certains avaient déjà combattu les Agniers, au cours de brèves escarmouches aux portes de Ville-Marie. D'autres rêvaient de l'avenir.

«– Tu vois, dit Roland Hébert à Étienne Robin, quand nous en aurons tué suffisamment pour retourner à la maison, je me propose de finir de défricher ma terre et d'épouser la première fille qui débarquera du prochain navire. J'en ai assez de passer mes soirées seul.

– Et si elle est laide?

– Alors, ce sera la seconde!

– Eh bien, moi, tu vois, je ne veux pas faire de projets. Qui sait si nous ne serons pas tués par les sauvages aujourd'hui même?

– Moi, j'ai tout de même un projet, intervint Jurie, qui écoutait leur conversation. Je m'en suis ouvert à Monsieur Souart, notre bon curé, qui est aussi instituteur et chirurgien[2], comme vous le savez, et il m'a dit que c'est faisable, même si ce n'est guère chrétien…

– Qu'est-ce que c'est?

– Il paraîtrait qu'on peut prélever de la peau, sur le ventre ou sur les fesses d'un sauvage, et la tanner pour s'en faire une blague à tabac, un portefeuille ou pour en recouvrir une poire à poudre.

– En effet, ce n'est pas très chrétien… Je crois qu'il ne parlait pas sérieusement.

– Mais non, bien sûr. Mais ce serait payant. Imagine le prix que pourraient atteindre, en France, de tels objets certifiés authentiques par un missionnaire…»

Hébert jeta à Jurie un regard de désapprobation. Robin haussa les épaules: quel humour de mauvais goût! À moins qu'il ne soit sérieux?

De leur côté, les chefs Anontaha et Métiouègue se lançaient des défis, quant à leur bravoure. Ils promettaient d'abattre des quantités inimaginables d'Iroquois et ne cessaient de demander à Dollard si le gouverneur de Maisonneuve leur permettrait d'établir des villages près de Ville-Marie, lorsque la menace iroquoise serait éliminée.

«– Je crois bien que vous seriez les bienvenus, assura Dollard. Vous pourriez vivre côte à côte, en paix pour toujours, cultiver la terre et chasser. Nous ferions de vous de bons chrétiens et vos enfants apprendraient à lire et à écrire.»

Les deux chefs firent la grimace à l'unisson. Ils s'entendaient au moins sur ce point.

XXXVI

ONNONTAGUES

À une heure de marche du Long-Sault, Koparonto écoutait le rapport de Saganimo, son éclaireur.

«– Seulement quatre?

– Oui. Mais il y en a peut-être d'autres qui arrivent, par derrière. Je n'ai pas été assez loin pour savoir s'il y en aura d'autres.

– Ont-ils des bâtons de tonnerre? Des armes françaises?

– Je n'en ai pas vu. Ce sont de jeunes guerriers très vigoureux. Ils ont des réflexes très vifs. Ils ont l'air brave.

– Aucun guerrier n'est assez brave pour me résister! dit orgueilleusement le chef agnier. Nous sommes plus nombreux, plus braves, plus courageux et nous pourrons profiter de l'effet de surprise.»

Plus nombreux! Et comment!

À son grand étonnement, un peu plus de deux cents Onnontagués étaient arrivés, la veille, sous le commandement du chef de guerre Bobokapista. Celui-ci s'était d'abord présenté, huit jours plus tôt, à Kopachonta[1].

Le puissant chef de guerre des Agniers, qui considérait la troupe de Dollard comme quantité négligeable et qui n'était pas encore prêt à attaquer Ville-Marie, lui avait dit qu'en attendant, il pourrait aller rejoindre le gros de sa troupe, qui revenait de la chasse, à l'ouest, et rendre visite à son frère, Koparonto, parti aux trousses d'un groupe de Français.

Celui-ci, avec l'apport de nouvelles troupes et les renseignements dont il disposait, avait fait son lit: il était temps d'attaquer avant que les Français et leurs alliés autochtones reçoivent de nouveaux renforts.

Il ignorait toujours ce qu'ils attendaient, mais il soupçonnait qu'ils allaient convoyer des coureurs des bois transportant vers Ville-Marie une grande quantité de pelleteries.

S'il s'emparait des fourrures et massacrait tous ces Français et ces Peaux-Rouges, il atteindrait plusieurs objectifs. Les Agniers pourraient revendre ces pelleteries aux Anglais, la vallée du grand fleuve serait débarrassée de la présence de ces Visages pâles, les guerriers de sa tribu pourraient assouvir leur soif insatiable de massacres et enfin, et c'était peut-être là le plus important à ses yeux, Kopachonta serait satisfait.

«– Dis à tes guerriers, Bobokapista, de préparer leur peinture de guerre: nous allons attaquer demain matin. J'ai assez attendu.»

XXXVII

IROQUOIS

8 mai 1660

Des nappes de brouillard flottaient encore au dessus de la rivière des Outaouais lorsque Dollard émergea de son rêve. Toutes les nuits, c'était pareil: Manon venait le hanter d'agréable façon.

Le Français, malgré son charme naturel, n'était pas un séducteur. Depuis son arrivée en Nouvelle-France, il n'avait séduit qu'une seule fille, Nicole, qu'il n'aimait pas vraiment et qu'une méchante grippe avait emportée, l'automne précédent. Elle faisait l'amour avec passion et beaucoup de savoir-faire, mais avait peut-être, justement, un peu trop d'expérience à ses yeux.

Une autre, aux Trois-Rivières, une veuve de trente-huit ans nommée Henriette, lui avait fait des propositions, mais son caractère autoritaire et son physique osseux lui déplaisaient.

Dollard avait encore sur la rétine l'image suave de celle qu'il aimait davantage de jour en jour. En surimpression, il voyait la palissade, avec sa passerelle. Il referma les yeux. La frêle jeune fille était toujours là, souriante, devant lui, et elle lui disait de la suivre. Comme il aurait voulu le faire!

Il ouvrit de nouveau les yeux et, au bout d'un moment, se leva. Le temps était gris, mais c'était tout de même une amélioration sur la veille, alors qu'il avait plu presque sans arrêt.

Dollard, profitant de ce que tout le monde dormait encore, se dirigea vers son oratoire. Le sol glaiseux du fort était encore humide. Sur la rive de la rivière, songea-t-il, la terre devait être spongieuse et coller aux mocassins.

Au bout d'un moment, Crusson vint le rejoindre.

«– Je t'ai éveillé? s'enquit son chef.

– Tu sais bien que j'ai le sommeil extrêmement léger. C'est pour cela que je suis toujours en vie...

– Tu vois cette statue, cette pietà? Une mère tenant sur ses genoux le corps mort de son fils. Je me disais que c'est une chance que nos mères ne sachent pas ce que nous faisons. Si nous sommes tués au combat, on ne nous pleurera guère et, dans quelques mois, personne ne se souviendra de nous. Je me demande si les mères iroquoises pleurent, lorsque leurs enragés de fils se font tuer. Peut-être ont-elles du chagrin...

– Je te trouve bien morose, ce matin, fit observer Pilote. Allons! On va éveiller ces paresseux et avaler le petit-déjeuner. Je parie que les sauvages, eux, sont déjà éveillés depuis longtemps.

– Justement, à propos des sauvages, il faut que je leur demande de boucaner de la viande. Maintenant que nous sommes bien installés et que nous avons du temps devant nous, il serait temps de tuer quelques bêtes et de se faire des provisions.»

Une demi-heure plus tard, un pâle soleil apparut, à travers les nuages. Le temps se réchauffait. Les premières fleurs sauvages poussaient, ici et là, au pied des arbres et parmi les rochers. Un frais parfum s'en dégageait.

Les hommes s'étaient rassemblés sur la berge pour le petit déjeuner. Ils mangeaient de la galette de sarrasin et des tranches de viande grillées avec un peu de graisse d'ours sur une plaque de fer placée au dessus d'un feu. Ils buvaient une infusion. Les sauvages, toujours curieux, étaient venus les rejoindre. Ils voulaient échanger de la farine de maïs contre de la farine de sarrasin.

On lançait des plaisanteries et les rires fusaient. Les sauvages étaient les dindons de la farce, comme toujours. Ils ne s'en plaignaient pas, car la fréquentation des Visages pâles apportait bien des compensations.

«– Dis-moi, Anontaha, à quand remonte la dernière fois où tu t'es lavé? demanda Valets. Tu sens le raton-laveur, ce matin...

– Lavé?

– Oui, lavé! Tu sais, ça consiste à se frotter avec de l'eau pour enlever la crasse. On sent meilleur, après...

– Raton-laveur sentir bon...

– Et le putois, il sent bon aussi?»

Le Huron prit le parti de rire. Il ne comprendrait jamais pourquoi les Visages pâles voulaient tous qu'il se lave. À quoi bon, puisque la saleté serait revenue au bout de quelques heures...

Les Français, eux aussi, riaient. Certains aimaient bien les sauvages et leur trouvaient toutes sortes de qualités: leur force d'âme, leur endurance, leur bravoure et leur naïveté, oui, le beau côté de la naïveté, qui compensaient à leurs yeux une certaine fourberie, une vénalité indécrottable et une absence presque totale de sens de l'humour.

*
* *

156

Dollard allait avaler une énorme bouchée de galette lorsqu'il entendit plusieurs sauvages pousser une exclamation de surprise. L'instant d'après, ils prenaient leurs jambes à leur cou et couraient vers leurs wigwams, vite imités par tous leurs congénères.

Le Français comprit en un éclair qu'ils étaient attaqués. Alors que s'avançaient sur l'eau deux grands canots occupés par une vingtaine d'Onnontagués, des dizaines et des dizaines de sauvages, la figure et le torse peints, surgissaient de derrière les arbres, en aval.

L'incrédulité se peignit sur le visage de Dollard. Comment cela se pouvait-il? C'est lui qui devait tendre les embuscades et c'est lui qui tombait dans un guet-apens! Il ne restait plus qu'à faire face.

«– Messieurs, s'écria-t-il, voici des visiteurs dont nous allons devoir nous défier. Et ils sont nombreux. Tous au fort!»

Les Français ne se le firent pas répéter. Heureusement, leur repas avait été pris à moins de cent pieds du fortin. Ils coururent comme s'ils avaient le Diable aux fesses, abandonnant écuelles et ustensiles et furent tous à l'abri en quelques secondes.

Les Iroquois avançaient rapidement et en rangs serrés, put constater Dollard, du haut de sa passerelle. Ils brandissaient leurs casse-tête. Il était temps de leur montrer qu'ils n'étaient pas les bienvenus.

Après s'être assuré que la porte du fort était bien fermée, il ordonna à ses hommes de tirer une salve en direction des sauvages qui étaient maintenant à moins de cent pieds. La multiple détonnation se répercuta dans les bois.

Une dizaine d'Iroquois, blessés, poussèrent des hurlements et la horde cessa de progresser. Quelques coups de feu furent tirés en direction des Français. Les balles de plomb se logèrent dans le bois des pieux.

Dollard n'oubliait pas que quarante-quatre hommes, les Hurons et les Algonquins, étaient restés hors du fort. Il fallait de toute urgence leur permettre d'entrer. L'entreprise paraissait cependant impossible, puisque l'ennemi était déjà partout et qu'il n'était pas question de rouvrir la porte.

C'est Bobokapista, chef de guerre des Onnontagués, qui commit sans le vouloir l'erreur qui permit aux alliés des Français de se regrouper dans le fort.

Seul et sans arme, le téméraire Bobokapista s'approcha de la palissade jusqu'à ce que sa voix forte soit parfaitement audible.

«– Quels sont les gens dans ce fort, cria-t-il, les mains sur les hanches, dans une pose arrogante, et que viennent-ils faire?»

Dollard, surpris de ce que l'Iroquois s'exprimait en un langage hybride, moitié iroquois, moitié français, répondit:

«– Nous sommes des Français, des Hurons et des Algonquins. Nous sommes venus au devant des Nez-Percés qui s'en viennent vers Ville-Marie avec des pelleteries.»

C'était plausible. Aussi le chef Onnontagué crut-il bon de se concerter avec Koparonto avant de lancer un ultimatum.

«– Attendez, cria-t-il, que nous tenions conseil entre nous. Je reviendrai vous voir. En attendant, ne commettez aucun acte hostile, de crainte que vous ne troubliez les bonnes paroles que nous portons aux Français de Ville-Marie.

– Retirez-vous de l'autre bord de la rivière, tandis que nous parlementerons de notre part», répartit Dollard qui ne cherchait qu'à gagner du temps et à permettre à ses alliés de rentrer au fort. Il ne croyait pas un seul instant aux bonnes intentions de Bobokapista.

Effectivement, une partie des Iroquois traversèrent sur la rive sud, à bord d'un grand nombre de canots. Dollard compta une trentaine d'embarcations. Il réalisa alors combien les Iroquois étaient nombreux et se dit que la journée serait longue[1].

Les sauvages restés sur la rive nord ne bougeaient pas. Ils observaient, prêts à empêcher toute retraite de la part des Français. Ceux-ci auraient pu, à ce moment, avec leurs alliés et leurs mousquets, quitter le fort et tenter de disparaître. Mais Dollard considérait que les Français seraient déshonorés s'ils prenaient la fuite alors qu'ils étaient venus jusqu'ici pour se battre.

Il profita plutôt de ce répit pour envoyer Crusson chercher les sauvages qui étaient restés tapis, derrière le fort, pendant que les Français, sur la passerelle, mettaient en joue les Agniers et les Onnontagués les plus rapprochés.

L'occasion permit aussi à Doussin, qui tenait à soigner sa réputation de risque-tout, de récupérer de la vaisselle et des vivres restés devant le fort. Il observait du coin de l'œil les Agniers les plus proches et ramassait tout ce qu'il pouvait.

Pendant que la porte était ouverte pour lui permettre de rentrer, il tira vers l'intérieur un grand baril où l'eau de pluie s'était accumulée, à l'aide d'un ingénieux système de gouttières. Cette eau servait habituellement à se laver. Elle était moins froide et moins loin que celle de la rivière. Dollard réalisa au même moment qu'ils avaient à peine assez d'eau pour une journée, consommation normale.

XXXVIII

RÉCRIMINATIONS

*C*ette situation durait depuis deux heures lorsque Crusson entendit le bruit des haches qui entament les troncs des épinettes. Les Français comprirent rapidement que les Iroquois, qui entendaient les assiéger, voulaient construire leur propre fort[1].

Celui-ci prit forme en moins de deux heures, car la main d'œuvre ne manquait pas. Un groupe coupait les arbres, un autre les ébranchait, un troisième tirait les troncs avec des câbles formés de racines, un quatrième creusait les tranchées, à cent pieds du fort français, juste au bord de la rivière, et le dernier mettait en place les pieux et les attachait les uns aux autres, toujours avec des racines.

À ce rythme, le fort serait construit avant la fin de la journée. Il ne serait ni aussi grand, ni aussi solide que celui des Français, mais il donnerait le change et permettrait aux Iroquois fatigués des assauts de se reposer à l'abri.

Pendant que ce travail se poursuivait, plusieurs Agniers en armes surveillaient leurs ennemis pour empêcher toute fuite. Les Français mirent à profit ce répit pour récupérer quelques autres objets et pour accompagner, armés de leurs mousquets, les Hurons et les Algonquins qui voulaient prendre des effets personnels dans leurs wigwams. Désormais, tout le monde vivrait dans le fort.

Les Iroquois, convaincus de leur supériorité, ne firent rien pour les en empêcher. Ils attendaient le retour de leurs chefs qui discutaient toujours sur la rive sud.

Dollard était pessimiste, mais ne le montrait à personne. Il affichait un air confiant et déterminé, empreint de prudence et de réalisme. Il avait posé sur sa tête son feutre empanaché à larges bords plats qui lui donnait des airs de seigneur.

«– Messieurs, dit-il à sa troupe enfin rassemblée et prête au combat, nous sommes beaucoup moins nombreux qu'eux, vous vous en êtes rendus compte. Mais nous avons un excellent fort pour nous protéger, des armes à feu, des vivres et l'aide de Dieu.

«Nous allons tenter de parlementer avec eux, mes lieutenants et moi, à leur retour. S'ils ne veulent rien entendre, nous devrons nous battre. Ce sera long, mais nous vaincrons.

«Ces Iroquois sont braves et fougueux, mais ils manquent généralement de détermination. Lorsque nous aurons repoussé quelques assauts, ils se fatigueront et, un beau matin, dans deux ou trois jours, plieront bagages.

«L'objectif que nous nous sommes fixé reste le même: si nous devons nous battre, il faut en tuer le plus grand nombre. La survie de Ville-Marie en dépend, ne l'oublions jamais. Nous le ferons pour le roi, pour Ville-Marie, pour la Nouvelle-France et, n'oublions jamais ce qu'ils lui ont fait, pour Marie-Jeanne Savard.»

Pendant que ses hommes poussaient une clameur martiale, Dollard eut une pensée pour Manon. C'est elle qui avait eu raison: l'entreprise était vraiment périlleuse. La reverrait-il? C'est Dieu qui décide, se dit-il, de notre destin. S'Il veut que je l'épouse, nous vaincrons.

Le visage de la jeune fille se présenta à ses pensées, frais comme une fleur. Le jour commençait à décliner. À cette heure, il aurait pu la serrer dans ses bras, au bord du fleuve, dans l'herbe nouvellement poussée. Par imagination, il sentit sur son visage le souffle agréable de Manon, pendant qu'il lui prenait la taille dans ses mains pour l'attirer à lui et l'embrasser...

Ce court instant de rêve fut interrompu par Crusson qui lui apprit que les Hurons se plaignaient d'avoir été attirés dans un piège.

Ils s'étaient rassemblés dans un coin, à l'arrière du fort, près du dépôt de munitions, et Anontaha, du haut de la passerelle, leur tenait ce discours pour leur plaire:

«– Nos frères blancs nous ont fait de belles promesses de gloire et de combats facilement remportés, mais ils nous ont attirés dans un piège. Les Iroquois sont si nombreux que nous resterons enfermés longtemps dans ce fort.

«Il faudra déployer l'énergie de l'aigle, l'endurance de l'ours, la ruse du renard et le courage du loup pour résister aussi longtemps que le dit le chef français.»

Dollard l'interrompit avant que tous les Hurons ne prennent peur:

«– Pour l'instant, Anontaha se comporte comme le lièvre: il a la frousse et il voudrait détaler. Ce n'est pas la manière de remporter des victoires. Face à un ennemi supérieur en nombre, il faut être prudent et user de stratégie. Nous sommes solidement retranchés, nous avons des vivres et nous les aurons à l'usure.»

Dollard parlait d'une voix forte, pleine d'assurance, qui plut aux Hurons. Les Algonquins, qui s'étaient rapprochés, écoutaient attentivement, eux aussi. Les sauvages ne comprenaient pas la moitié de ce qu'il disait, mais son aplomb les rassurait.

«– Nous te faisons confiance, dit enfin Anontaha. Nous n'avons pas tous les mousquets qui nous ont été promis, mais nous avons beaucoup de flèches. Et lorsqu'ils auront pénétré dans le fort, nous nous battrons à la hache de guerre et avec nos couteaux.

– Les Iroquois sont nos ennemis depuis toujours, dit à son tour Métiouègue, le chef des Algonquins. Les aïeux de mes aïeux tuaient déjà des Iroquois. Ceux qui sont ici aujourd'hui sont nombreux, mais nous sommes braves, peut-être encore plus braves que nos amis, les Hurons. Nous les repousserons très longtemps avec nos flèches. S'ils parviennent à entrer dans le fort, nous en massacrerons aussitôt un grand nombre.

– Ils n'entreront pas, le contredit Dollard. Nous allons tirer tant de coups de mousquet et vous allez décocher tant de flèches qu'ils seront repoussés. Lorsqu'ils prendront conscience de leurs pertes, leur patience s'émoussera et ils partiront.

– Que le Grand Esprit t'entende!»

XXXIX

L'ATTAQUE

*V*ers cinq heures de l'après-midi, on vit les chefs franchir la rivière dans un canot d'apparat, décoré aux couleurs de la guerre. L'écorce avait été peinturée avec du noir et du rouge et les chefs avaient orné leurs lances de plumes teintes. Ils se tenaient debout, dans une attitude martiale. De jeunes guerriers ramaient.

En débarquant, ils firent de brefs discours. Il était clair qu'ils allaient attaquer. Dollard donna l'ordre à chacun de prendre son poste de combat et d'attendre son signal pour tirer.

L'attaque fut désordonnée. Les Iroquois étaient si heureux de passer aux actes qu'ils ne se rendirent pas compte qu'on les attendait de pied ferme. Même les Hurons et les Algonquins attendaient sagement, ainsi que Dollard l'avait exigé, l'ordre de décocher simultanément leurs flèches, en deux vagues, pendant que les Français rechargeraient leurs mousquets.

Koparonto et Bobokapista n'étaient pas parvenus à s'entendre sur le choix du chef[1]. C'est donc à deux hordes bien distinctes que les assiégés eurent affaire.

Dollard ne s'en rendit pas compte immédiatement, parce que tous les Iroquois attaquèrent simultanément, en poussant de grands cris et en faisant des grimaces destinés à impressionner l'ennemi.

Curieusement, les assaillants se concentrèrent sur l'avant du fort, qui donnait sur la rivière. Quelques-uns attaquèrent par les côtés et à peu près personne par derrière. C'est donc dans un groupe compact que Dollard donna l'ordre de tirer la première salve.

Le chef français avait attendu que l'ennemi s'approche à cinquante pieds de la palissade pour donner son ordre de tir. Il espérait que, tirées à faible distance, toutes les balles atteignent leurs objectifs. Il ne put s'empêcher de pousser un hurlement de satisfaction, lorsqu'il vit une quinzaine d'Iroquois s'écrouler, morts ou grièvement blessés.

«– Rechargez rapidement! cria-t-il au milieu du vacarme, pendant que les Français se penchaient pour se mettre à l'abri. Au tour des sauvages. Premier groupe, à mon signal, debout! Décochez vos flèches!»

On vit partir vingt-deux flèches. Même Dollard fut étonné de voir ces Hurons exécuter la manœuvre dans un ordre presque parfait et s'accroupir tous ensemble pour éviter la nuée de flèches iroquoises qui passait au dessus de leurs têtes.

«– Second groupe! hurla-t-il.»

Vingt-deux autres sauvages, parmi lesquels les quatre Algonquins, se levèrent simultanément et décochèrent leurs flèches. Ils furent suivis, une quinzaine de secondes plus tard, du premier groupe qui était prêt beaucoup plus rapidement que les Français avec leurs mousquets.

Un Huron fut blessé à l'oreille par une flèche, tandis qu'un autre fut atteint au flanc. Les blessures saignaient, mais Dollard les considéra comme insignifiantes et dit aux Hurons de rester à leur poste et de continuer à tirer des flèches.

Lui-même abattit d'une balle en plein front un jeune guerrier qui avait échappé à l'attention de tous et qui tentait maintenant de franchir la palissade, à l'arrière du fort. Le sauvage allait sauter à l'intérieur, son casse-tête entre les dents, lorsque Dollard l'atteignit.

Son optimisme était revenu. Il avait pu se rendre compte que les Iroquois avaient été stupéfiés par la bonne organisation des assiégés et que leur élan était brisé. Il estima que cette partie de l'engagement tirait à sa fin et que les Iroquois allaient probablement battre en retraite pour se regrouper et revenir en force.

«– Les Français, maintenant. En joue! Feu!»

L'engagement ne durait que depuis une quinzaine de minutes lorsque les Iroquois commencèrent à quitter dans le plus grand désordre le champ de bataille.

Bobokapista enjoignait les Onnontagués de rester et de monter à l'assaut une nouvelle fois, tandis que Koparonto, qui n'était pas d'accord, ordonnait aux Agniers de se réfugier dans leur fort. De toute façon, au bout de quelques instants, tous les Iroquois quittèrent le champ de bataille.

Dollard estima qu'ils emmenaient avec eux une cinquantaine de blessés, tandis que trente-et-un sauvages gisaient, morts, devant le fort, sans compter celui qu'il avait lui-même tué.

«– Messieurs, cria-il en sautant sur le sol, de façon à être vu de ses troupes restées sur les passerelles, nous sommes les assiégés, mais nous sommes les plus forts. Nous avons gagné! Ils vont revenir, mais nous leur tiendrons tête. Je connais les Iroquois. Lorsqu'ils auront assez de pertes, ils se décourageront et partiront. Il faut tenir jusque là.

«Crusson, Tavernier et Jurie, venez ici. Anontaha et Métiouègue aussi. La place de mes sergents est à mes côtés.

«Messieurs, je suis fier de vous, ajouta-t-il, s'adressant à l'ensemble des troupes. Votre discipline a eu raison de ces barbares.

«Et vous, les Hurons, les Algonquins, vous avez maintenant la preuve de notre supériorité. Deux d'entre vous sont blessés, mais ce sont des braves et ils n'éprouvent aucune souffrance. Ils seront soignés après la bataille.

«Les Agniers et les Onnontagués qui sont morts, eux, n'ont plus besoin d'être soignés. Leur sang est deshonoré par la défaite. Les Iroquois vont revenir bientôt et il faut les accueillir de la même manière.»

Le jour déclinait rapidement. Il devait être cinq heures passées. Les Iroquois s'étaient retirés dans leur fort, laissant quelques sentinelles à la porte, et le bruit confus des harangues et les clameurs poussées par les guerriers parvenaient jusqu'aux Français.

Il se fit soudain un grand silence. On n'entendait plus que les oiseaux et le murmure de la rivière. Au bout de cinq minutes de ce silence, ce fut la ruée, accompagnée de cris sauvages destinés à terrifier l'ennemi.

Les Français et leurs alliés, toujours à l'affût, virent la horde sortir du fort iroquois dans le plus grand désordre et se précipiter à l'assaut du fort français. Dollard sourit: leurs chefs étaient des crétins et ils répétaient la même erreur.

«– Messieurs, cria-t-il, en joue! Feu!»

Une quinzaine d'Iroquois s'écroulèrent après avoir parcouru encore quelques toises, emportés par leur élan. Les archers hurons et algonquins en atteignirent plusieurs autres.

L'histoire du premier assaut se répétait, grâce à l'incompétence de Koparonto et de Bobokapista. Ces sauvages, constata Dollard, s'appuient sur leur supériorité numérique. Ils croient qu'en lançant des centaines d'hommes à l'assaut simultanément, la plupart d'entre eux vont parvenir jusqu'au fort et qu'un nombre suffisant va franchir la palissade. Mais dès qu'ils voient s'écrouler les premiers, les autres hésitent et cette indécision leur est funeste.

Les assiégés se sentaient comme des affamés à un banquet. Ils ne cessaient de recharger leurs armes et de tirer. Les Hurons poussaient des cris joyeux et, même si leurs tirs de flèches n'étaient pas aussi bien synchronisés que la première fois, Dollard dût s'avouer qu'ils faisaient plus de ravages dans les rangs des Iroquois que les Français avec leurs mousquets.

«– Français, en joue! Feu!»

Une fois de plus, les assaillants se mirent à hésiter et leurs chefs, le sentant bien, donnèrent des ordres contradictoires. Bobokapista était toujours d'avis de foncer, tandis que Koparonto voulait que ses guerriers se regroupent derrière le fort iroquois.

«– Sauvages, tirez vos flèches!»

Au bout de quelques minutes, la plupart des assaillants battirent en retraite et Dollard put faire le bilan. Un Huron avait été tué d'une flèche fichée en plein dans un œil, tandis que deux autres avaient des blessures superficielles, en plus des deux blessés du premier engagement. Par chance, aucun Français et aucun Algonquin n'étaient blessés.

Du côté des Iroquois, Dollard put compter quelque soixante-huit cadavres et avait la conviction qu'une centaine étaient blessés à des degrés divers.

«– Ils ne dureront pas longtemps, du train où vont les choses, confia-t-il à ses trois sergents. Leurs pertes sont énormes. Ils vont partir dès demain, après un ou deux assauts infructueux.

– Tu le crois vraiment? demanda Tavernier. Je dois avouer que je respire mieux maintenant que cet après-midi.

– Demain, c'est nous qui allons nous mettre à leur poursuite, fanfaronna Crusson.

– Messieurs, intervint Dollard, ne vendons pas la peau de l'ours. Je me contente pour aujourd'hui de savoir que nous sommes saufs, qu'ils ne reviendront probablement pas avant demain et que notre position est à la hauteur de mes espérances.

– Tout de même, tu as vu ça? Quel carnage! Si je pouvais sortir d'ici, je crois bien que j'irais couper quelques têtes pour les mettre sur des piques et les placer bien en vue.

– Il n'en est pas question, Pilote! Voyons, tu n'es pas un sauvage… Je crois que tu les fréquentes trop! Occupe-toi plutôt de vérifier que chacun est bien à son poste et que chaque arme est prête à tirer. Va voir Anontaha et Métiouègue et fais leur passer leurs troupes en revue. Tavernier et moi allons nous occuper des blessés.»

XL

CHIRURGIE

$\mathcal{L}$a noirceur commençait à s'installer. Un feu fut allumé au milieu du fort et Étienne Robin, dit Des Forges, désigné comme «chirurgien» par Dollard[1], mit une tige de métal à rougir sur les flammes.

Robin ne possédait aucune compétence particulière pour soigner qui que ce soit, mais ce n'était pas un être très sensible et, comme il avait déjà travaillé pour un forgeron, il savait manier les tiges de fer rougies au feu.

Le temps passait. De nombreux bruits et des gémissements parvenaient du fort iroquois. Les blessés devaient beaucoup souffrir. Lorsqu'il fit noir, Dollard, qui avait maintenant l'assurance qu'aucune nouvelle attaque ne serait lancée avant le lendemain, ne laissa sur les passerelles que le quart des effectifs, enjoignant les autres de se tenir prêts au combat.

Deux grandes marmites furent placées sur le feu, contenant des quartiers de viande, des navets et diverses racines apportées par les sauvages. En attendant que ces denrées aient fini de bouillir, Dollard annonça que les blessés seraient soignés séance tenante.

Les quatre Hurons se présentèrent devant lui et devant Robin. Ils ne saignaient presque plus et les «soins» qu'ils allaient recevoir étaient surtout destinés à éviter l'infection des plaies.

Leur orgueil leur dictait d'afficher leur courage. Dollard, qu'ils commençaient à admirer, n'avait-il pas affirmé qu'ils ne souffraient pas? De plus, comme la médecine de guerre ressemblait étrangement à la torture, il convenait pour ces guerriers de montrer qu'ils ne connaissaient pas la souffrance. Après tout, les Français et les Algonquins les observaient...

Le premier à se présenter avait reçu une flèche au flanc, lors du premier engagement. Le projectile n'avait atteint aucun organe vital et la pointe n'avait finalement entamé que la chair, en l'effleurant. Mais la blessure était profonde. Robin l'inspecta visuellement, fit couler un peu de rhum dessus et décida de cautériser. Le Huron vit venir la tige rougie et dit à Robin:

167

«– Arrêter!

– Et pourquoi? Tu as peur?»

Le sauvage ne répondit pas. Il s'adressa plutôt à Anontaha, dans sa langue. Leur conversation dura une minute. Le chef de guerre huron fit signe à deux des siens qui s'approchèrent du blessé et le saisirent par les bras. Ils le tenaient fermement.

«– Brûler!» dit le sauvage.

Robin retira de nouveau sa tige du feu et, sans perdre un instant, frôla la blessure de la pointe rougie. Le Huron se raidit, mais ses congénères avaient bien assuré leur prise. Il fit une grimace affreuse. Pas un son ne sortit de sa bouche. Une odeur de chair grillée se répandit autour de lui. On le libéra et on s'empara du suivant.

C'était celui qui avait reçu une flèche à l'oreille. Le lobe avait été arraché. Il ne fut pas moins brave que le précédent. Solidement tenu par ses congénères, il ferma les yeux et se laissa brûler sans dire un mot. Il partit dans un coin où il s'accroupit en attendant que le repas soit prêt.

Dollard, voyant que tout se passait bien, fit le tour du fort et monta sur la passerelle, d'où il scruta longuement la nuit, en direction du fort ennemi. Tout était calme. Une lueur orangée, au dessus des pieux, indiquait qu'un feu brûlait. Les gémissements continuaient, ponctués de cris et entrecoupés de périodes de silence. Les sentinelles iroquoises étaient toujours à leur poste.

Quelle étrange sensation, que celle d'être entouré d'ennemis mortels en grand nombre, en un endroit isolé, sans espoir de secours, et d'être malgré tout confiant!

Le repas fut joyeux. Une joie nerveuse. Après tout, ils étaient cernés, mais victorieux. La bonne chair et le rhum aidant, le moral était au beau fixe. Hurons, Algonquins et Français partageaient les mêmes aliments et, Dollard l'avait permis, par exception, le même rhum, en quantité raisonnable.

Chacun avait sa petite histoire, son exploit à raconter.

«– Lorsque ma tête a dépassé les pieux, dit Valets à un Algonquin, une flèche m'a frôlé. J'ai vu quel Iroquois l'avait tirée. Il s'avançait sur moi comme s'il ne risquait rien, comme si la mort n'avait aucune importance et, pendant ce temps, il prenait une autre flèche et bandait son arc. J'ai attendu jusqu'à l'extrême limite et je lui ai tiré une balle entre les deux yeux, à ce sauvage. Tu aurais dû voir la grimace qu'il me faisait. La face du Diable, je te dis!»

C'était presque un monologue. L'Algonquin comprenait quelques mots de français, assez pour savoir de quoi parlait Valets, mais pas assez pour entretenir la conversation. Il ricanait, mangeait une bouchée, buvait une gorgée, éructait et répondait quelque chose dans sa langue, en ayant l'air d'approuver ce que son interlocuteur venait de lui dire. Un peu éméché, le Français n'en demandait pas plus.

XLI

TRADITION

*L*a soirée s'achevait sur une note agréable et Dollard venait de prendre ses dispositions pour la nuit lorsqu'une dispute éclata entre Tavernier et Anontaha.

Le belliqueux chef de guerre huron, approuvé dans son dessein par Métiouègue, s'était mis dans la tête de sortir du fort, à la faveur de l'obscurité, accompagné d'une demi-douzaine de ses braves, pour aller couper des têtes sur les cadavres des Iroquois morts au combat[1].

Tavernier, à qui Dollard avait confié le commandement pour la nuit, ne voulait pas en entendre parler. Ce serait mettre la sécurité du fort en péril, avait-il objecté.

Attiré par les éclats de voix, Dollard comprit qu'il n'aurait pas la paix tant qu'il n'aurait pas satisfait cette demande. Il avait trop besoin de ses alliés pour se permettre de les contrarier.

«– C'est la tradition! affirmait Anontaha.

– Oui, la coutume! l'approuvait Métiouègue.

– Tu veux dire un acte de barbarie… Les missionnaires ne t'ont-ils pas expliqué qu'il faut respecter les morts?

– Comment nos ennemis nous respecteront-ils si nous ne coupons pas la tête des guerriers deshonorés par la défaite?

– Notre victoire n'est-elle pas suffisante pour susciter leur respect?

– Ils sauront que nous n'avons pas été assez braves pour prendre ce risque et cela augmentera leur audace!»

Dollard demanda au Huron une période de réflexion de cinq minutes et prit Tavernier à part dans un coin:

«– La Lochetière, dit-il en utilisant affectueusement le surnom de son ami, tu sais que sur le principe, je t'appuie entièrement. Ce sont des sauvages et ce qu'ils vont faire est un geste barbare.

– Tu vas les laisser faire?

169

– Je n'ai pas le choix. Nous avons besoin d'eux. Leurs volées de flèches sont plus dévastatrices que nos salves de mousqueterie. De plus, il faut songer à l'état d'esprit des Iroquois. Ils ont chargé deux fois et ils ont été repoussés comme des enfants. Ils ont subi de lourdes pertes et ils sont démoralisés. Si j'étais leur chef, j'aurais utilisé ma soirée à leur mettre la rage au cœur et à les préparer, mentalement, pour demain. Quand ils verront les têtes de leurs frères, de leurs amis, demain matin, ils sauront que la pire humiliation les attend, s'ils nous attaquent de nouveau…

– Et la sécurité? C'est un risque énorme que d'ouvrir cette porte et de laisser sortir ces sauvages. Les Iroquois ont des sentinelles qui vont se ruer sur nos Hurons. Qui sait si nous ne serons pas obligés de les abandonner à l'ennemi, hors du fort?

– Nous allons prendre nos précautions!»

Anontaha apprit avec satisfaction que sa demande était acceptée. Six hommes allaient pouvoir sortir du fort, aussitôt que la lune se cacherait derrière un nuage et que le reste des troupes aurait pris position, silencieusement, sur les passerelles, les armes à la main. Ainsi, toute tentative des Iroquois de pénétrer dans le fort par la porte ouverte serait repoussée.

Il fallut attendre une heure. Tout le monde était prêt depuis longtemps, mais la lune, apparue tardivement, refusait de se cacher.

De plus, il avait fallu trancher un différend entre Hurons et Algonquins. Ceux-ci voulaient participer, eux aussi, à cette macabre aventure. Dollard accepta qu'un seul Algonquin sorte, à la condition qu'un Huron lui cède sa place. Six hommes dehors, ce serait bien suffisant, jugeait-il. Anontaha finit par accepter, après avoir tergiversé.

C'était sa seconde concession en quelques minutes. Il avait fallu le convaincre, précédemment, qu'il n'était pas nécessaire de couper la tête de tous les Iroquois morts au combat, car certains d'entre eux étaient bien trop près des sentinelles ennemies. Il fut convenu que chacun aurait droit à trois têtes et regagnerait le fort sans attendre les autres.

La lune, à son premier quartier, finit par se glisser derrière un nuage et Dollard, jugeant qu'elle ne reparaîtrait pas avant dix minutes, donna l'ordre d'ouvrir la porte.

Les six sauvages, le couteau à la main et le casse-tête à la ceinture, sortirent sur la pointe des pieds, dans un silence total. Du haut des passerelles, les Français et les autres sauvages observaient la scène, mais ne voyaient presque rien, dans l'obscurité quasi totale.

Les corps les plus rapprochés du fort se trouvaient à dix pieds, mais certains Hurons téméraires s'éloignèrent à près de cinquante pieds du fort. Ils étaient plus près des sentinelles iroquoises que des Français.

Tout se passa bien. Peut-être les Agniers et les Onnontagués crurent-ils que ces promeneurs, qu'ils ne voyaient pas, étaient des leurs? Toujours est-il qu'avec leurs couteaux bien affilés, ils parvinrent à trancher tous les cous qu'ils voulaient et à rapporter, en les tenant par les cheveux, toutes les têtes d'ennemis qu'ils désiraient.

Le silence, sur les passerelles, était total. Les Français dégoûtés observaient leurs alliés jaloux de ceux qui avaient été choisis. Les yeux des sauvages brillaient. Au moment de la rentrée des coupeurs de têtes, n'y tenant plus, ils se mirent à pousser des cris de joie et à danser. Dollard eut beau tenter de les calmer, rien n'y fit. Ils n'auraient pas de cesse qu'ils n'aient palpé les trophées, insulté les dépouilles, craché dessus.

Anontaha était particulièrement fier d'exhiber cinq têtes hideuses et sanguinolentes, dont les cous avaient été grossièrement tranchés. Il décida de les joindre à celles des autres et d'en faire un tas, au milieu du fort, afin que chacun puisse les compisser.

Poli, il offrit à Dollard et à ses hommes de soulager leur vessie sur ces dépouilles, mais les Français leur expliquèrent que ce n'était pas dans leurs traditions d'agir de la sorte.

Anontaha ricana et reprit ses têtes. Il demanda du rhum, mais Dollard refusa, disant qu'il était déjà bien assez tard et qu'il faudrait dormir. Le Huron dit qu'il restait une chose à faire, avant de dormir.

Après quelques efforts, il réussit à déféquer[2]. Toujours ricanant, il enduisit les têtes de matières fécales, prenant soin qu'il y en ait dans la bouche, les narines et les yeux.

Dollard, impassible mais dégoûté, observait impatiemment ce rite. Plusieurs autres sauvages des deux tribus se mirent à déféquer et l'odeur se répandit dans le fort, au grand déplaisir des Français.

La cérémonie atteignit son point culminant lorsque les têtes furent placées sur des piques, au dessus de la palissade, bien en vue. Demain matin, songea Dollard, elles sauteraient aux yeux des Iroquois.

Pour Anontaha, demain matin, c'était trop tard. Il enroula autour de quatre bâtons des lisières d'écorce préalablement enduites de résine et y mit le feu, après les avoir disposées à proximité des têtes. Ces torches brûleraient longtemps.

Quelques minutes plus tard, une immense clameur retentit dans le fort iroquois. Manifestement, les Agniers et les Onnontagués venaient d'apercevoir les têtes des leurs.

Craignant une attaque, Dollard ordonna à chacun de regagner son poste et de se tenir prêt à tirer. Les hommes restèrent sur le qui-vive pendant une demi-heure, mais rien ne se produisit.

L'heure du sommeil était arrivée. Un sommeil agité, fiévreux, rempli de cauchemars...

XLII

RATIONNEMENT

9 mai 1660

L'infiltration de la pluie à travers le toit réveilla Dollard. Le plafond, qui était en fait le plancher de la passerelle, était constitué de branches d'arbres grossièrement assemblées. Les interstices avaient été colmatées avec de la résine mêlée à de la boue, ce qui n'empêchait pas la pluie de former de grosses gouttes suspendues au dessus des paillasses. Elles se laissaient choir sur les dormeurs et les réveillaient.

Le Français avait toujours eu du mal à émerger du sommeil. Ces derniers jours, Manon au centre de ses rêves, il retardait volontiers de quelques minutes le moment de se lever. Mais ce matin, après une journée de combats, de sang répandu et de chairs labourées suivie d'une nuit remplie de cauchemars, de cris et de souffrances, le lever devait s'effectuer rapidement.

Une odeur d'excréments flottait dans l'air. Les têtes! Dollard sortit en s'étirant et les vit, la face maculée tournée vers le fort iroquois. La pluie lavait graduellement ces trophées exsangues. Tout compte fait, ils avaient l'air moins humains que la nuit dernière.

Le Français monta rapidement sur la passerelle, où les huit sentinelles, trois Français, quatre Hurons et un Algonquin, tentaient de se protéger de la pluie tout en observant attentivement leurs vis-à-vis. Tout était calme. Quelle heure pouvait-il être? Six heures? Le jour se levait à peine. Le ciel, à l'ouest, était encore noir.

Se souvenant qu'ils avaient dû rentrer précipitamment dans le fort, hier, et qu'ils n'avaient qu'une petite quantité d'eau, il prit sans tarder des dispositions pour recueillir l'eau de pluie.

Tous les récipients disponibles furent réquisitionnés. Malheureusement, il n'y en avait pas beaucoup et la pluie cessa au bout de quelques minutes.

Compte tenu de la consommation de la veille, ils allaient pouvoir tenir le coup pendant deux jours[1]. C'était trop peu. Il fallait prendre des mesures immédiates.

Dès leur réveil, il rassembla les hommes au milieu du fort et leur annonça que désormais, il était interdit de se laver.

«– Nous allons puer, leur dit-il, mais nous ne pouvons pas faire autrement. Les sauvages, eux, n'y verront pas de différence.

«Chaque homme aura droit à un gobelet d'eau quatre fois par jour, au lever, le midi, au repas du soir et avant de se coucher.

«Pour ce qui est du rhum, ce sera un gobelet par homme chaque soir, même pour les sauvages qui risquent leur vie à nos côtés. Un gobelet seulement. Le rhum donne soif, c'est bien connu, et nous aurons bien assez soif.

«Avec un tel rationnement, si jamais les Iroquois sont toujours là dans une semaine, nous pourrons tenir le coup, faire cuire les légumes et soigner les blessés... s'il y en a dont il faut laver les plaies.»

Un murmure accueillit ces paroles. Alonié Delestre, qui était le plus âgé des Blancs, demanda:

«– Es-tu moins optimiste qu'hier, Dollard? As-tu des raisons de croire que nous serons toujours ici dans une semaine?

– Je continue de croire qu'après un ou deux autres assauts, les Iroquois, découragés, s'en iront. Mais je suis prudent. Ils pourraient, par exemple, s'abstenir d'attaquer et nous affamer, nous assoiffer. S'ils ont un peu de jugeote, ils savent bien que nous n'avons pas assez de ravitaillement pour tenir pendant un mois. Y penseront-ils? Laisseront-ils parler leur rage? Moi, je préférerais qu'ils attaquent...»

XLIII

TENTATIVE

*E*n ce matin du 9 mai, Dollard attendit vainement l'attaque. La moitié des hommes restèrent sur les passerelles, en permanence, les armes à la main, au cas où Koparonto et Bobokapista lanceraient leurs hordes contre le fort.

Ce n'est qu'à midi, au moment où les défenseurs du fort étaient occupés à prendre leur repas, que se produisit l'attaque. Le fumet de la viande qui grille sur le feu avait sans doute indiqué aux Iroquois que le moment de donner l'assaut approchait.

Mais Dollard avait pris ses précautions. Chaque homme mangeait avec son mousquet ou son arc à côté de lui. Les sentinelles s'aperçurent dès le premier instant que quelque chose allait se produire et donnèrent l'alerte.

Au moment où s'ouvrit la porte du fort iroquois, les hommes de Dollard gravissaient déjà les échelles qui conduisaient aux passerelles et les assaillants étaient à peine plus près que la veille, à trente pieds, peut-être, lorsque la première salve les accueillit, immédiatement suivie d'une volée de flèches, puis d'une autre volée.

Une dizaine d'Iroquois déterminés parvinrent jusqu'au pied de la palissade et s'attaquèrent sans délai aux pieux, avec des haches bien aiguisées.

Dollard eut un instant d'inquiétude. Une centaine d'indigènes se défendaient avec de grands boucliers de cuir qui les protégeaient, sinon des balles, du moins des flèches.

Ces sauvages constituaient une menace pour ceux des Français qui se penchaient par dessus les pointes des pieux pour tirer sur les Iroquois bûcherons. D'autres assaillants, derrière ceux qui portaient les grands boucliers, étaient armés d'arcs et tiraient sur les assiégés.

175

C'est ainsi que deux Français, Jacques Brassier et Nicolas Josselin, reçurent leurs premières blessures[1]. Une flèche atteignit le cou de Brassier, tandis qu'une autre emporta l'annulaire de la main gauche de Josselin.

Dollard prit alors les grands moyens. Il ordonna à Jean Lecompte d'aller chercher de la braise, dans le feu qui avait servi à cuisiner. Autant de braise qu'il pourrait en mettre dans deux chaudrons.

Pendant ce temps, il confectionnait, avec l'aide de Jacques Boisseau, dit Cognac, et de Louis Martin, des cornets d'écorce de bouleau. Dans ces cornets, il versa de petites quantités de poudre noire prélevée dans un baril.

En une minute, Lecompte était de retour, porteur des deux chaudrons de braise réclamés. Sans perdre un instant, Dollard fit renverser le contenu des deux récipients sur les Iroquois-bûcherons.

Ceux-ci furent brûlés, mais pas assez pour cesser de manier la hache. Ils étaient à peine revenus de leur surprise que Dollard laissait tomber sur la braise ses cornets de poudre qui explosèrent en quelques instants.

Stupéfiés, les sauvages abandonnèrent leurs cognées et s'enfuirent. Comme hier, la déroute était totale: les sauvages laissaient derrière eux une trentaine de morts et ramenaient avec eux un bon nombre de blessés.

Lorsque les hommes assoiffés descendirent des passerelles, ils eurent la mauvaise surprise de constater qu'une flèche iroquoise avait atteint par hasard la base d'un grand fût, à l'arrière du fort, et que le précieux liquide s'était répandu par terre, contre la palissade. Cette eau représentait une journée complète de ravitaillement.

Dans les heures qui suivirent, les défenseurs, toujours en état d'alerte, durent subir un nouveau rationnement: trois gobelets d'eau par jour au lieu de quatre, à moins qu'il pleuve à brève échéance. Pas un nuage ne traînait dans le ciel.

Il fallut soigner Brassier et Josselin. Les Hurons, curieux de voir si les Français supportaient aussi bien qu'eux l'épreuve du fer rouge, se rassemblèrent autour des blessés.

Dollard, soucieux de conserver aux Blancs leur autorité sur les Peaux-Rouges, dit à Brassier, Josselin et Robin de le suivre à l'intérieur. Là, il leur fit boire d'un trait une demi-tasse de rhum et ordonna aux deux blessés de se laisser brûler par Étienne Robin sans broncher. Ils savaient qu'ils devaient passer par là. Ils n'avaient pas le choix. Ils acquiescèrent. À Robin, il recommanda de ne pas s'éterniser sur les plaies avec son fer rouge. Après tout, il s'agissait de ses amis…

La flèche avait atteint Brassier au cou, mais la blessure était plutôt superficielle: une longue estafilade dans le côté du cou. Au moment de se laisser brûler, Brassier vit le regard de Dollard, posé sur lui, serra les dents et fixa Anontaha en faisant un rictus. En un instant, tout fut terminé et une odeur de chair brûlée se répandit.

Brassier alla se réfugier à l'intérieur, sans dire un mot, loin des regards scrutateurs des sauvages. Il fut bientôt rejoint par Josselin qui se tenait la main en grimaçant et qui fit pour s'empêcher de hurler une plaisanterie dont ils rirent tous les deux à gorge déployée.

Aucun incident ne se produisit du reste de la journée, si ce n'est le départ de deux grands canots, ayant chacun six Iroquois à leur bord, en direction de l'aval.

En moins de cinq minutes, les embarcations disparurent et Dollard, perplexe, se demanda longtemps pourquoi ces sauvages avaient quitté les lieux. Ils n'avaient pas l'air de fuir et ils apportaient avec eux des provisions. Peut-être voulaient-ils parcourir la région pour ameuter les autres Iroquois? Un désagréable frisson lui traversa le corps.

XLIV

AMERTUME

$\mathcal{D}$ans le fort iroquois, le moral des guerriers était au plus bas. Ils n'avaient pas digéré de voir les têtes de leurs frères, de leurs amis au bout des piques. Le goût de la défaite ne leur était pas familier. Très amers de ne pouvoir récupérer les dépouilles des morts pour leur donner une sépulture, ils se lamentaient.

Koparonto ne dérageait pas, tandis que Bobokapista songeait à tout abandonner.

«– Si ces blessés n'arrêtent pas de gémir, je vais devenir fou! dit le chef agnier. J'envie presque le sort des morts…

– Eux aussi, répondit le chef de guerre onnontagué, ils envient les morts. Et moi, je n'envie pas leurs blessures. Les boules de fer que les Visages pâles nous lancent avec leurs bâtons de tonnerre causent des souffrances horribles, dans le corps des braves. Les entrailles brûlent comme du feu. Tu sais qu'ils vont presque tous mourir…

– Tais-toi donc! Je le sais, qu'ils vont aller rejoindre leurs ancêtres. Combien de jours vont-ils râler? Ils m'empoisonnent l'existence. Ils démoralisent les guerriers. Je voudrais pouvoir les achever!

– Tu sais que c'est contraire à la coutume. Nous devons soigner nos blessés et préparer une nouvelle attaque ou partir…

– Partir comme des vaincus? Kopachonta me le reprocherait toute ma vie. Je dois rester et empêcher les Français de s'en aller avant l'arrivée des renforts.

– Qu'est-ce qu'on fait? On attaque encore? Nous allons tous nous faire tuer par cette petite bande de guerriers blancs. Nous ne sommes pas assez nombreux.

– C'est ce qui m'énerve le plus: le fait qu'ils sont en si petit nombre. Kopachonta ne voudra jamais croire que trois cents braves Agniers et

Onnontagués se laissent arrêter par une poignée de Visages pâles aidés par une quarantaine de Hurons!»

Comme toujours, il cracha par terre en prononçant ce nom. À ses yeux, les Hurons étaient toujours des perdants qu'il faut mépriser, même s'ils avaient été vainqueurs au cours des deux derniers jours. Il ne voulait pas s'avouer qu'il avait été étonné de voir les Hurons se comporter comme des Français et faire de tels ravages dans les rangs iroquois.

«– Alors? dit Bobokapista. On se contente d'attendre?

– On peut toujours les énerver, les empêcher de sortir de leur fort, faire du bruit pour les empêcher de dormir, faire semblant de lancer des attaques pour éprouver leurs nerfs...

– Dans combien de temps ton frère nous enverra-t-il des renforts?

– Nous pouvons les avoir dans huit ou neuf jours, si sa colère est aussi grande que ce que je crois.»

XLV

LA SOIF

13 mai 1660

*L*es jours passaient, longs comme des éternités, et le moral des Français et de leurs alliés baissait.

Les réserves de vivres et de munitions avaient beaucoup diminué, les Hurons commençaient à manquer de flèches et l'eau était devenue une denrée plus rare que le rhum. De plus, une obsédante odeur de putréfaction se dégageait des cadavres d'Iroquois abandonnés à proximité du fort.

La troupe souffrait surtout de la soif. Il n'avait pas plu depuis le matin du 9 mai et la chaleur augmentait de jour en jour. Certains hommes ne vivaient plus que pour le gobelet d'eau. Ils commençaient d'y penser quatre ou cinq heures avant de l'avoir et, accoudés au sommet de la palissade, sur la passerelle, ils y rêvaient en regardant couler dans la rivière des Outaouais assez d'eau fraîche pour étancher toute soif imaginable, même celle des damnés.

Le pire était qu'à ce rythme, il n'en restait que pour deux jours. À moins qu'il pleuve. À moins que les Iroquois décampent. À moins qu'on réussisse à en trouver...

Quatre hommes, Jean Lecompte, Nicolas Tiblemont, Christophe Augier et Simon Grenet, avaient entrepris de creuser un puits. Depuis deux jours, ils approfondissaient un trou, au centre du fort, chacun son tour. La terre argileuse ne se laissait pas creuser facilement. Aucun résultat jusqu'à maintenant. Leur fosse, d'environ quatre pieds sur quatre, atteignait maintenant une dizaine de pieds de profondeur[1]. Il fallait descendre et remonter par une échelle.

Quant à la nourriture, c'était autre chose. Avec la chaleur, la viande avait pris un drôle d'aspect et la plupart des hommes, même les sauvages, après avoir souffert de diarrhées, ne voulaient plus y toucher.

Il aurait fallu que les Hurons arrivent plus tôt et les Iroquois plus tard afin d'avoir le temps de tuer des bêtes et de faire boucaner leur viande. Mais qui aurait pu prévoir que les Français et leurs alliés seraient prisonniers dans un fort aussi longtemps?

Il fallait donc se rabattre sur la farine. Mais allez donc faire des galettes, sans eau…

Restait le problème des munitions. Au cours des derniers jours, il était évident que les Iroquois avaient changé de tactique. Le jour, ils simulaient des attaques, obligeant les Français et les sauvages à gaspiller des munitions. La nuit, ils faisaient du vacarme pour les empêcher de dormir. Ils n'étaient pas affectés par leur propre tapage, puisque ceux qui voulaient dormir pouvaient toujours s'éloigner.

L'après-midi du 13 mai, l'un des creuseurs, Simon Grenet, vint trouver Dollard. Celui-ci était occupé, à l'intérieur, à écrire une lettre à Manon. Il désespérait de la lui faire parvenir un jour, mais lui écrire, c'était conserver l'espoir et vivre des instants de rêve et d'évasion.

«– Nous avons trouvé de l'eau!»

Dollard se leva d'un bond. Crusson, dans son coin, avait entendu. Il s'écria:

«– C'est vrai? Enfin!»

Ils se dirigèrent tous les trois vers la fosse, où Tiblemont creusait comme un forçat en dépit de la chaleur et de sa soif. Un filet d'eau coulait de la paroi, à dix pieds de profondeur. C'était une eau bourbeuse et il en coulait si peu qu'il aurait fallu une heure pour en remplir un gobelet.

«– C'est ça, ton eau? dit Dollard. Évidemment, c'est mieux que rien. Mais j'espérais… Enfin, je croyais que le débit serait plus important…»

Déjà, Crusson retournait à l'intérieur, déçu.

«– Ce n'est qu'un début, intervint Tiblemont, qui s'était arrêté de creuser pour s'éponger le front. Je suis certain qu'il y en a bien davantage, tout près de nous, dans la terre.

– Continue, dit Dollard. J'aime ton optimisme. C'est avec des hommes qui ont cette mentalité que nous allons réussir.»

Dollard aurait voulu pouvoir ajouter: si les Hurons et les Algonquins pouvaient arrêter de chialer sur leur sort et faire quelque chose de constructif, eux aussi…

Outre l'eau, la nourriture, l'odeur de putréfaction et les munitions, son plus gros problème était le mécontentement des sauvages.

Les Hurons, surtout, se plaignaient de la soif et de ce que Dollard les avait entraînés dans une fâcheuse aventure.

«– Nous allons tous mourir ici, se lamentait Anontaha en contemplant la rivière. Nous n'aurons même pas la gloire de mourir au combat, puisque nous périrons de soif…

– Mais non! le rassurait Dollard. Tu sais bien qu'il va finir par pleuvoir et que les Iroquois eux-mêmes vont partir.»

Le Français n'en était plus lui-même convaincu, mais il fallait bien rassurer Anontaha, son indispensable allié.

«– De deux choses l'une, confiait-il à Crusson et Tavernier: ou bien ils ont résolu de nous affaiblir en nous affamant et en nous assoiffant avant de nous attaquer avec tous leurs effectifs, ou bien ils attendent des renforts. J'espère toujours, mais ne le crois plus, qu'ils vont se fatiguer et partir.

– Dans ce cas-là, dous devrons combattre. Nous les avons battus une fois. Nous le pouvons encore, estima Crusson.

– Mais nous n'avons plus d'eau!

– Nous en cherchons, non?

– Tu sais bien que c'est sans espoir...

– Moi, je sais où trouver de l'eau, intervint Tavernier.

– Oui, dans la rivière, ironisa Crusson.

– Précisément! Et si Dollard m'y autorise, j'irai en chercher la nuit prochaine.

– Tu es fou! Nous sommes entourés d'Iroquois!

– Laisse-le parler, dit Dollard. Mon ami Tavernier est un homme de ressources.

– Je crois qu'il est possible, si nous faisons diversion, de détourner suffisamment leur attention pour permettre à un homme de sortir par l'arrière et de gagner la rivière, un peu plus loin, en amont, en passant à travers bois. Les nuits sont brumeuses, ces jours-ci. C'est sûrement possible[2].

– Tu irais seul? Quatre hommes transporteraient plus d'eau et auraient plus de chances de se défendre...

– À quatre contre cent? Contre cent cinquante?

– Évidemment...

– Il n'est pas question de se défendre, mais de transporter de l'eau. Je suis prêt à y aller avec quelques volontaires.

– Ta proposition est généreuse. Je vais y penser, si nos creuseurs n'arrivent à aucun résultat.»

Crusson, lui, pensait à autre chose:

«– Et si nous tentions une sortie? S'ils ne sont que cent cinquante hommes valides...

– J'y ai pensé, admit Dollard, et je continue d'y réfléchir. Ce serait un combat à trois contre un... Combien de nos hommes mourront, dans un tel affrontement? J'ai promis au gouverneur d'en ramener le plus possible...

– Si ça continue, tu n'en ramèneras aucun: nous allons tous mourir de soif!

– Mais non! Tavernier va nous rapporter de l'eau...»

XLVI

L'EAU

*A*près deux heures de plus d'un travail acharné, le quatuor de creuseurs dût s'avouer que ses efforts n'aboutiraient jamais et abandonna le puits, amèrement déçu. Tant de travail pour rien!

Dollard, qui avait eu le temps de réfléchir, réunit ses hommes au centre du fort et rejoignit sur la passerelle avant les sentinelles. Il s'exprima d'une voix forte qui dénotait la confiance et l'assurance:

«– Messieurs, il est évident que nous allons manquer d'eau.»

Un murmure parcourut les rangs.

«– Nos ennemis tardent à abandonner leur position et celle-ci nous empêche de nous approvisionner...

– Nous allons mourir! cria Anontaha.

– Tu veux que nous nous rendions? Nous serons massacrés! rétorqua Augier.

– Il n'en est pas question! lança Dollard d'une voix assurée. Mon ami Tavernier m'a fait une proposition que j'accepte. La nuit prochaine, lui et quelques volontaires quitteront le fort, par l'arrière, pendant que nous simulerons une tentative de sortie par l'avant. Ils devraient pouvoir se rendre à la rivière et en revenir en passant par les bois.

– Ils vont se faire prendre! dit Brassier, l'homme qui avait reçu une flèche au cou.

– Il faut essayer! répondit Tavernier.

– C'est lourd, de l'eau, cria Roland Hébert. Un simple seau peut peser trente livres. Il faudra au moins quatre hommes, si on veut en transporter assez. On me surnomme Larivière. Avec un pareil surnom, je suis volontaire.

– Qui d'autre?» demanda Dollard.

La plupart des Français, de même qu'un Algonquin et trois ou quatre Hurons se portèrent volontaires.

Dollard, qui se méfiait chaque jour davantage des Hurons, n'en accepta aucun. Il craignait qu'ils ne désertent. Par contre, il choisit l'Algonquin, qui se nommait Sagamo, ainsi que René Doussin et ses amis Tavernier et Hébert.

«– Si vous êtes prudents, leur dit-il, nous aurons de l'eau pour deux jours de plus, en la ménageant. D'ici là, avec la grâce de Dieu, il pleuvra.

– Nous ne commettrons aucune imprudence, promit Doussin. Nous savons quel risque nous courons et nous tenons tous à la vie.

– Sagamo sait marcher dans les bois d'un pas plus léger qu'une plume», assura le sauvage.

*

*   *

Les quatre hommes étaient prêts bien avant la tombée de la nuit. Ils avaient préparé un grand baril en le ceinturant de cordes épaisses qui permettraient de le soulever pour le transporter. Comme leur chef l'avait estimé, une telle quantité d'eau, bien qu'il soit pénible de la transporter, permettrait de tenir deux jours de plus[1].

Dollard, de son côté, avait désigné une dizaine d'hommes pour faire diversion. Ceux-ci devaient sortir par la porte, en armes, sans se cacher, et ouvrir le feu, comme s'ils tentaient une sortie. Leurs compagnons français et leurs alliés aborigènes les couvriraient, du haut des passerelles, en tirant balles et flèches.

Les Français étaient convaincus que cette ruse grossière permettrait aux volontaires d'arriver à leurs fins.

Il en coûtait à Dollard de gaspiller encore des munitions, mais il jugeait indispensable la diversion.

Dix minutes avant qu'il fasse complètement noir, les assiégés furent surpris d'entendre les Iroquois entonner des chants. Ils ne savaient pas encore que ces obsédantes mélopées, ils allaient les subir, nuit après nuit, jusqu'à la fin.

Elles s'ajouteraient à la pénurie de nourriture (et d'eau, si l'expédition échouait) et à l'odeur de putréfaction qui emplissait le fort.

Les Iroquois ne chantaient pas à l'unisson. Leurs voix rauques parvenaient confusément aux assiégés qui ne pouvaient pas discerner les paroles. Les chants étaient assez forts, toutefois, pour gêner le sommeil, se dit Dollard qui espérait qu'ils allaient cesser avant la fin de la soirée.

Tout se passa bien. Tavernier, Doussin, Hébert et Sagamo quittèrent sans encombre le fort. Ils n'apportaient aucune arme, si ce n'est leurs couteaux et leurs épées. Ils savaient que s'ils étaient capturés, ils mourraient.

Pendant que la fusillade crépitait derrière eux, ils passaient en douce par l'étroite brèche pratiquée dans la palissade. C'est Tavernier qui portait le baril vide sur son dos. Ce serait chacun son tour de le porter.

Le trajet à travers bois prit une bonne demi-heure. La végétation n'était pas encore très dense, à cette époque de l'année où le feuillage était encore jeune. Aucun sentier ne facilitait leur parcours, mais le terrain n'était guère accidenté.

Au fur et à mesure qu'ils s'éloignaient du fort, le bruit et le danger diminuaient et une merveilleuse sensation de liberté s'emparait d'eux.

C'est avec une certaine facilité qu'ils parvinrent à la rivière, cette merveilleuse rivière des Outaouais dans laquelle coulait tant d'eau potable.

«– Tu entends ce bruit? fit Doussin à Tavernier.

– L'eau qui coule! Je n'ai jamais entendu de musique aussi suave.

– Eh! Hébert! Tu crois qu'elle est fraîche?

– Comment le savoir?» fit celui qui portait maintenant le baril.

En un instant, les quatre hommes étaient nus et dans l'eau jusqu'au cou. C'était leur récompense pour avoir pris le risque de se faire tuer pour venir en aide à leurs amis. Ils burent comme s'ils ne devaient plus jamais voir d'eau et se permirent de se laver et de batifoler pendant plusieurs minutes dans le précieux liquide.

«– Tu sais, Tavernier, que nous pourrions ne jamais retourner au fort, dit Hébert. Nous serions loin avant même qu'ils croient que nous nous sommes fait prendre...

– Je sais que tu plaisantes, répondit Tavernier. Nous savons bien que ce n'est pas possible. Nous avons juré de nous soutenir les uns les autres, quoi qu'il advienne, de venger Marie-Jeanne, de sauver Ville-Marie.

– Tu crois que nous allons sauver Ville-Marie? intervint Doussin.

– Je ne sais pas. Je l'espère. Tu vois, nous avons déjà tué près d'une centaine d'Iroquois.

– Sans compter que beaucoup de blessés mourront ou seront incapables de combattre...

– Et ce n'est pas terminé. Il y aura d'autres batailles, j'en suis convaincu.

– Tu crois? reprit Hébert. Ils ne vont pas s'en aller?»

Ils avaient discuté ce sujet cent fois, mais ils y revenaient sans cesse, comme si un élément nouveau pouvait permettre d'arriver à une nouvelle conclusion, comme si quelqu'un pouvait avoir appris quelque chose d'encourageant.

«– J'ai la même opinion que Dollard», laissa tomber Tavernier, qui ne voulait pas préciser sa pensée devant Sagamo. Celui-ci ne comprenait guère le français et semblait, pour l'instant, très heureux dans l'eau.

«– Nous nous sommes assez amusés!» décida le chef de l'expédition. Il est temps de remplir ce foutu baril et de le porter jusqu'à une certaine bande d'assoiffés qui nous attend.»

Ce qui paraissait simple s'avéra être la croix et la bannière. Rempli d'eau, le baril pesait si lourd qu'il fallut trois bonnes heures pour le trimballer jusqu'au fort. Les cordes étaient si coupantes que les hommes se blessèrent les mains, même s'ils avaient enroulé des feuilles d'écorce de bouleau autour d'elles pour en accroître le diamètre.

Par chance, les Iroquois ne se doutaient de rien. Ils étaient trop occupés à mettre en pratique leur stratégie: affaiblir l'ennemi en l'empêchant de dormir[2]. Retrouver le chemin du fort à la faible lueur de la lune fut un jeu d'enfant. Il suffisait de se diriger vers les chants et l'odeur de putréfaction.

Dollard désespérait de revoir vivants ses hommes lorsqu'ils se présentèrent devant la brèche. Ils avaient mis tant de temps à rapporter leur précieux fardeau qu'il s'était presque convaincu que les Iroquois les avaient capturés.

Avant d'entrer dans le fort, Doussin dit à Tavernier:

«– Laisse-moi respirer encore un instant l'air de la liberté. J'ai l'impression que je ne ressortirai jamais de ce maudit fort.

– Tais-toi, morbleu! Ne décourage pas les hommes!»

Doussin tendit le bras et saisit une petite branche de peuplier, qu'il arracha. À quelques pas de là, il vit les wigwams abandonnés des Hurons et des Algonquins. Il n'y avait pas d'arbre, dans le fort, et presque aucune végétation. Le Français tripota longuement les jeunes feuilles, pendant que les assiégés faisaient passer le baril de l'autre côté de la palissade. Il se passa l'extrémité de la branche sous le nez, respira profondément et jeta la branche. Il n'avait plus qu'une chose à faire: respecter son serment. Il entra dans le fort et la brèche fut soigneusement refermée derrière lui.

Il était tard. Pourtant, personne ne dormait. On fit une fête aux quatre hommes et des acclamations furent entendues jusque dans le camp iroquois. Les chanteurs s'interrompirent un instant.

«– J'ai bien cru que vous ne reviendriez jamais! lança Dollard. C'est plus lourd que vous ne le pensiez?

– Tu parles! Ça doit peser au moins cinq quintaux! dit Hébert.

– La prochaine fois, reprit Tavernier, il vaudrait mieux n'emplir ce baril qu'à moitié et y aller deux fois. Le trajet est facile et les Iroquois ne soupçonnent rien.»

*
* *

187

Les Français eurent deux autres occasions de se rendre à la rivière: les 15 et 17 mai. Dollard avait permis que d'autres volontaires accomplissent cette agréable corvée, afin que tous puissent se baigner et boire tout leur saoul.

Malgré cet apport d'eau providentiel, la soif tenaillait les assiégés. Les rations n'avaient pas augmenté. Par contre, il était redevenu possible de se servir de la farine et une nouvelle fournée de petits pains permettait chaque jour aux hommes de se sustenter.

Il avait fallu dire adieu à la viande. Elle était aussi pourrie que les cadavres des Iroquois et on l'avait jetée de l'autre côté de la palissade avant qu'elle attire trop de moustiques.

Anontaha avait proposé à Dollard d'aller à la chasse, mais le chef français avait refusé. La tentation à laquelle les ravitailleurs en eau avaient résisté serait trop forte pour les Hurons. Il répondit simplement que bientôt, chacun pourrait manger toute la viande qu'il voudrait. Mais il n'en croyait rien. Trop de jours s'étaient écoulés pour que les Iroquois partent. Ils attendaient quelque chose.

Tavernier et Crusson discutèrent longuement avec Dollard, le 17 mai, de la possibilité de tenter une sortie ou de quitter le fort en pleine nuit.

Leur chef refusa[3]. Il considérait qu'une sortie serait suicidaire, puisque les Français, s'ils quittaient la protection du fort, ne seraient pas assez nombreux pour se défendre efficacement.

Partir la nuit serait également beaucoup trop risqué, soutenait-il. Au moindre bruit, les Iroquois se rueraient sur eux et les massacreraient. S'ils parvenaient à quitter le fort et à s'en éloigner, les Iroquois s'en apercevraient très rapidement, les rattraperaient et les tueraient.

Tavernier et Crusson finirent par se ranger à son avis et reconnurent qu'il valait mieux attendre. Les Iroquois, même s'ils recevaient des troupes fraîches, finiraient bien par se lasser et partir. Les deux grands canots étaient partis depuis huit jours et rien ne s'était produit. Les renforts ne viendraient peut-être pas...

XLVII

RENFORTS

$\mathcal{L}$e 18 mai, un peu après le repas du midi, une grande clameur se fit entendre. Les sentinelles n'eurent pas besoin d'expliquer ce qui se passait. En un instant, tous les Français et tous les sauvages montaient sur les passerelles pour assister, aussi incrédules qu'atterrés, à l'arrivée d'un contingent d'environ cinq cents Iroquois.

Il y avait tant de grands canots, juste en aval des rapides, qu'on ne voyait presque plus les flots bleus de la rivière des Outaouais. Leurs occupants, arborant les couleurs des Agniers et des Onneyouts, poussaient des cris martiaux qui en disaient long sur leurs intentions.

C'est à ce moment que Dollard et ses compagnons surent vraiment qu'ils allaient mourir. Jusqu'à ce jour, ils refusaient d'admettre que cela pouvait se produire, ils continuaient d'espérer un miracle. L'arrivée de cinq cents guerriers les mettait en face de l'évidence.

«– Ma petite Manon, tu ne reverras pas ton Dollard, murmura celui-ci. Mais il peut te promettre qu'il va respecter son serment et vendre chèrement sa peau.

– Qu'est-ce que tu dis? demanda Tavernier.

– Que nous ne sommes pas au bout de nos peines…

– Tu parles! Je crois que c'est la fin.»

Dollard jeta un regard au visage de son ami. Il transpirait à grosses gouttes, mais s'efforçait de dissimuler sa peur.

«– Nous allons tous mourir, intervint Crusson. Alors, faisons-le en exterminant un maximum de ces maudits sauvages.

– On dirait qu'ils sont tous ici, reprit Tavernier.

– Presque tous. Il n'y a qu'à tirer dans le tas! dit Dollard, d'un ton désabusé. Vous savez quelles sont vos instructions. Allez retrouver vos hommes.»

Anontaha, dans tous ses états, s'adressait à sa troupe:

«– Le grand chef de guerre français nous a attirés dans un piège.

Nous sommes braves, nous sommes les meilleurs, parmi les meilleurs guerriers hurons, mais nos ennemis sont trop nombreux. Il n'est pas possible de leur tenir tête. Nous devrions parlementer avec eux.»

Dollard avait trop besoin d'eux pour écouter cette harangue sans intervenir:

«– Anontaha, tu parles comme un lièvre terrorisé par un loup. Es-tu trop lâche pour combattre ton ennemi comme un homme? Ne sais-tu pas que mourir au combat est la récompense du guerrier? Frères Hurons, écoutez-moi. Et vous aussi, amis Algonquins. Sous savez de quelle manière les Iroquois ont traité les Hurons, dans le passé. Ils les ont presque anéantis. Si nous ne leur résistons pas, ils feront disparaître vos tribus de la surface de la terre et les établissements de l'homme blanc aussi.

«Mais le Roi de France ne permettra pas que les Iroquois anéantissent la colonie. Il enverra en Nouvelle-France tant de soldats bien armés et bien entraînés que nos ennemis seront vaincus. En attendant, c'est à nous et à nos alliés de défendre nos intérêts. Que ceux qui aiment cette terre et veulent la conserver se battent pour elle!»

Les Algonquins donnèrent leur assentiment et promirent à Dollard qu'il pourrait compter sur eux.

«– La mort n'est rien pour celui qui aime se battre», dit leur porte-parole.

Les Hurons, eux, étaient divisés. Certains voulaient combattre leurs ennemis héréditaires, d'autres se battre pour défendre la foi chrétienne nouvellement apprise des missionnaires, mais la plupart auraient voulu se trouver ailleurs.

«– Moi aussi, dit Dollard à Anontaha, en le regardant dans les yeux, je préférerais partir d'ici libre et indemne et retourner à Ville-Marie. Mais ce n'est plus possible. Nous sommes cernés par nos ennemis et la seule chose que nous puissions faire, c'est mourir dignement en nous battant comme des loups.

– Moi, je crois que le mieux, pour le moment, est d'aller trouver leurs chefs pour discuter avec eux quelque bonne composition. Nous leur dirons que nous voulons partir et que, s'ils veulent s'y opposer, des centaines d'entre eux seront tués. Tous les cadavres qui pourrissent au pied de ces murs parlent de notre courage et de notre puissance.

– C'est vraiment le langage que tu veux tenir? Tu crois pouvoir les impressionner, les convaincre?

– Les Iroquois respectent le courage. Ils m'écouteront.

– Même si toi et les tiens avez coupé des têtes?

– Qu'avons-nous à perdre? Nous ne pouvons plus vaincre. Ils sont trop nombreux.

– Que leur diras-tu?

– Anontaha leur montrera le chemin...»

Dollard ne se faisait pas d'illusion: Anontaha serait capturé et massacré. Sa mort dicterait aux autres Hurons la conduite à suivre.

XLVIII

LE MÉPRIS

*P*endant ce temps, Koparonto tentait d'expliquer à son frère, Kopachonta, grand chef de guerre des Agniers, pourquoi les trois cents Iroquois conduits par Bobokapista, grand chef de guerre des Onnontagués, et par lui-même n'avaient pas réussi à écraser «une poignée de Français affamés et assoiffés appuyés par une bande de Hurons pouilleux». Crachat.

«– Tu es un incapable! tonnait Kopachonta. Un enfant y serait arrivé! Comment pourrais-je te faire confiance?

– Écoute-moi, mon frère. Ils sont puissants, ils ont des bâtons de tonnerre...

– Ta gueule! Sur le champ de bataille, je ne suis pas ton frère, je suis le chef. Et cesse d'appeler les mousquets des bâtons de tonnerre, comme le font les ignorants. Tu as compris?

– Oui, chef. J'essaierai de m'en souvenir.

– Je n'arrive pas à y croire! Vous étiez trois cents, je vois une brèche, là, sur le devant de leur fort, et vous n'êtes pas arrivés à y pénétrer!

– C'est une fausse brèche.

– Fausse?

– Les Français sont rusés. Ils ne savaient pas que nous les avions suivis et observés. Ils croyaient que nous tomberions dans leur piège...

– Quel piège?

– Toi aussi, tu crois que leur fort est vieux et délabré? Tous ces pieux pourris que tu vois cachent des pieux neufs. Et cette brèche n'en est pas une: les branches, derrière, cachent un mur solide.

– Leurs pieux, neufs ou pourris, ne m'arrêteront pas.»

Kopachonta observait son frère d'un regard méprisant.

«– Quand je pense que plusieurs dizaines de guerriers sont morts par ta faute et que des dizaines d'autres ne pourront plus jamais combattre...

Tu es un incapable! Jamais plus je ne te confierai le commandement d'un groupe! Maintenant que je suis là, tu vas voir que les choses vont changer.

— Je suis heureux que tu sois là. Ensemble, nous vaincrons.

— Tais-toi! Va chercher Bobokapista.»

Pendant que son frère exécutait son ordre, Kopachonta examinait les lieux et jetait un regard aussi courroucé que méprisant aux guerriers vaincus. Tous s'écartaient de son chemin pour lui livrer passage et détournaient honteusement le regard.

Il arriva à l'arrière du fort et, se laissant guider par l'odeur infecte, parvint là où avaient été entassés les morts, en attendant la cérémonie de la sépulture. À cet endroit, l'odeur insupportable qui émanait du charnier l'obligea à retenir sa respiration. Il compta une soixantaine de cadavres. On lui expliqua craintivement que les autres pourrissaient près du fort français et qu'il était trop dangereux d'aller les chercher.

Rentrant dans le fort, son regard se posa sur un groupe d'hommes qui, appuyés à la palissade, gémissaient faiblement. C'étaient ceux qui ne s'étaient pas remis de leurs blessures, dont les plaies s'étaient infectées et dont les forces déclinaient de jour en jour. Kopachonta leur jeta:

«— Bande de mauviettes! Vous êtes la honte de nos nations!»

Koparonto et Bobokapista se dirigeaient vers lui. Solidement campé sur ses jambes, il les attendait de pied ferme:

«— Et toi, chef de guerre des Onnontagués, qu'as-tu à dire pour ta défense? Comment se peut-il que tu ne te sois pas rendu maître de ce fort français? Koparonto n'a pas la stature d'un chef, mais toi... Tu as déjà remporté de nombreuses victoires...

— Tu me dois le respect dû aux chefs de guerre. Je suis ton égal...

— Tu es mon égal, c'est vrai. Mais ici, c'est moi qui commande. Je ne suis pas un vaincu, moi. Le chef de guerre des Onneyouts, Bopomata, a déjà compris ce fait: c'est moi qui commande.

— Si tu y tiens, commande! Tu verras bien que ces maudits Français vont te donner du fil à retordre. Ils sont tenaces et courageux, même s'ils commencent à manquer de vivres et d'eau. J'ignore s'ils ont assez de munitions. Leur chef, par contre, sait mener une bataille. C'est un grand chef. Il a montré aux Hurons et aux Algonquins comment tirer leurs flèches...»

Bobokapista cracha au pied de Kopachonta.

«— Les Français ont montré aux Hurons comment tirer des flèches! Et quoi d'autre? ironisa le chef de guerre agnier. Comment bâtir un wigwam? Comment fumer le calumet? Tu te moques de moi!

— Quand tu auras vu des nuées de flèches faucher nos guerriers, tu comprendras.

— Et toi, avant ce soir, tu auras vu qui est le chef. Avant ce soir, les Français seront écrasés, j'en fais la promesse.»

XLIX

HARANGUE

$\mathcal{D}$ollard réunit les assiégés au centre du fort. Il était temps de leur parler, avant l'assaut des Iroquois.

Dans combien de temps? Dix minutes? Une heure? Pour l'instant, ils étaient tous, sauf les sentinelles, dans une clairière, non loin de leur fort, lequel n'était pas assez vaste pour les accueillir tous.

Anontaha venait de quitter le fort, en compagnie de deux autres Hurons, dont l'un était un Onneyout huronisé. C'était un garçon d'une vingtaine d'années qui avait été capturé en 1654 au cours d'une escarmouche et adopté en remplacement d'un Huron mort au combat. On l'appelait Saski. Anontaha croyait que la présence d'un Onneyout à ses côtés faciliterait les négociations[1].

Dollard avait entendu, comme les autres Hurons et tous les assiégés, les cris hostiles des Iroquois lorsque Anontaha et ses deux guerriers avaient quitté le fort. «Tout est perdu, avait-il estimé. Il est temps de haranguer notre troupe avant la ruée.

«– Messieurs, leur dit-il d'une voix posée, où perçait l'émotion, le moment est venu de livrer la dernière bataille. Une bataille à dix ou douze contre un.»

Un silence de mort régnait dans le fort. Les Français assoiffés transpiraient. Pour la première fois de sa vie, Dollard sentait son cœur comme pris dans un étau. Mais il était le chef, le responsable. Il devait s'exprimer comme un chef.

«– Le temps des illusions est terminé, poursuivit-il. Nous allons perdre cette dernière bataille. Nos ennemis sont trop nombreux pour que nous leur résistions indéfiniment. Lorsque nous serons épuisés, ils pourront encore lancer contre nous des forces fraîches.

«Si nous devons mourir, combattons avec tant de courage et de détermination que nous exterminions le plus grand nombre possible d'Iroquois. C'était le but de notre expédition et il n'a pas changé: moins il seront nombreux, moins Ville-Marie sera menacée.

«J'ignore dans combien de temps ils vont attaquer. Dans cinq minutes? Dans une heure? Vous devez être prêts, sur les passerelles. Que chaque arme soit chargée et que chaque épée soit à portée de la main, de même que tous les couteaux, les arcs, les tomahawks.

«Vous commencerez, comme la dernière fois, par les repousser en tirant des salves de coups de feu et des volées de flèches. Je veux que vous le fassiez dans un ordre parfait. Cela impressionne grandement les Iroquois.

«Viendra un temps où nous serons débordés. Nous ne pourrons plus les empêcher de pénétrer dans le fort. Nous n'aurons plus le temps de recharger nos mousquets. Il faudra alors sortir vos épées, vos casse-tête. Frappez fort! Sans pitié!

«Souvenez-vous que vous vous battez pour Ville-Marie, pour la Nouvelle-France, pour venger Marie-Jeanne. Vous, les sauvages, vous combattrez pour que vos tribus restent libres et fières. Votre sacrifice doit faire couler une rivière de sang dans les rangs des Iroquois.

«À la fin, ce sera le corps à corps. Vous aurez leurs faces grima-çantes à portée de poignard. Frappez! Jusqu'à épuisement! Et frappez encore car, si vous ne frappez plus, vous serez pris, abattu, torturé. Qui sait?»

Dollard avait peur. Il fit une pause, puis se ressaisit rapidement. Il n'avait pas le droit de communiquer sa peur, estimait-il.

«– Nous allons, dit-il enfin, recommander nos âmes à Dieu, à cette heure ultime de nos vies. Puisse-t-Il nous aimer assez pour que nous soyons tués au combat, une mort digne d'un soldat, plutôt que livrés à ces barbares. Que Sa gloire soit éternelle et que notre sacrifice y contribue un peu, s'Il le veut!

«Quant à moi, messieurs, je vous demande pardon de vous avoir entraînés dans cette aventure. Nous aurions peut-être dû tenter une sortie, mais il est trop tard pour y penser, maintenant...[2]»

Pendant une minute, personne n'ouvrit la bouche. N'eût été le vacarme dans le camp des Iroquois, on aurait pu entendre voler une mouche. Dollard appartenait à cette catégorie de chefs que leurs troupes respectent même dans la défaite et sont prêtes à suivre jusque dans la mort.

Tavernier ouvrit enfin la bouche pour parler au nom de tous:

«– Dollard, tu es notre chef et nous te suivrons jusqu'au bout. Tu n'as rien à te reprocher. Il était nécessaire que quelqu'un prenne l'ini-tiative et ce chef qui l'a fait, c'est toi. Concentrons-nous donc sur la dernière bataille.»

Le soleil brillait de tous ses feux. Il faisait chaud et les hommes avaient soif. Dollard, sachant que toute économie était désormais inutile, fit distribuer l'eau qui restait, autant aux sauvages qu'aux Français. Ils en eurent chacun presque deux gobelets, qu'ils burent avidement. Chacun avait conscience qu'il buvait pour la dernière fois de sa vie.

Les hommes prirent position. L'attente débuta, dans l'odeur infecte des corps en décomposition.

Chaque homme, qu'il soit blanc ou rouge, voyageait au fond de lui-même.

Certains revivaient leur vie par la pensée.

D'autres songeaient à leur famille, restée en France ou dans des villages hurons ou algonquins, au fond des bois, très loin.

Quelques-uns priaient. Ils avaient une âme à sauver et aucun prêtre sous la main pour confesser les pécheurs et donner l'extrême-onction aux mourants.

L

LOYAUTÉ

*A*u bout d'un certain temps, une dizaine de sauvages se présentèrent, sans arme, presque nus, au pied de la palissade. Ils désiraient parler, disaient-ils, aux Hurons. Craignant une ruse, une diversion qui permettrait aux Iroquois d'attaquer pendant que la porte serait ouverte, Dollard refusa.

Les sauvages prirent alors le parti de s'adresser quand même aux Hurons, dans leur langue, à haute voix, tout en restant de leur côté de la palissade:

«– Frères Hurons, nous sommes de votre race. Nous sommes de votre tribu. Regardez-nous bien. Nous sommes des Hurons, nous aussi, et nous voulons vous sauver la vie. Quittez ce fort avant qu'il soit trop tard[1].

– Qui nous assure que vous êtes des Hurons?

– Vos oreilles ne comprennent-elles pas la langue de vos frères? Vos yeux ne reconnaissent-ils pas les tatouages traditionnels de notre tribu?

– Qu'est devenu Anontaha?

– Il se repose. Nous lui avons donné à boire et à manger.

– Que voulez-vous?

– Quittez ce fort, si vous ne voulez pas mourir.

– Pourquoi êtes-vous du côté des Iroquois?

– Nous avons été capturés, lorsque nous étions jeunes, et on nous a adoptés. Les Iroquois nous traitent bien. Ils considèrent que nous sommes devenus des Onneyouts. Nous sommes leurs alliés.»

Crusson traduisait ces paroles à Dollard au fur et à mesure. Le chef français, voyant que l'ennemi tentait de lui faire perdre les deux tiers de ses effectifs, mit ses deux mains en porte-voix et cria:

«– Allez-vous en! Partez avant que je donne l'ordre de vous abattre!

Je ne tire pas sur des hommes désarmés, mais ce que vous faites est déloyal et aussi grave qu'une attaque. Partez immédiatement!»

Les Hurons tentateurs s'éloignèrent.

Les Hurons assiégés demandèrent à Dollard qu'on les laisse se réunir dans un coin du fort, afin de discuter. Ils eurent ce qu'ils voulaient, après une sévère mise en garde.

Ils discutaient depuis vingt minutes lorsque leurs congénères revinrent les tenter:

«– Frères Hurons, nous vous supplions de venir nous rejoindre avant qu'il soit trop tard. Kopachonta s'impatiente. Lorsqu'il lancera son attaque, personne ne sera épargné. Venez nous rejoindre...»

Vingt-quatre Hurons annoncèrent à Dollard leur intention de changer de camp[2].

«– Nous ne voulons pas mourir, expliquèrent-ils.

– Si vous nous abandonnez, vous condamnez à mort vos familles. Les Iroquois seront de plus en plus forts et réduiront en cendres les villages français et hurons. Vous devez les combattre à nos côtés.

– Ils ont épargné Anontaha. Ils nous épargneront aussi.

– Souvenez-vous du sort subi par vos villages, depuis 1648. Souvenez-vous du massacre de Sainte-Marie-des-Hurons. Ils ont exterminé vos pères, vos oncles. Ils ont violé vos mères et vos sœurs avant de les achever. Ils ont incendié leurs wigwams. Vous subirez le même sort, lorsqu'ils auront détruit les établissements des Blancs! Les Français sont vos alliés...»

Les vingt-quatre ne voulaient rien savoir. Abandonnant leurs armes, leurs vivres et leurs biens, ils franchirent la palissade en sautant par dessus. Dollard eut l'idée de les faire abattre, plutôt que de les laisser passer à l'ennemi, mais il avait de la sympathie pour plusieurs d'entre eux et n'eut pas le cœur de donner cet ordre.

«– Adieu! leur hurla-t-il. Sachez que si vous revenez au pied de cette palissade, vous serez tués sans pitié. Faites passer le message à Anontaha: il a trahi ses amis Français et il va payer cher sa déloyauté!»

Après avoir pris le temps de se calmer, Dollard jeta un regard circulaire à ses troupes restées sur les passerelles et prit de nouveau la parole:

«– Maintenant, je sais que je peux compter sur ceux qui restent. Une douzaine de Hurons, que je considère comme de loyaux alliés, les plus braves de leur tribu, quatre Algonquins, dont le courage sera un exemple pour tous leurs frères, et seize Français.

– Dix-sept! cria Crusson. Tu t'oublies...

– Dix-sept qui en valent cent! s'écria Tavernier.

– Dix-sept qui en tueront plus de cent! s'écria René Doussin, l'un des plus âgés du groupe.

– Vous avez raison: dix-sept. En face de nous, combien sont-ils, ces barbares qui veulent nous massacrer? Difficile à dire. Une multitude!

– Nous allons vendre chèrement notre peau! Nous en tuerons des dizaines, peut-être plus de cent! l'interrompit Doussin.

– Messieurs, j'ai confiance en chacun de vous. Vous avez quitté la France à la recherche d'une vie meilleure. Vous l'avez trouvée à Ville-Marie. Et voilà que les Iroquois, ces barbares, menacent de tout anéantir. Vous savez pour quelle cause vous allez donner votre vie. Je ne vois pas pourquoi je vous ferais des discours. Respectez votre serment et battez-vous comme des lions! Pas de quartier!»

Un seul cri sortit de toutes les poitrines:

«– Pas de quartier!

– Pas de quoi?» demanda un Algonquin.»

*
* *

Une heure plus tard, Dollard et ses compagnons eurent la surprise de voir Anontaha se présenter, seul, devant la palissade. S'adressant à Dollard, il cria, de façon à être entendu de tous:

«– Tu croyais, grand chef blanc, que je t'avais trahi. Tu voulais m'en faire payer le prix. Pourtant, tu aurais dû savoir que le chef de guerre des Hurons n'a qu'une parole. Je suis revenu. Laissez-moi entrer.

– Tu as raison, Anontaha: je croyais ne plus te revoir. Je constate avec grand plaisir que le plus brave de tous les Hurons est de retour. Il n'a pas réussi à convaincre ses frères de rester parmi nous. Les Iroquois qu'il tentait d'effrayer se sont sans doute moqués de lui. Mais c'est un homme d'honneur. Qu'on le laisse entrer.»

LI

FEU!

*L*e temps passait. Ce que Dollard ignorait, c'est que Kopachonta attendait l'arrivée d'un dernier contingent d'Agniers. En tout, ils seraient près de huit cents. Il devait être quatre heures de l'après-midi.

Les transfuges mirent à profit ce délai pour tenter un dernier effort:

«– Frères Hurons, vous nous voyez. Nous sommes bien vivants et indemnes. Les Iroquois nous ont bien accueillis. Venez nous rejoindre… N'écoutez pas Anontaha: les Français l'ont rendu fou et il va vous faire tuer.»

Dollard en avait par dessus la tête. Il leur ordonna, en brandissant son épée:

«– Retirez-vous! Si vous n'êtes pas partis dans une minute, je vous fais abattre!»

Anontaha lui-même monta sur la passerelle et, brandissant son mousquet, leur ordonna de partir:

«– Si vous restez, j'en abattrai un moi-même avec ce mousquet. Vous nous avez trahis. Nous ne vous connaissons plus. Vous n'êtes plus des Hurons.»

D'autres Peaux-Rouges s'approchaient. Une cinquantaine d'Iroquois de toutes les nations.

«– Et ceux-là, que veulent-ils? Jouer aux dés? Partez!»

Les sauvages refusaient d'obtempérer. Dollard s'écria, de manière à être entendu à l'extérieur du fort:

«– Messieurs! En joue!»

Une vingtaine de mousquets furent pointés vers les Iroquois. Les Français avaient convenu d'éviter d'abattre en premier les Hurons transfuges, pour ne pas choquer ceux qui étaient restés dans le fort.

«– Dernier avertissement!»

La voix de Dollard, forte et impérieuse, se fit entendre dans le tumulte, mais les Iroquois n'avaient pas envie de s'en laisser imposer: ils continuèrent d'avancer vers le fort. La situation devenait dangereuse.

«– Feu!»

À cette courte distance, une vingtaine d'Iroquois furent fauchés, la plupart mortellement. Les Hurons, indemnes mais effrayés, battirent en retraite, semant la confusion dans les rangs iroquois. Les Français qui possédaient une deuxième arme à feu, un pistolet, firent feu une seconde fois, pendant que les Algonquins et les Hurons loyaux décochaient leurs flèches.

Dollard ne se faisait plus d'illusion. Ils venaient d'éliminer une trentaine d'ennemis, profitant de l'effet de surprise, mais les Iroquois allaient revenir en force.

«– Messieurs, ne perdons pas une seconde. Rechargeons nos armes avant leur retour. Lorsqu'ils seront à portée de mousquet, visons soigneusement pour que chaque balle atteigne sa cible.»

Deux ou trois minutes s'écoulèrent. Chacun retenait son souffle. Ce n'était plus l'heure de prier ni de penser à sa famille. Le moment était venu de tout donner.

LII

STRATÉGIE

*L*a rage déformait les traits de Kopachonta. Son frère commit l'imprudence de dire:

«– Tu vois bien! Leur chef est très habile et ce sont des guerriers courageux…

– Ta gueule! aboya Kopachonta en lui assénant un coup de poing à la figure. C'est ce qu'on va voir!»

L'irascible chef de guerre agnier se hissa sur une souche d'épinette et harangua ses troupes, de sa voix tranchante:

«– Soyez sans inquiétude: c'est moi qui commande, maintenant. Bopomata et Bobokapista ont reçu leurs instructions. Cette fois-ci, nous allons vaincre. La seule façon d'affronter l'ennemi, c'est de face. Celui qui tourne le dos est mort. Si les Français ne le tuent pas, je le ferai.»

Il promena ses yeux cruels sur ses guerriers pendant un bon moment. Tous le craignaient comme s'il avait été le Manitou lui-même. D'une voix à peine radoucie, il poursuivit:

«– Pour commencer, il faut attaquer les Français tout autour du fort, afin que leurs forces soient dispersées. Les Onneyouts, sous les ordres de Bopomata, vont passer par l'arrière, tandis que les Onnontagués, dirigés par Bobokapista, vont se présenter par les côtés. Moi, avec les Agniers, je donnerai l'assaut par l'avant[1].

«Il est important de se protéger avec les boucliers de cuir jusqu'au pied de la palissade. Vous devez arriver nombreux, de façon à ce que les Français ne puissent atteindre tout le monde en même temps. Pendant qu'ils tireront sur un des nôtres, dix seront en train d'escalader les murs; d'autres décocheront des flèches pour les protéger et un dernier groupe enfoncera la porte avec ce tronc de bouleau.

«Les Onnontagués vont attaquer en premier. En mobilisant l'attention des Français, ils vont permettre aux Onneyouts de contourner le fort et de se présenter par l'arrière, là où on ne les attend pas.

«La surprise causée par leur arrivée va nous permettre, à nous, les Agniers, d'enfoncer la porte sans recevoir des volées de flèches et de pénétrer en grand nombre dans le fort.»

Le visage de Kopachonta s'était durci. Il savait que les guerriers le haïssaient autant qu'ils le respectaient.

«– Ne tuez pas les prisonniers! ajouta-t-il. Je veux que les Français souffrent longtemps. Je veux aussi que ce soient les Hurons renégats qui tuent les Hurons et les Algonquins.

«En avant! Les Onnontagués, attaquez par les côtés! Tout de suite!»

LIII

MASSACRE

$\mathcal{L}$es Français les attendaient de pied ferme. Ils avaient beau se protéger avec leurs grands boucliers de cuir épais, il arrivait un moment où les guerriers onnontagués, pour une raison ou pour une autre, se découvraient un instant. C'est à ce moment précis que partaient les balles. Une vingtaine de sauvages furent ainsi fauchés dès le début de l'engagement[1].

Les Onnontagués avaient subi les plus lourdes pertes, les jours précédents. Aussi craignaient-ils la redoutable efficacité des assiégés et avançaient-ils presque craintivement. Par contre, ils avaient encore à l'esprit la menace de Kopachonta: «Celui qui tourne le dos est mort. Si les Français ne le tuent pas, je le ferai.»

Les premiers Onnontagués qui atteignirent la palissade tentèrent de la franchir. Ils croyaient que les Onneyouts étaient déjà parvenus à l'arrière du fort et que les Français se disperseraient. Malheureusement pour les guerriers de Bobokapista, l'attaque des Onneyouts n'était pas prête.

Dollard se rendit compte, pendant que les Français s'employaient à recharger leurs mousquets, opération très longue s'il en fut, que trente ou quarante sauvages se faisaient la courte échelle et que quatre ou cinq étaient déjà sur le sommet de la palissade, du côté ouest. Dans un instant, ils sauteraient dans le fort.

Il cria aux Algonquins, qui surveillaient le côté sud, de les attaquer sans délai pendant que lui-même en abattait deux avec ses pistolets.

Trois Onnontagués avaient tout de même réussi à pénétrer dans le fort lorsque l'arrivée des Onneyouts par le côté nord fut signalée par un guetteur. Les Français avaient enfin rechargé leurs armes.

«– Messieurs, cria Dollard au milieu du vacarme, nous allons tirer pour la dernière fois. Que chaque balle porte! Il est trop long de recharger.

Servez-vous de vos épées et de vos couteaux. Les sauvages continueront de tirer des flèches, tant qu'il leur en restera.»

Le Français savait qu'il ne pourrait plus s'adresser bien souvent à ses hommes. Il perdrait bientôt la maîtrise de la situation et ce serait chacun pour soi. Il transpirait à grosses gouttes, même si le soleil déclinait rapidement.

«– Pour Ville-Marie!» cria-t-il. «Pas de quartier!»

Les Onneyouts n'avaient pas encore combattu et leur ardeur se manifestait par une inquiétante combativité. Leur chef, Bopomata, l'homme sans oreilles ni lèvres, ne craignait rien et savait pousser ses guerriers jusqu'à leurs limites.

Leur arrivée était à peine annoncée qu'une trentaine de têtes rasées apparaissaient au sommet de la palissade.

Crusson, après avoir vidé son mousquet à bout portant dans le front d'un guerrier à la face peinte de noir et de vert, appela trois hommes qui se trouvaient à proximité:

«– Valets! Lecompte! Grenet! Tirez vos épées et venez me rejoindre. Il y a ici de quoi occuper trois hommes pendant trois jours!»

Et Pilote se mit à trancher des doigts. Chaque guerrier qui cherchait à poser ses mains sur le sommet de la palissade pour se hisser était assuré de perdre un index, un auriculaire et souvent deux ou trois doigts. Les lames des quatre Français s'abattaient sur toutes les mains, certaines déjà mutilées lors de batailles antérieures, et les doigts tranchés, les paumes trouées ne se comptaient plus.

Les hurlements de douleur des mutilés et des blessés se répercutaient dans le fort en se mêlant aux cris de guerre.

Par miracle, aucun des assiégés n'avait encore été sérieusement touché. Les assaillants, par contre, subissaient des pertes importantes. Leurs chefs, pourtant, leur ordonnaient de continuer, peu importe le nombre de morts et les blessures subies, jusqu'à ce que l'attaque porte fruit.

*
* *

Du côté ouest, Bobokapista jugeait qu'il avait été suffisamment humilié. Il n'était pas question que Kopachonta l'insulte de nouveau. Il ordonna d'amonceler les cadavres contre la palissade pour en faire une rampe. C'est ainsi que ses guerriers pouvaient désormais atteindre sans aide le sommet de la palissade.

Du côté est, un quatuor formé de Tavernier, Doussin, Augier et Robin et appuyé par quatre Hurons loyaux n'avait pas un instant de répit. Le couteau dans la main gauche et l'épée dans la droite, ils arrivaient à repousser quiconque se présentait au sommet des pieux.

Les armes étaient rouges de sang et des lambeaux de chair restaient accrochés au bois rugueux de la palissade. Les cris couvraient le bruit de la rivière.

C'est pourtant du côté nord que venait la plus grave menace. Les Onneyouts, si fanatisés par leur chef de guerre, Bopomata, ne ressentaient même plus les blessures.

Ils avaient apporté avec eux une passerelle formée de plusieurs branches de quatre pouces de diamètre liées les unes aux autres qu'ils espéraient appuyer contre la palissade, de façon à pouvoir l'escalader rapidement et sauter dans le fort.

Cette passerelle coûta la vie de bien des Onneyouts avant que les premiers parviennent à sauter. Ils étaient quatre à la transporter vers le fort et les assiégés hurons, qui les avaient vus venir et qui savaient bien à quoi elle servirait, les prenaient pour cibles.

Dès qu'un Onneyout était tué ou blessé, un autre prenait sa place. Bopomata, leur terrifiant chef de guerre, avait été précis sur ce point:

«– Je ne tolérerai pas que les Onneyouts soient les derniers à participer à la fête du massacre des Français.»

Une telle phrase, articulée par un homme au crâne rasé qui arbore deux cicatrices violacées à la place des oreilles et qui crache les mots avec une bouche sans lèvres, faute de pouvoir les prononcer normalement, a de quoi donner la chair de poule.

«– Les plus braves porteront la passerelle, reprit-il. Dès qu'ils seront tués, d'autres les remplaceront. Et ainsi de suite jusqu'à ce que mes guerriers sautent dans le fort et s'emparent des Français.»

Ses dents gâtées perpétuellement exhibées lui donnaient l'air de sourire sans arrêt. Ses yeux cruels, eux, ne souriaient pas. Il postillonnait et parfois bavait. Mais personne ne songeait à en rire. Celui qui aurait osé l'aurait payé de sa vie.

C'est cet homme qui arriva face à face avec les Français, à l'intérieur du fort, après avoir chèrement payé en vies humaines ce privilège et au moment même où les Agniers du grand chef Kopachonta commençaient à ébranler la porte de violents coups de bélier.

*
* *

La bataille faisait rage depuis une vingtaine de minutes et les cadavres ne se comptaient plus. Les abords du fort en étaient jonchés. Plus d'une centaine de blessés étaient étendus dans l'herbe, certains inconscients; leur sang s'écoulait en bouillonnant. Quelques-uns étaient recroquevillés, transis de froid sous le chaud soleil, le ventre ouvert. D'autres, enfin, se tenaient la main pour empêcher le sang de s'écouler par leurs doigts sectionnés.

Dollard, quant à lui, déployait les qualités exceptionnelles de combattant qui avaient toujours suscité l'admiration de ses amis. Quatre hommes n'auraient pas réussi à manifester autant d'énergie que lui. Partout à la fois, il ne cessait d'embrocher des guerriers iroquois, de secourir des Français ou des alliés en difficulté, de prévenir un combattant d'un mauvait coup imminent.

C'est pourtant sa diabolique adresse au maniement de l'épée qui rendait Dollard si efficace. Par moments, il tenait en respect jusqu'à huit adversaires, leur infligeant à tour de rôle des blessures jusqu'à ce qu'ils tombent et que d'autres les remplacent, désireux de se mesurer à ce valeureux guerrier.

D'une mobilité étonnante, il changeait de position si rapidement, mû par un instinct infaillible, que ses antagonistes se retrouvaient, avant d'avoir compris ce qui leur arrivait, au bout de la pointe de son épée. L'instant d'après, l'acier frôlait leurs côtes et s'insinuait dans un poumon, un foie, un cœur.

Dollard constituait un modèle et une source d'inspiration pour chaque combattant, à ce moment crucial de l'engagement où il importait avant tout d'éliminer le plus grand nombre possible d'ennemis.

Jusqu'à maintenant, les Français et leurs alliés hurons et algonquins n'avaient subi que des pertes insignifiantes. Un autre Huron avait été tué, sur le coup, d'une flèche profondément enfoncée dans une oreille, tandis que Jacques Brassier, celui-là même qui avait déjà reçu une flèche au cou, était de nouveau blessé: un coup de tomahawk à l'épaule gauche lui avait fait perdre l'usage de son bras. De sa main droite et grimaçant de douleur à chaque mouvement, il continuait d'embrocher tous les Iroquois qui passaient à sa portée.

*
* *

Maintenant que des guerriers iroquois avaient commencé à pénétrer dans le fort, de plus en plus nombreux, le vent allait tourner.

Bopomata donna le ton en tuant, coup sur coup, deux Français, Jean Lecompte et Simon Grenet. Ils venaient de descendre de la passerelle, côté nord, où ils ne pouvaient plus empêcher les Onneyouts de passer, tellement ils étaient nombreux.

À peine à terre, essoufflés, épuisés, ils virent arriver sur eux un guerrier de haute taille, très musclé, le corps peint de noir et de vert. Médusés, ils virent que cet homme n'avait ni lèvres, ni oreilles et qu'il avait l'air d'un démon. Ses yeux étaient injectés de sang et il vociférait en décrivant des cercles devant lui avec son casse-tête.

Avant qu'ils aient pu réagir efficacement, Bopomata avait défoncé à coups de tomahawk le crâne des deux Français épuisés qui s'écroulèrent lourdement sur la terre battue.

Dollard, impuissant et débordé, avait vu mourir Lecompte et Grenet. Il savait qu'il avait affaire à un chef, compte tenu des plumes qu'il arborait et du respect que ses hommes semblaient lui témoigner. Il fallait éliminer cet énergumène au plus vite, avant qu'il ait fait trop de ravages.

Comme il venait enfin de se débarrasser d'une grappe de sauvages et pendant qu'il s'occupait, inépuisable, à rassembler quelques hommes pour faire face aux Agniers qui allaient, d'un instant à l'autre, enfoncer la porte, du côté de la rivière, il cria à Tavernier, aussi fort qu'il le put:

«– La Lochetière! La Lochetière! Il faut me tuer sans délai ce forcené. À lui seul, il est capable de tenir tête à plusieurs hommes!»

Tavernier, d'un regard, avait bien vu de qui il s'agissait. Le chef de guerre onneyout, entouré de sa garde personnelle de six hommes, se dirigeait maintenant vers Crusson qui, le dos tourné, combattait énergiquement quatre Onnontagués à la fois.

Il n'y avait pas un instant à perdre. Que faire, seul contre un homme entouré de six autres? Tavernier saisit un poignard qu'il gardait, attaché à sa cuisse droite et que son père lui avait donné, le jour de son départ pour le Nouveau Monde en lui disant: «Un jour, tu en auras besoin!» Ce jour était venu.

Bopomata et sa garde ne l'avaient pas vu faire. Aussi eut-il le temps de monter sur la passerelle la plus rapprochée et, visant avec soin, de tirer avec force son poignard sur le chef de guerre onneyout.

L'arme atteignit Bopomata à la poitrine et perfora un poumon. Le guerrier n'eut d'abord aucune réaction, comme si le poignard n'avait pas atteint sa cible, et continua de marcher sur Crusson en brandissant son tomahawk. Tavernier cria à pleins poumons:

«– Pilote! Pilote! Derrière toi!»

Comme Crusson pivotait, Bopomata arrachait le poignard de sa poitrine et cherchait du regard celui qui l'avait lancé. Lorsqu'il vit Tavernier, il braqua sur lui son attention et il s'apprêtait à lui retourner le poignard en le tenant par la lame, lorsque Crusson se jeta sur lui avec la rage de celui qui sait que tout est perdu, mais qu'il est encore temps de poser des gestes importants.

Le chef de guerre onneyout perdit l'équilibre. Le sang bouillonnait en sortant de sa blessure. Pilote, avant que la garde de Bopomata parvienne à le maîtriser, réussit à lui asséner un coup de pied dévastateur sur sa bouche sans lèvres. Quelques dents de détachèrent des gencives.

«– Ça t'apprendra les bonnes manières!» éructa le Français.

Les Onneyouts cherchaient à faire des prisonniers afin d'alimenter la séance de torture. Ils auraient pu, à ce moment-là, poignarder Crusson ou l'assommer d'un coup de casse-tête. Ils se retirent: ils cherchaient plutôt à s'emparer du Français, sec comme un sarment, agile comme un chat sauvage et fort comme un bœuf.

Ils allaient enfin pouvoir le saisir lorsque Tavernier se porta à son secours. Deux coups d'épée en plein cœur eurent raison des deux gardes de Bopomata les plus costauds. Les autres se défendaient âprement, avec leurs hachettes, autant pour sauver leur propre vie que celle de leur terrible chef blessé.

Les deux hommes maniaient l'épée avec l'énergie du désespoir. Ils venaient de voir tomber un autre Français, Robert Jurie, le tireur d'élite, victime d'un coup de couteau qui lui avait tranché une veine jugulaire et la trachée. Les Agniers donnaient les derniers coups de bélier. Ils pénétreraient dans le fort dans une minute. Il fallait en finir avec Bopomata.

Faisant fi de toute prudence, Tavernier laissa ses adversaires haletants et se dirigea vers le chef de guerre onneyout qui était en train de se relever, l'air littéralement enragé.

Bopomata ne semblait pas avoir perdu ses forces. Le sang s'écoulait de sa poitrine et il trouvait le moyen de faire des gestes menaçants avec son tomahawk à la main droite et son poignard à la main gauche.

«Sa face hideuse et ensanglantée ferait peur à Lucifer lui-même», pensa Tavernier en faisant le signe de la croix. «C'est lui ou moi. Il me le faut!»

L'Iroquois laissa approcher La Lochetière jusqu'à trois ou quatre pieds. Poussant un grand cri, il abattit son tomahawk en direction du Français. Celui-ci fit un écart, mais ne put l'éviter complètement: il le reçut sur le bras gauche, dont les os éclatèrent.

Une douleur intense envahit Tavernier. Il n'avait plus qu'une idée: tuer Bopomata. Après quelques feintes, il réussit à l'atteindre au cou. Le sang gicla. Le sauvage se battait avec une incroyable énergie.

Les deux hommes s'infligèrent de nombreuses blessures avant que le grand ami de Dollard parvienne, à bout de souffle, épuisé, à planter son épée dans le cœur du chef de guerre onneyout.

LIV

LA FIN

*L*es derniers coups de bélier avaient fortement ébranlé la grande porte de bois. Dollard savait qu'elle ne résisterait plus bien longtemps. Il regarda autour de lui. Combien de temps sa troupe allait-elle pouvoir tenir le coup? Cinq minutes? Dix?

C'était déjà un miracle que chacun ait déployé autant d'énergie, songea le chef. L'énergie du désespoir. Celle qui décuple la force de tout homme, qui lui permet d'accomplir des prouesses. Il avait l'impression que le combat durait depuis une éternité. À peine quelques minutes, à en juger par la position du soleil.

Les Français accusaient la perte de trois hommes. Les autres, presque tous blessés, étaient dans un état d'épuisement lamentable. Pourtant, ces êtres exceptionnels continuaient de se battre et de se comporter comme des héros. Dollard ressentit une immense fierté et redoubla d'efforts, lui-même, pour se débarrasser de deux adversaires particulièrement tenaces.

Combien restait-il de Hurons et d'Algonquins? Il aurait été difficile d'en préciser le nombre: au milieu d'un tel carnage, tous les Peaux-Rouges se ressemblaient.

Il reconnut tout de même Anontaha qui, blessé à la tête, au genou, à l'épaule et aux bras, continuait de combattre comme il l'avait promis, courageusement, et d'encourager les siens. Comment les reconnaissait-il? Il saignait abondamment, mais la nature l'avait doté d'une grande force. Quant à Métiouègue, il avait disparu. Sans doute avait-il été tué.

Les pensées se bousculaient dans la tête de Dollard. L'image de Manon flottait devant ses yeux. L'instant d'après, son regard enregistrait un coup de tomahawk qui entamait la chair de Louis Martin, un jeune homme d'à peine vingt et un ans. Manon revenait, obsédante, pour céder de nouveau sa place à un bras velu qui plongeait une dague dans l'abdomen d'un Iroquois.

Il ressentait soudain une si intense fatigue qu'il se demandait s'il pourrait accomplir son dernier dessein, lorsque le moment serait venu.

Dollard parvint enfin à crever l'œil du dernier de ses adversaires. Momentanément libre, il fit un effort pour se concentrer et put embraser du regard l'ensemble du théâtre du combat. Il eut un sourire triste. Oui, ils seraient tous tués, sans aucun doute. Mais ces Iroquois jouiraient d'une victoire à la Pyrrhus: au moins cent d'entre eux gisaient par terre, à l'intérieur du fort, sans compter les blessés et tous ceux qui, à l'extérieur, jonchaient les abords du fort. Et il ne fallait pas oublier les nombreux guerriers tués lors des engagements précécents.

Combien étaient-ils, au départ? Sept cents? Huit cents? Le but était atteint, songea Dollard avec fierté: leurs pertes seraient si lourdes qu'ils renonceraient à s'en prendre à Ville-Marie.

Il s'approcha d'un baril de poudre noire qui devait bien peser dans les vingt livres. C'était le dernier. Il y fixa une mèche d'un pied, qu'il avait gardée sur lui dans un dessein bien précis.

L'image de Manon était toujours là. Se doutait-elle qu'en ce moment, son amour jouait sa dernière carte? Une carte dévastatrice, mais perdante. En un instant, Dollard revécut les heures passées avec elle et cette «vision» fut si réelle qu'il sentit le souffle frais de la jeune fille sur sa figure. Elle avait l'air si heureux!

Revenant à la réalité, après cette distraction de deux ou trois secondes, Dollard vit que la porte serait enfoncée dans un instant. C'était le moment d'agir car, présumait-il, au moins une centaine d'Agniers se trouvaient derrière, prêts à déferler à l'intérieur du fort.

Le plan de Dollard consistait à lancer le baril de poudre par dessus la palissade, de façon à ce qu'il explose en atterrissant. Il espérait tuer ainsi, d'un seul coup, plusieurs dizaines d'Agniers. En contrepartie, la déflagration finirait d'enfoncer la porte et les survivants se rueraient dans le fort. Ce serait la fin.

Dollard jeta un dernier regard sur ce pandémonium. Crusson, le crâne fendu d'un coup de tomahawk, s'écroula dans ce qui subsistait d'un feu, au centre du fort, à côté du puits qui n'avait jamais donné d'eau. Il n'eut même pas de sursaut en s'étalant dans la braise. D'autres Français, Alonié Delestre, Christophe Augier et Roland Hébert, tombaient et ceux qui restaient étaient cernés. Il n'y avait plus le moindre espoir.

Il alluma la mèche et prit le baril de poudre noire à deux mains[1]. Il avait la gorge sèche et la nausée. Il observa un instant la combustion de la mèche, pour s'assurer que la poudre exploserait juste au bon moment.

Il ferma les yeux pour recommander son âme à Dieu et, d'un lancer puissant, projeta le baril par dessus la palissade, prenant soin d'éviter une branche d'érable qui surplombait les pieux.

Il n'avait pas remarqué qu'un jeune Iroquois, derrière lui, l'avait vu faire et, in extremis, s'était jeté sur lui pour dévier son geste. Le sauvage plongea et l'attrappa par les chevilles. Dollard fut déséquilibré et le baril de poudre ne suivit pas la trajectoire voulue.

Au même instant, la porte s'ouvrait violemment dans un grand fracas de bois éclaté et ceux qui maniaient le bélier pénétraient précipitamment dans le fort, emportés par leur élan.

La dernière chose que vit Dollard fut le rebond de son baril de poudre sur la branche d'érable et l'explosion à l'intérieur du fort.

LV

MARTYRE

*L*e souffle de la déflagration tua instantanément les belligérant les plus rapprochés, soit une cinquantaine d'hommes, dont quatre Français, Jean Valets, Jacques Boisseau, dit Cognac, Nicolas Josselin et Dollard des Ormeaux.

L'onde de choc plaqua Anontaha contre la palissade et sa tête heurta si violemment un moignon de branche qui sortait d'un pieu que sa cervelle se répandit.

Beaucoup d'autres combattants des deux camps furent projetés à quelques pieds, assommés. Les plus éloignés restèrent figés pendant plusieurs secondes.

Un Agnier d'une trentaine d'années, affligé d'une vilaine plaie sanglante à l'épaule, se tenait à côté du corps inanimé de Dollard.

«– Je l'ai trouvé! hurlait-il avec enthousiasme. Ne lui touchez pas! Kopachonta veut manger son cœur!»

Un jeune Huron qui avait perdu conscience au moment de l'explosion, Aboiraqui, s'éveilla quelques instants plus tard. Un autre homme, un Français mort, gisait sur lui. Le sang qui avait coulé d'une profonde entaille à l'abdomen du Visage pâle avant qu'il meure s'était répandu sur la poitrine du guerrier huron.

Aboiraqui voulut se relever, mais se rendit compte que la situation avait changé, que la bataille avait pris fin et qu'il vaudrait mieux faire le mort.

Les Agniers déchaînés avaient fini par pénétrer dans le fort à leur tour et s'en donnaient à cœur joie, après avoir fait quelques prisonniers.

À quelques pas d'Aboiraqui, le grand chef de guerre Kopachonta, penché sur le cadavre de Dollard, déchirait les vêtements du Français pour dénuder sa poitrine. À l'aide d'un poignard bien aiguisé, il pratiqua une profonde incision, sous les côtes, avant d'y plonger d'un geste expert la main et son avant-bras musculeux.

Sa figure exprimait un indicible contentement. Il pouvait enfin refermer ses doigts sur le cœur chaud et poisseux de son ennemi le plus farouche. Aussi afficha-t-il des airs de triomphe lorsqu'il ressortit sa main de la cage thoracique de Dollard, serrant l'organe convoité.

Il fit venir le chef de guerre des Onnontagués, Bobokapista, regretta que celui des Onneyouts, le très brave Bopomata, ait péri dans l'affrontement et, d'un geste théâtral, coupa les artères qui reliaient encore le cœur de Dollard à son corps.

Il se releva, exhiba à bout de bras l'organe sanglant, afin que chaque guerrier le voie, en découpa un morceau à l'aide de son poignard et le porta à sa bouche.

Pendant qu'il le mastiquait, il en découpa un autre morceau qu'il offrit généreusement à Bobokapista.

Koparonto s'approcha, désireux de recevoir une tranche du cœur de celui qui lui avait causé tant de problèmes. Impitoyable, son frère la lui refusa:

«– Tu n'es pas digne, Koparonto, d'un tel délice. Seuls les chefs les plus braves ont le privilège de porter à leur bouche le cœur d'un ennemi aussi courageux que celui-ci. Ce Visage pâle aurait fait honneur à n'importe quelle nation iroquoise: il savait se battre comme un aigle, il ne craignait pas d'affronter un ennemi très supérieur en nombre et ses guerriers le respectaient assez pour le suivre jusqu'à la mort. Toi, par contre, tu as échoué lamentablement et tu es la risée de nos peuples.»

Aboiraqui avait maintes fois participé à de semblables spectacles et dégusté sa part du cœur d'un ennemi iroquois ou algonquin. Mais cette cérémonie dépassait les autres en ce qu'elle réunissait beaucoup plus d'Iroquois et servait à célébrer un triomphe très important sur des Visages pâles.

Profitant de ce que personne ne lui prêtait la moindre attention, Aboiraqui tourna lentement la tête. Un autre spectacle familier s'offrit à sa vue. Cette fois-ci, les principaux acteurs étaient des Blancs, presque des amis.

Ils étaient douze, à moitié morts, nus, attachés à des poteaux. Un grand feu de pieux flambait au milieu du fort[1], entre lui et les suppliciés.

Aboiraqui reconnut Louis Martin, Nicolas Tiblemont, Jacques Brassier, Étienne Robin, le chirurgien au fer rouge, et René Doussin. Les autres étaient sept Hurons qu'il connaissait personnellement, dont trois transfuges.

N'osant bouger un seul doigt, terrorisé, assoiffé, affamé, engourdi, Aboiraqui put assister à d'effroyables tortures jusque tard dans la nuit.

Arracher un ongle ou couper un doigt n'était rien. Les Iroquois prenaient plaisir à couper des langues, des lèvres, à crever des yeux, à faire éclater des tympans et à émasculer les suppliciés. Les hurlements de souffrance des Français emplissaient la nuit. Comme il aurait aimé faire subir le même sort à ses ennemis héréditaires!

Deux Français souffraient le martyre aux mains des Agniers, deux autres avaient été livrés aux Onnontagués et le cinquième subissait les tourments que lui prodiguaient les Onneyouts.

Le dernier à mourir fut Doussin. Écorché vif, les deux yeux crevés, la chevelure arrachée, il trouva la force, à l'instant ultime de la mort, de crier assez fort pour être entendu: «Pour Ville-Marie!» Aboiraqui put voir, à travers ses paupières mi-closes et à la lueur du grand feu, sa tête s'affaisser. C'était fini.

LVI

LE SURVIVANT

$\mathcal{L}$e jeune Huron échappé miraculeusement au massacre[1] dut attendre jusqu'au matin pour pouvoir, de peine et de misère, se dégager.

À l'aube, Kopachonta, repu de tortures, rassembla les Iroquois valides hors du fort, abandonnant aux charognards les dépouilles des suppliciés. Ils n'emportaient avec eux que les scalps, pour pouvoir se glorifier d'une grande victoire iroquoise sur les Français.

Aboiraqui, les yeux mi-clos, avait vu venir vers lui un Agnier qui titubait, le couteau à la main. Le sauvage, blessé à trois endroits, arborait des plaies profondes qui saignaient encore et qui ne seraient pas cicatrisées avant longtemps.

Le jeune Huron craignit, pendant quelques secondes, que l'Iroquois l'empoigne par les cheveux et le scalpe. Il aurait fallu qu'il se laisse faire! Aurait-il pu se laisser arracher le cuir chevelu sans montrer qu'il était vivant? Mais c'est plutôt le scalp du Français qui intéressait le vainqueur. L'Agnier, d'un geste expert, le préleva et repartit en titubant.

Malgré leur fatigue, les Iroquois prirent deux heures pour récupérer leurs morts et les allonger au fond des grands canots d'écorce. Ils avaient perdu le tiers de leurs effectifs, sans compter que plusieurs dizaines de guerriers resteraient invalides pour la vie, s'ils survivaient.

Après leur départ, lorsque les derniers bruits se furent éteints dans le lointain, Aboiraqui, ankylosé, dut rassembler toutes ses forces pour faire rouler à côté de lui le corps du Français qui lui avait sauvé involontairement la vie. Il se rendit compte que c'était Tavernier, le meilleur ami de Dollard.

Le Huron put enfin aller boire. Immergé dans l'eau fraîche de la rivière des Outaouais, il but tout son saoul, longuement, voluptueusement, heureux d'être en vie. Ses plaies s'étaient refermées et il n'avait perdu qu'un doigt en cherchant à se préserver d'un coup de couteau.

Aboiraqui trouva de quoi se nourrir parmi les victuailles abandonnées par les Iroquois. Il n'avait pas dormi de la nuit et n'aurait pas trouvé la force de pêcher ou de chasser. Complètement épuisé, il tremblait.

Avant de s'endormir, il se dit: «Demain, je me dirigerai vers Ville-Marie pour annoncer aux Français le grand malheur qui est arrivé. Après, je me rendrai parmi les miens, à Québec. J'ignore comment je pourrai leur expliquer que de nombreux Hurons ont combattu aux côtés des Iroquois...»

LVII

CONSTERNATION

24 mai 1660

«– *C*'est la catastrophe!» s'écria Paul Chomedey de Maisonneuve, un sanglot dans la voix.

C'était la troisième fois que le gouverneur de Ville-Marie le répétait en une minute.

D'abord incrédule, il avait fini par se rendre à l'évidence, devant les faits rapportés par Aboiraqui: la fine fleur de la jeunesse de son établissement avait disparu, massacrée.

Le sauvage amaigri se tenait peureusement devant l'impressionnant personnage. Le sergent-major Lambert Closse posait lui aussi des questions.

«– Pourquoi n'avez-vous pas tenté une sortie?»

«– Pourquoi les autres Hurons ont-ils changé de camp?»

«– Comment se fait-il que vous ayez été suivis par un aussi fort contingent d'Iroquois et que vous ne vous soyez aperçus de rien?»

Le Huron comprenait-il seulement les questions? Ses réponses étaient vagues, comme s'il avait craint d'être tenu responsable du désastre.

Il avait énoncé des faits, mais il était bien incapable de les interpréter.

Maisonneuve était trop secoué pour continuer l'interrogatoire. Au bout d'une demi-heure, il congédia Aboiraqui en lui faisant promettre de garder le secret et de revenir le lendemain. Lorsque le Huron fut sorti, il dit à Closse:

«– Tu te rends compte? Dollard! Crusson! Tavernier! Nous ne les reverrons jamais…

– Des garçons qui avaient un si bel avenir…»

Plusieurs minutes s'écoulèrent. Par la fenêtre ouverte, on entendait chanter les oiseaux.

«– Sommes-nous bien certains que ce Huron ne ment pas? dit enfin Closse.

– Tu dis ça pour me laisser espérer. Tu as vu dans quel état il était? Visiblement, il a subi des blessures au cours d'un combat. Il lui manque un doigt. Il n'y a qu'à voir à quel point il a l'air épuisé pour admettre qu'il est venu ici sans perdre de temps. Et enfin, maigre comme il est, ils n'ont pas dû manger grand chose lorsqu'ils étaient assiégés...»

Nouvelle période de silence. Maisonneuve, qui paraissait avoir encore vieilli, dit enfin:

«– Laisse-moi, maintenant, Lambert. Laisse-moi avec mon chagrin. Il faut que je prenne le temps de m'habituer à cette nouvelle.»

*
* *

25 mai 1660

Le lendemain, 25 mai, Ville-Marie apprit avec stupeur l'effrayante nouvelle du désastre de l'«expédition punitive»[1].

Maisonneuve avait d'abord reçu de nouveau Aboiraqui, en présence d'un missionnaire qui servait d'interprète. Le sauvage avait meilleure mine que la veille. Le gouverneur voulait des détails:

«– Comment est mort Dollard des Ormeaux?

– Il a lancé un baril de poudre par dessus la palissade, dit Aboiraqui en huron, de sa voix gutturale. Il y avait une branche. Le baril a explosé à l'intérieur. Plusieurs Visages pâles sont morts en même temps.

– Le combat a duré longtemps?

– Longtemps. Nous avons eu le temps de tuer des centaines d'Iroquois. Il y avait des tas de cadavres, après les premières batailles. Il y en avait encore beaucoup plus après le dernier combat.

– Quelles premières batailles?»

La veille, Aboiraqui s'en était tiré avec de vagues explications. Aujourd'hui, le grand chef français voulait tout savoir. Le Huron en aurait pour des heures à tout expliquer au jésuite, dans un français approximatif et surtout dans sa langue.

Au fur et à mesure que le missionnaire traduisait, le fait d'armes héroïque du Long-Sault allait prendre vie dans l'esprit de Maisonneuve.

À la fin, le gouverneur fit appeler Closse, occupé ailleurs, et lui dit:

«– Nous pouvons être fiers de Dollard. Il a rendu un immense service à la colonie. Je veux qu'on élève dans le cimetière de l'Hôtel-Dieu une croix imposante à la mémoire de ces jeunes gens à qui nous devons tant.

– Ils ont payé de leur vie ce service qu'ils nous ont rendu et leur témérité nous prive de beaucoup...

222

– Laisse-moi te raconter ce que j'ai pu apprendre, l'interrompit Maisonneuve, et tu verras que le sacrifice de Dollard et de ses compagnons n'a pas été vain. En fait, je serais surpris que les Iroquois nous attaquent massivement cette année comme ils l'avaient projeté.»

LVIII

PROSTRATION

Été 1660

$\mathcal{M}$anon Dubois pleura sans répit pendant des jours et sombra dans une profonde dépression. Elle avait échafaudé tant de beaux projets! Son univers s'écroulait…

En juin, elle pouvait rester enfermée des journées entières dans sa chambre, regardant un mur, prostrée. Sa raison vacillait. Elle refusait de croire que Dollard avait péri. Elle échafaudait des projets. Lorsqu'il reviendrait de la chasse, ils quitteraient cette maudite colonie et retourneraient en France par le premier navire.

Maisonneuve eut beau essayer de la consoler, elle le prit en aversion. Manon le considérait comme l'instigateur de cette expédition imaginaire ou, à tout le moins, dans ses moments de lucidité, comme celui qui aurait pu empêcher Dollard de faire cette folie et qui, au contraire, l'avait encouragé.

À la fin du mois de septembre, le gouverneur s'entendit avec Jeanne Mance pour qu'elle la prenne à son service comme servante à l'Hôtel-Dieu. Elle avait recouvré sa raison, mais non son équilibre.

Manon ne pouvait pas accomplir n'importe quelle tâche. Elle avait une profonde répulsion pour les sauvages, même pour les nouveaux-nés hurons. Sa joie de vivre avait disparu définitivement.

Le drame avait fait d'elle une fille fragile et son esprit ne pouvait supporter l'idée d'une existence sans Dollard.

Toute sa vie, sa raison vacilla et un jour d'automne, en 1672, on la trouva pendue au grenier de l'hôpital.

La nouvelle fut étouffée: aux yeux de tous, la malheureuse était «morte subitement». Elle avait vingt-huit ans.

LIX

SAINS ET SAUFS

19 août 1660

$\mathcal{P}$ierre-Esprit Radisson et Médard Chouart Des Groseilliers[1] étaient attendus depuis longtemps à Ville-Marie.

La colonie avait un tel besoin des pelleteries qu'ils rapportaient que Maisonneuve était prêt à tout leur pardonner.

Il avait entretenu une correspondance assidue avec le gouverneur des Trois-Rivières, Jacques Leneuf de La Poterie, depuis le printemps, et les deux hommes s'étaient entendus pour plaider la cause des deux coureurs des bois auprès du gouverneur général de la Nouvelle-France, Pierre de Voyer, vicomte D'Argenson.

C'est à bras ouverts que Maisonneuve accueillit Radisson et Des Groseilliers. Les visiteurs intéressants étaient si rares...

Les deux aventuriers, accompagnés d'un contingent de trois cents Outaouais, rapportaient soixante grands canots chargés de fourrures, un trésor aussi précieux que malodorant.

Ville-Marie était en effervescence puisque, la veille, un navire français, le «Courageux», avait jeté l'ancre au milieu du fleuve[2]. Une vingtaine de colons avaient débarqué. Ils allaient remplacer, en quelque sorte, Dollard et ses compagnons.

Attablés dans la salle à manger de la résidence du gouverneur, Radisson, Des Groseilliers, le capitaine Pasquinel, Lambert Closse et Maisonneuve se régalaient d'un plat de volaille arrosé d'un vin arrivé de France à bord du «Courageux».

«– Monsieur le gouverneur, disait Pasquinel, vous savez que je suis un habitué des traversées.

– Vous en êtes à votre...?

– À ma douzième traversée. Eh bien! Je ne m'habituerai jamais à être privé de nourriture saine, d'eau fraîche...

– Et d'espace pour circuler? glissa Closse.

227

– Non, sergent, je ne manque pas d'espace. Malgré son exiguïté, un vaisseau comme le «Courageux» permet à un homme comme moi de se déplacer à son goût. Par contre, vous souvenez-vous du goût de l'eau de la citerne, après un mois de traversée?

– J'ai traversé l'océan assez souvent, dit Maisonneuve, pour me souvenir qu'elle est ignoble, pour ne pas dire corrompue. Heureusement qu'il pleut parfois!

– Quant à la nourriture, renchérit Closse, elle devient vite infecte. Que peut-il rester de frais sur un navire au bout de quelques semaines?

– C'est pourquoi je suis si heureux d'être avec vous ce soir.

– Eh bien moi, intervint Radisson, si je suis heureux de me trouver parmi vous, ce n'est pas pour l'eau et la nourriture. Nous avons dévoré, au Témiscamingue, tout le gibier que nous désirions...

– Et dont vous rapportez les peaux? dit Closse avec humour. Vous n'allez pas me dire que vous avez mangé toutes ces bêtes?

– Par les cornes du diable! Si je vous disais que moins du dixième de cette viande a été consommée?

– Qu'est-il advenu du reste?

– Il pourrit dans les bois et les champs.

– Quel gaspillage! s'exclama Maisonneuve. Dire que nous risquions de périr de faim, certains hivers...

– Dites-moi, monsieur Radisson, dit Pasquinel, en posant délicatement son verre de vin sur la table, il doit bien vous arriver de curieuses aventures, dans les bois, avec le métier que vous faites et le genre de personnes que vous rencontrez?

– L'aventure est notre mode de vie, répondit le coureur des bois. Nous ne vivons que pour elle et par elle.

– Et pour les sauvagesses, laissa tomber Des Groseillers, entre deux bouchées.

– Je m'en doute bien. Que vous est-il arrivé, récemment?»

À ce moment-là, Charles LeMoyne fit son entrée. Le gouverneur l'avait invité, mais il était en retard.

«– Rien, justement, dit Radisson. Et c'est bien la chose la plus curieuse qui nous soit arrivée. Je m'attendais à rencontrer beaucoup d'Iroquois. Je m'étais même préparé à les affronter et j'avais pris soin de me faire accompagner d'un grand nombre d'Outaouais, pas seulement pour manœuvrer les canots, mais pour les défendre...

– Et vous n'avez pas rencontré d'Iroquois? interrogea Maisonneuve, que cette question intéressait particulièrement.

– Pas un seul! Que Lucifer m'emporte si je mens! jura Des Groseillers.»

Maisonneuve se signa.

«– Monsieur Des Groseilliers, je vous en prie! Continuez, monsieur Radisson.

«– Par contre, nous avons vu leurs traces. Et quelles traces! Quelque chose d'inouï!»

Il vida son verre de vin et le tendit à la nouvelle servante du gouverneur pour qu'elle le remplisse.

«– Que voulez-vous dire?

– Un carnage! J'ignore ce qui s'est passé, monsieur le gouverneur, mais il y a eu un massacre sur le bord de la rivière des Outaouais il y a moins de six mois. J'ai vu des monceaux de cadavres pourrissants à moitié dévorés par les loups et par les corbeaux et des myriades de mouches…»

Maisonneuve blêmit. Un douloureux souvenir surgit à sa mémoire.

«– Dollard! dit-il. Ce sont Dollard des Ormeaux, ses compagnons et ses alliés!

– Qui?

– Dix-sept jeunes gens de Ville-Marie qui ont péri, au mois de mai, au Long-Sault, en combattant les Iroquois.

– Ils devaient être fous!» s'exclama Des Groseillers, fidèle à son habitude de se mettre les pieds dans les plats.

Maisonneuve rabattit violemment son poing sur la table, faisant sursauter tous les convives, et se leva.

«– Je ne permettrai jamais, rugit-il, qu'on insulte la mémoire de ces braves garçons. Sachez, messieurs, que si vous êtes ici aujourd'hui, sains et saufs, c'est grâce à Dollard des Ormeaux, à Tavernier, à Crusson, à Doussin et à tous ces courageux jeunes hommes qui ont sacrifié leurs vies pour sauver Ville-Marie.»

Un silence glacé suivit cette tirade. Personne n'osait ouvrir la bouche, ni pour parler, ni pour manger.

Au bout d'une minute, le gouverneur, qui s'était calmé, s'assit et tendit son verre à la servante.

«– Buvons, messieurs, à la mémoire de mon ami Dollard et de ses compagnons. Vous ne pouviez pas savoir… Je vous raconterai leur exploit ce soir, au salon, devant une bonne bouteille de ce cognac que je viens de recevoir. Mais finissons notre repas. Cette volaille n'est-elle pas délicieuse, capitaine Pasquinel?

– C'est assurément la meilleure que j'ai mangée depuis des mois.»

À l'autre bout de la table, Charles LeMoyne, assis à côté de Radisson, estimait que le coureur des bois avait échappé à un grave danger.

«– Vous savez, disait-il, si nos renseignements sont exacts, les Iroquois se proposaient d'intercepter tous les coureurs de bois descendant la rivière des Outaouais en direction de Ville-Marie, de les assassiner et de s'emparer de leurs pelleteries pour les vendre aux Anglais.

– Maudits Anglais!

– Maudits Iroquois! Maudits Anglais! Bref, ici, tout le monde croit que les Agniers ont tiré une bonne leçon de l'expédition de Dollard: si dix-sept Français peuvent tenir le coup si longtemps devant sept ou huit cents Iroquois et en tuer deux ou trois cents, il est assuré que ces sauvages ne sont pas en mesure de s'attaquer victorieusement aux établissements français.

– Leurs attaques ont-elles complètement cessé, depuis le mois de mai?

– Presque. Ils ne s'en prennent plus qu'à ceux qui s'aventurent à plusieurs lieues du fort. Ils finiront bien par s'enhardir de nouveau mais, d'ici là, j'espère bien que le Roi aura pris Ville-Marie sous sa protection et nous aura envoyé un régiment de soldats professionnels pour leur faire la guerre.»

Autour d'eux, les conversations avaient cessé. On les écoutait. Chacun savait que Radisson faisait autorité en son domaine, tandis que Charles LeMoyne était un des citoyens plus plus respectés de la colonie. Si Maisonneuve et Dollard avaient consenti à repousser à la fin du printemps, après les semailles, l'expédition contre les Iroquois, l'impétueux LeMoyne en aurait fait partie[3] et, avouait-il lui-même, se serait fait tuer.

«– Monsieur LeMoyne, dit Radisson, j'ai une vaste expérience des Peaux-Rouges, comme vous le savez. J'en ai fréquenté tellement — et de toutes les tribus — que je peux affirmer que je les connais bien. J'aime leur mode de vie et j'apprécie, jusqu'à un certain point, leur façon de penser.

– Vous ne les fréquentez pas uniquement pour faire commerce avec eux?

– Diantre non! Je me suis lié d'amitié avec beaucoup d'entre eux. Je me battrais même aux côtés de quelques clans algonquins, si les Iroquois les attaquaient. C'est vous dire si je les aime…

– Pas plus que vos compatriotes, j'espère!

– C'est différent. Je suis Français, mais je me sens parfois l'âme d'un sauvage. Ils n'ont pas que des défauts, vous savez…

– Ils vivent au milieu des chiens et de la vermine. Ils se lavent une fois par année, s'ils se trouvent sales. Leurs maisons sont enfumées. Ils mangent toujours la même chose. Ils tuent pour le plaisir. Ils ne respectent pas leur parole. Et vous dites que vous êtes comme eux?

– Vous avez vécu quatre ans chez les Hurons, monsieur LeMoyne, mais vous n'avez rien compris, sauf leur langue[4], et vous ne connaissez pas les indigènes. Ils sont libres. Ils n'ont pas la même structure mentale que nous. Si vous saviez! Et parfois, ils nous ressemblent étrangement.

– Par exemple? demanda Pasquinel.

– Là-bas, au lac Témiscamingue, je vivais avec une jeune Algonquine nommée Mekele.»

Le gouverneur fit signe à sa nouvelle servante de regagner sa cuisine.

«– Cette fille, reprit Radisson, m'avait été attribuée par le chef de la tribu. L'hospitalité, vous comprenez?

– Bien sûr, vous ne pouviez pas refuser… fit Pasquinel, d'un air entendu.

– On sait vivre, parbleu! s'exclama Des Groseilliers.

– Le fils du sorcier, continua l'aventurier, un certain Bakarama, s'était mis dans la tête que cette fille serait à lui. C'est vous dire s'il m'en a voulu, lorsqu'il m'a vu gagner mon wigwam avec Mekele, bras dessus, bras dessous. Qu'aurait fait un Français?

– Il aurait été jaloux! dit Pasquinel. Et pour peu qu'il soit d'une nature violente, il aurait voulu vous tuer!

– Exactement! C'est ce qu'a fait Bakarama: tenaillé par la jalousie, il s'est introduit par deux fois dans notre wigwam, l'arme à la main. Si nous n'avions pas été vigilants, Médard et moi, nous serions morts.

– Vous l'avez désarmé? demanda Closse.

– Nous l'avons fait sortir du wigwam cul par dessus tête.»

Radisson, qui avait fini son repas, prit une grande gorgée de vin.

«– Il en a été si humilié qu'il a conçu le projet d'aller voir les Iroquois pour les informer que nous pénétrerions dans leur territoire, trois mois plus tard, avec une grande quantité de peaux. Un Français n'aurait-il pas ressenti la même humiliation? N'aurait-il pas voulu se venger?

– Tout à fait, dit le capitaine Pasquinel.

– Vous voyez bien, conclut le coureur des bois, ils sont comme nous. Ils vivent parmi la vermine, mais ils éprouvent les mêmes sentiments que nous.

– Et c'est pour cela que vous les aimez?

– Pour cela et pour bien d'autres raisons. Votre but initial, il y a vingt ans, monsieur le gouverneur, n'était-il pas de former une société au sein de laquelle les Visages pâles et les Peaux-Rouges auraient cohabité en harmonie, cultivé la terre et partagé la religion du Vrai Dieu?

– Grosso modo, c'est la vérité. Nous étions des idéalistes, nous, les gens de la Société Notre-Dame. Mais l'expérience nous a démontré que les sauvages ont une nature bien différente de la nôtre et que si, avec le temps, nous parvenons à leur enseigner certaines choses, nous n'en ferons jamais des Blancs...

– Et c'est aussi bien ainsi!

– C'est votre point de vue...

– Dites-moi, monsieur Radisson, dit Pasquinel, savez-vous ce qu'est devenu ce Bakarama à qui vous avez chipé sa belle?

– Parbleu! Que pouvais-je faire? Je l'ai rattrapé au bout de trois jours et je l'ai tué! Je ne pouvais pas le laisser aller prévenir les Iroquois que je me présenterais chez eux, trois mois plus tard, avec ce beau chargement de fourrures que vous allez embarquer demain dans la cale de votre grand navire...»

LX

OUBLI

𝓜aisonneuve, en conflit avec le marquis Alexandre de Prouville de Tracy, commandant en chef de toutes les troupes françaises en Amérique, avait dit adieu à sa raison de vivre, Ville-Marie.

Le marquis lui reprochait son indépendance vis-à-vis le nouveau gouverneur général, Rémy de Courcelle, et les autorités de Québec et lui avait demandé, avec une délicatesse toute militaire, de partir pour un congé d'une durée indéterminée[1].

Maisonneuve rentra en France, à l'âge de 53 ans, usé par vingt-trois ans d'efforts soutenus pour implanter solidement son établissement. Il ne revint jamais en Nouvelle-France. Il devait s'éteindre en 1676, après avoir passé paisiblement les onze dernières années de sa vie chez les pères de la Doctrine chrétienne, sur la butte Sainte-Geneviève, à Paris.

Mais son œuvre ne devait pas mourir. Ville-Marie devenait de plus en plus Montréal et le village s'agrandissait et se fortifiait d'année en année, n'en déplaise aux Iroquois. Il abritait maintenant 600 âmes, tandis que la colonie en comptait 3 000.

La menace iroquoise était d'ailleurs maintenant écartée. Ce que Maisonneuve avait tant souhaité, son successeur, l'abbé de Queylus, l'avait obtenu, maintenant que le roi avait pris en mains la colonie: un régiment de soldats de métier, capable de tenir en respect les Iroquois et de leur infliger, au besoin, de cuisants revers.

C'était le Régiment de Carignan-Salières, fort de 1 200 hommes, envoyé par Colbert, bien armé et bien nourri et qui réussirait, en un sens, à continuer l'œuvre de Dollard.

Presque tout le monde avait oublié Dollard et son épopée. Maisonneuve s'en souviendrait jusqu'à sa mort, de même que Closse,

Mance, Boucher, LeMoyne et quelques autres, mais le sauveur de Ville-Marie allait sombrer dans l'oubli pour longtemps. Très longtemps. Pour des siècles.

FIN

LE VRAI, LE FAUX
ET QUELQUES NOTES

Avant-propos: les «Saints Martyrs canadiens» sont les pères jésuites Gabriel Lalemant (1610-1649), Isaac Jogues (1607-1646), Jean de Brébeuf (1593-1649), Charles Garnier (1606-1649) et Noël Chabanel (1613-1649) et les frères René Goupil (1608-1642) et Jean de La Lande (v. 1620-1646). Ils ont tous été massacrés par les Iroquois, sauf le père Chabanel, tué par un Huron apostat. Ils ont été canonisés en 1930.

I-1: L'Auberge des Chasseurs n'a jamais existé. Ville-Marie n'avait probablement pas d'auberge, en 1660.

I-2: Pierre de Voyer, vicomte d'Argenson, était bien gouverneur général de la Nouvelle-France en 1660, alors que Mgr François-Xavier de Laval de Montmorency était bien le vicaire apostolique. Il ne devint évêque de Québec qu'en 1674.

I-3: Les Agniers étaient une des cinq tribus iroquoises: Onnontagués, Tsonnontouans, Onneyouts, Goyogouins et Agniers. Ces derniers, qui étaient les ancêtres des Mohawks, vivaient dans la région de Montréal.

I-4: Rien n'indique que François Crusson ait servi de messager à Maisonneuve. On ignore même si le gouverneur de Ville-Marie entretenait des relations épistolaires avec son homologue trifluvien.

II-1: Tous les renseignements sur la demeure du gouverneur de Maisonneuve sont exacts. Elle se trouvait au confluent du fleuve Saint-Laurent et de la rivière Saint-Pierre, laquelle se situait sous l'actuelle rue Saint-Antoine. La description de l'intérieur est fantaisiste.

II-2: On ignore si Maisonneuve avait des serviteurs.

II-3: Maisonneuve, né en février 1612, avait effectivement eu une vie bien remplie. On lui avait même offert le poste de gouverneur général de la Nouvelle-France, en 1648, mais il s'était récusé, suggérant plutôt qu'on le confiât à son ami Louis d'Ailleboust de Coulonge. Par ailleurs, Jacques Cartier avait trouvé sur l'île de Montréal une bourgade autochtone nommée Hochelaga. Celle-ci a mystérieusement disparu bien avant l'arrivée de Maisonneuve.

II-4: Jacques Leneuf de La Poterie était bien gouverneur des Trois-Rivières en 1660. L'abbé Doiron n'a jamais existé. Le sergent-major Lambert Closse (1630-1662) était le bras droit de Maisonneuve.

II-5: Les gouverneurs de Trois-Rivières ont été, dans l'ordre, depuis la fondation: Laviolette, de 1634 à 1636, Marc-Antoine Brasdefer de Châteaufort (1636-1639), François de Champflour (1639-1645), Jacques Leneuf de La Poterie (1645-1648), Charles Legardeur de Tilly (1648-1650), Leneuf (1650-1651), Guillaume Guillemot Du Plessis-Kerbodot (1651-1652), Leneuf (1652-1653), Pierre Boucher de Grosbois (1654-1658), Leneuf (1658-1662), Boucher (1662-1668), etc.

II-6: La Société Notre-Dame, fondée en 1640 à Paris par des catholiques éminents, commandita à grands frais la fondation de Ville-Marie. Il s'agissait de créer une société exemplaire où cohabiteraient dans l'harmonie des Blancs et des «Indiens» convertis. Certains politiciens, à Québec, se montrèrent jaloux des ressources accordées à Ville-Marie par la Société Notre-Dame.

II-7: Il est exact qu'une querelle de préséance opposait le gouverneur général D'Argenson et Mᵍʳ de Laval. Celui-ci finit par l'emporter et obtint le rappel en France de D'Argenson. Les détails rapportés dans ces paragraphes quant à cette querelle sont exacts.

II-8: Le passé de Adam Dollard des Ormeaux est totalement inconnu. Il est arrivé en Nouvelle-France en 1658.

IV-1: Il était vraiment le parrain de la fille aînée de Closse, Élisabeth. Il est exact qu'il a aidé un colon, Picoté de Belestre, à défricher sa terre.

IV-2: On ignore qui, de Dollard ou de Maisonneuve, eut le premier l'idée d'organiser une expédition contre les Iroquois.

V-1: Le mouchard de Dollard, Garontchika, n'a jamais existé.

VI-1: Les Amérindiens de cette époque étaient dirigés par un chef. En période de conflit, un chef de guerre était choisi pour mener les opérations. Le chef lui cédait le pas jusqu'à la fin des hostilités. Comme nous ne connaissons pas les noms véritables des chefs et des chefs de guerre, ceux que nous utilisons sont tous fictifs, sauf celui de Garagontier. Nous avons choisi des noms sonores, qui ne ressemblent pas aux noms qu'utilisent actuellement les Amérindiens, parce qu'ils sont faciles à retenir.

VII-1: L'attaque dont est victime Jérôme Savard est typique de celles que subissaient les paysans de Ville-Marie. Assommés à coups de casse-tête, ils étaient scalpés et abandonnés morts, à moins que des secours aient pu arriver à temps.

IX-1: Le père Durivage, jésuite, n'a jamais existé.

X-1: Les explications fournies au début du chapitre XXI à propos du départ de Radisson et de Des Groseilliers, sont exactes.

XII-1: Rien n'indique que Tavernier, Augier et Hébert aient été les meilleurs amis de Dollard, ni qu'ils aient été les premiers à être informés de ses projets.

XIII-1: Il est exact que Lambert Closse élevait des chiens et qu'une bête nommée Pilote menait la meute. Ces chiens signalaient fidèlement aux Français la présence des Iroquois aux abords de Ville-Marie. On ignore à quelle race appartenaient ces chiens.

XIV-1: En 1660, Closse n'était affligé, à notre connaissance, d'aucune maladie. Il avait 30 ans. Il mourut en 1662, lors d'un combat contre les Iroquois.

XIV-2: Le chef huron Siouioui n'a jamais existé.

XV-1: On appelait courtines les murs qui reliaient les bastions des fortifications. À ce propos, soulignons le rôle joué par un autre Champenois (Maisonneuve en était un), Louis d'Ailleboust de Coulonge, dans l'amélioration des fortifications. Reconnu pour son génie militaire, c'est d'Ailleboust qui, arrivé avec son épouse en septembre 1643, fit remplacer la première palissade par une solide muraille, flanquée de quatre bastions. Ce même d'Ailleboust devint plus tard, sur la recommandation de Maisonneuve, à qui on avait d'abord offert le poste et qui l'avait refusé, gouverneur général de la Nouvelle-France, poste qu'il occupa de 1648 à 1651. Les deux hommes avaient le même âge.

XV-2: Monsieur Gabriel Souart, sulpicien, arrivé en Nouvelle-France en août 1657 avec trois autres membres de sa congrégation, agissait comme curé de Ville-Marie. Il fut vraisemblablement le premier curé de Montréal. Les sulpiciens se faisaient appeler monsieur, plutôt que père.

XVI-1: Exact.

XVI-2: Ville-Marie n'avait toujours pas d'église paroissiale, en 1660. On se servait de la chapelle de l'Hôtel-Dieu. La première véritable église, construite dans l'axe de la rue

Notre-Dame, fut entreprise en 1672 par le maître maçon François Baillif. Les Montréalistes mirent plus d'un siècle à l'achever, mais les premiers offices religieux y furent célébrés en 1685.

XVII-1: Le «Valeureux» est un navire imaginaire.

XVII-2: On ignore si Anontaha venait de Québec. C'est le nom véritable du chef qui commandait les Hurons, aux côtés des Français, au Long-Sault.

XVII-3: Les Hurons, parlant de leurs projets pour le printemps de 1660, avaient textuellement dit qu'ils désiraient «dresser des embûches aux Iroquois». Dollard saisit l'occasion pour les incorporer dans sa troupe.

XVII-4: Les conversations entre Amérindiens et Français sont en «français universel de notre époque». Il nous a semblé qu'il serait ridicule et fastidieux de faire parler aux Hurons ou aux Iroquois cette langue qui ressemble au «petit nègre» et qui donne des tournures de phrase comme: «Hurons apporter Français pelleteries pour avoir beaux colliers».

XVIII-1: Jeanne Mance, originaire de Langres, avait 35 ans en 1642. Arrivée en Nouvelle-France avec Maisonneuve, elle fonda l'Hôtel-Dieu de Montréal. L'hôpital fut construit sur une petite éminence, à huit arpents du fort, ce qui le protégeait des inondations printanières. Ce premier hôpital se situait à l'intersection des rues Saint-Paul et Saint-Sulpice.

XVIII-2: Il est exact que le gouverneur général de Montmagny avait fait pression sur Maisonneuve pour qu'il s'établisse à l'île d'Orléans, plutôt qu'à Ville-Marie, de façon à regrouper tous les Français du Canada afin d'offrir une meilleure résistance aux Iroquois. L'autonomie accordée à Montréal, assurait-il, aurait été transférée *mutatis mutandis* à l'île d'Orléans. La réplique de Maisonneuve: «un Iroquois derrière chaque arbre», est considérée comme exacte. Tous les faits rapportés dans ces paragraphes sont véridiques, y compris la chute de Jeanne-Mance et sa double fracture.

XVIII-3: C'est le père Vimont lui-même qui, dans ses écrits, rapporte le fait. Il situe le jour de la fondation de Ville-Marie le 17 mai 1642, contrairement à l'historien Dollier de Casson qui, trente ans après l'événement, parle plutôt du 18 mai. Mᵐᵉ de la Peltrie, fondatrice séculière des ursulines, avait pris la peine d'accompagner le groupe depuis Québec. Elle passera l'hiver à Ville-Marie, «sans doute pour éviter que Jeanne-Mance n'y fût seule avec des hommes», estime l'historien Robert Prévost. Miraculeusement, il s'écoula plusieurs mois avant que les Iroquois se rendent compte de la présence des Français à Ville-Marie, ce qui leur permit de se retrancher à peu près convenablement avant les premières attaques.

XVIII-4: La description de Ville-Marie est exacte.

XVIII-5: Sylvain Normand n'a jamais existé.

XIX-1: Pure invention. Il n'a jamais été question que Dollard succède au fondateur de Montréal, ni même que Closse soit l'heureux élu. Le privilège de désigner le nouveau gouverneur aurait appartenu à la Société Notre-Dame. Maisonneuve avait été nommé gouverneur à vie et tint à garder ce titre même après que Tracy l'eût contraint à rentrer en France.

XX-1: Voir, dans la collection «La Grammaire des styles», chez Flammarion (1990), le livre qui s'intitule *Le Costume sous Louis XIV et Louis XV*.

XX-2: Squaw: femme amérindienne.

XX-3: C'est effectivement devant le notaire Bénigne Basset que Dollard et ses compagnons ont fait leurs testaments.

XX-4: Exact: Dollard devait 45 livres à Aubuchon, plus trois livres d'intérêts qu'il promettait de payer «à mon retour». Le 15 avril, il signait une reconnaissance de dette à cet effet.

XXI-1: La plupart des détails fournis sur le départ de Radisson et de Des Groseilliers sont exacts.

XXI-2: Plusieurs détails ont été tirés de la série *Nos racines*, tome I, page 207.

XXI-3: Exact.

XXI-4: L'auteur s'est largement inspiré de François-Xavier Garneau, *Histoire du Canada* (8ᵉ édition, aux Éditions de l'Arbre), tome I, pages 251 et 263 à 265, pour ce qui est des rites funéraires et de la cérémonie du calumet.

XXII-1: Rien n'indique que les Algonquins du lac Témiscamingue avaient l'habitude d'offrir leurs filles ou leurs nièces aux visiteurs.

XXII-2: Les Français de 1660 n'étaient guère plus propres.

XXIV-1: Exact.

XXIV-2: Duval, Juillet et Soulard sont effectivement morts au premier jour de l'expédition. On ne connaît guère les circonstances précises de leur mort. On sait que Soulard et Juillet se sont noyés.

XXV-1: Exact.

XXV-2: Pure invention.

XXVI-1: Pure invention.

XXVIII-1: L'auteur s'est largement inspiré de François-Xavier Garneau, *Histoire du Canada*, tome I, page 250, pour ce qui est du sort des prisonniers de guerre tombés aux mains des Iroquois.

XXXI-1: On sait peu de choses de l'état dans lequel se trouvait le fort à l'arrivée de Dollard, si ce n'est son délabrement.

XXXI-2: Rien ne permet de croire que Crusson, Tavernier et Jurie aient eu des responsabilités particulières.

XXXI-3: On ignore si les Français avaient du rhum au Long-Sault.

XXXII-1: Pure invention. Au contraire, il semble que le fort était de construction beaucoup plus récente.

XXXII-2: Pure invention.

XXXV-1: Métiouègue est le véritable nom du chef qui commandait les Algonquins qui se sont battus, au Long-Sault, aux côtés des Français.

XXXV-2: Exact. Monsieur Souart était curé, instituteur et chirurgien-médecin. Cette histoire de peau tannée est une pure invention.

XXXVI-1: Les Onnontagués qui ont affronté les Français au Long-Sault venaient, semble-t-il, de l'ouest. En fait, ils revenaient de la chasse en descendant le cours de la rivière Outaouais. C'est par hasard qu'ils sont tombés sur Dollard et son groupe. Ils n'ont pas eu de contact avec les Agniers avant l'engagement initial. Comme ils savaient que les Agniers se trouvaient à l'embouchure de la rivière Richelieu, où ils attendaient des renforts en vue d'attaquer massivement les Français de Ville-Marie, c'est là qu'ils ont envoyé leurs messagers pour demander de l'aide après s'être heurtés sans succès aux Dix-sept.

XXXVII-1: Il semble que le premier contact entre Iroquois et assiégés se soit déroulé à peu près de cette façon et que les paroles échangées soient substantiellement celles des derniers paragraphes.

XXXVIII-1: Les Iroquois n'ont jamais construit de fort près du fort français.

XXXIX-1: On n'a jamais su, à notre connaissance, qui dirigeait les Iroquois. On ignore si les différentes tribus présentes au Long-Sault combattaient sous un commandement unifié.

XL-1: Rien n'indique que Dollard ait désigné un «chirurgien» et que celui-ci ait était Étienne Robin.

XLI-1: On n'a jamais su, à notre connaissance, si les Hurons et les Algonquins du Long-Sault avaient coupé des têtes et, si oui, comment la chose se passait.

XLI-2: Pure invention.

XLII-1: Il semble certain que les assiégés ont réellement manqué d'eau.

XLIII-1: Rien n'indique que Brassier et Josselin aient été les premiers blessés.

XLV-1: Les assiégés auraient, semble-t-il, trouvé un filet d'eau, à l'intérieur du fort. C'était une eau bourbeuse en quantité insignifiante. Le creusage du puits est pure invention.

XLV-2: Des Français parvinrent, dit-on, en prenant d'énormes risques, à se rendre à la rivière. On ignore tout des quantités d'eau qu'ils pouvaient rapporter.

XLVI-1: Cette histoire de baril relève de l'imagination.

XLVI-2: On n'a jamais eu connaissance qu'une telle stratégie ait été utilisée par les Iroquois.

XLVI-3: Pure invention.

XLIX-1: Il est exact que des Hurons, accompagnés d'un Onneyout huronisé, sont allés négocier avec les Iroquois. On ignore si Anontaha faisait partie du groupe. Quant à Saski, c'est un personnage imaginaire.

XLIX-2: Ce discours est fictif.

L-1: Il est exact que les Hurons qui combattaient du côté des Iroquois exhortaient leurs congénères à venir les rejoindre.

L-2: On sait qu'entre vingt-cinq et trente Hurons changèrent de camp. Ces vingt-quatre s'ajoutent à ceux qui sont partis parlementer avec les Iroquois et qui ne reviendront pas.

LII-1: On n'a jamais su si les Iroquois avaient un plan d'attaque.

LIII-1: Tout ce qui suit sur le déroulement de la bataille est imaginaire, sauf l'épisode du baril de poudre.

LIV-1: Il semble certain que Dollard a lancé un baril de poudre par dessus la palissade et que ce baril, après avoir rebondi sur une branche, a explosé à l'intérieur du fort. L'intervention d'un jeune Iroquois qui aurait déséquilibré Dollard est imaginaire.

LV-1: Les Iroquois auraient torturé à mort plusieurs prisonniers. On ignore leurs noms. Selon l'historien Gustave Lanctôt, cinq Français étaient du nombre. Deux auraient effectivement été adjugés aux Agniers, deux aux Onnontagués et un aux Onneyouts.

LVI-1: C'est un Huron qui a eu la chance d'échapper au massacre qui s'est rendu à Ville-Marie pour annoncer la nouvelle. On ignore son identité.

LVII-1: C'est effectivement le 25 mai que Ville-Marie apprit la nouvelle.

LIX-1: Radisson et Des Groseilliers arrivèrent à Ville-Marie le 19 août. Les deux coureurs des bois, accompagnés de 300 Outaouais, rapportaient soixante grands canots chargés de fourrures. On peut dire de ces aventuriers indisciplinés qu'après avoir été sauvés par le sacrifice de Dollard et de ses compagnons, ils sauvèrent Ville-Marie d'un désastre économique.

LIX-2: Pure invention.

LIX-3: Exact.

LIX-4: Charles LeMoyne, père de tous ces LeMoyne qui se sont illustrés sur la plupart des champs de bataille de cette époque, était originaire de Dieppe. Arrivé en Nouvelle-France en 1641, à l'âge de 15 ans, il avait, en qualité de domestique, passé quatre ans à la mission des jésuites en Huronie pour apprendre les langues amérindiennes. Capturé par les Iroquois en 1665, il leur fit comprendre qu'ils n'avaient pas intérêt à le tuer, même s'ils avaient toujours voulu s'emparer de sa personne, puisque le régiment de Carignan pourrait exercer sur eux de terribles représailles. Le chef des Onnontagués, Garagontier, qui avait toujours entretenu des liens avec les Français, se rendit en personne à Québec pour leur rendre ce prisonnier encombrant.

LX-1: Les sept derniers paragraphes de ce livre contiennent des informations exactes.